ZICKZACK
neu
4

with new
German spellings

Paul Rogers, Lawrence Briggs,
Bryan Goodman-Stephens, Harald Seeger

First published in 1996 by:
Thomas Nelson and Sons Ltd

New German spelling edition in 2001 by:
Nelson Thornes Ltd
Delta Place
27 Bath Road
CHELTENHAM
GL53 7TH
United Kingdom

05 / 10 9 8 7 6 5 4 3 2

A catalogue record for this book is available from the British Library

ISBN 0 17 440355 0

Illustrations by Clinton Banbury, Judy Byford, Bob Harvey, Finbar Hawkins, Helen Holroyd, Nigel Jordan, Jeremy Long, Lotty, Julian Mosedale, Dennis Tinkler, Jude Wisdom, Allen Wittert

Photography by Austrian National Tourist Office (p. 60), Barnaby's Picture Library (p. 160), German National Tourist Board (p.60), Robert Harding Picture Library (pp. 55, 85, 160), Alastair Jones (p.84), Pilos Puntos (p. 64), Paul Rogers (pp.74, 160, Bildgeschichten), Anne Schön (pp. 84-85), Switzerland Tourism (p.43), Mark Theiding (p.144), Mandy Watlin (p. 157); all other photographs by Brighteye Productions, David Simson, Michael Spencer

Printed and bound in China by Midas Printing International Ltd.

Acknowledgements
Deutsche Lebensrettungsgesellschaft e.V. (p. 141), Juma (p. 73), Kreisjugendring Pinneberg (p. 154), Landesjugendreferat Wien (p. 145), Marco (p. 96), Medien Verlagsgesellschaft MBH & Co. (POP/Rocky) (pp. 116-117), Menschenskinder (p. 32), Pilos Puntos, Kalle Waldinger, Gesamtschule Ronsdorf, Wuppertal (p. 64, Bildgeschichten), Rowohlt Taschenbuch Verlag GmbH (pp. 8, 48, 128), SALTO (p. 20), Stadt Wien (p. 44), Stafette (pp. 21, 146), Treff (pp. 62-63, 104), Verkehrsamt Mittenwald (p. 152), Angelo Holthaus (p. 54), Verlag Kiepenheuer & Witsch (p. 44)

Every effort has been made to trace the copyright holders of extracts reprinted in this book. We apologise for any inadvertent omission, which can be rectified in a subsequent reprint.

Welcome to ZickZack neu!

You are starting on the final stage of a course that will take you through German-speaking countries throughout the world and will help you to understand and enjoy using German yourself. ● ● ● For much of the time you will be working on activities with guidance from your teacher, but at the end of each chapter there is a section called **sb Selbstbedienung**, where you'll be able to choose for yourself activities at different levels. ● ● ● If you want to take your time and check that you've understood, choose GOLD activities. If you're ready to try out what you've already learned, choose ROT activities. If you want to stretch yourself still further, then the SCHWARZ activities are for you. For all three types of activity, you can ask your teacher for answer sheets so that you can check how you're getting on. ● ● ● At the end of every other chapter there is a **LESEECKE**, a section for you to read and enjoy without having to do any activities at all. ● ● ● At the back of the book you can look up words or phrases that you've forgotten or don't understand and find extra help with grammar.

You'll find English translations of the **sb Selbstbedienung** instructions, too.

Viel Spaß und mach's gut!

1 Ich und du

Ich persönlich

Sieh dir das Formular an. Wie stellt man normalerweise die Frage?

Beispiel

Name: Petra Lindauer = Wie heißt du? / heißen Sie?

Name: Petra Lindauer
Alter: 16
Wohnort: Dortmund
Adresse: Am Sportplatz 25
Geschwister: 1 Bruder (14), 1 Schwester (11)
Hobbys: Badminton, Judo und Leichtathletik, Gitarre
Lieblingsfach: Erdkunde

Hör zu. Petra beantwortet die Fragen.

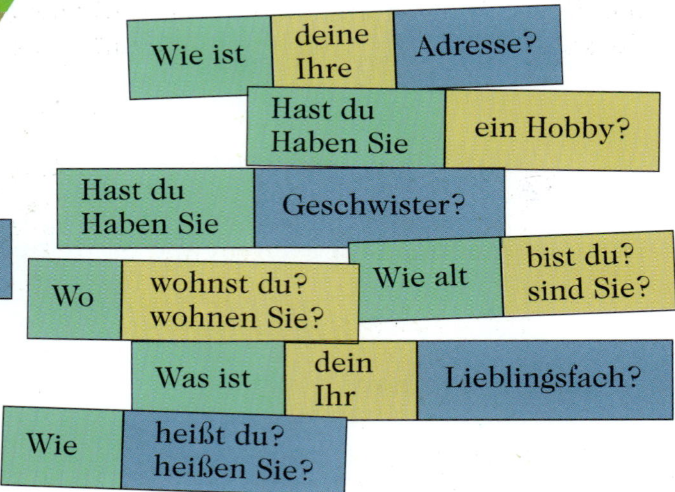

Wie ist | deine / Ihre | Adresse?
Hast du / Haben Sie | ein Hobby?
Hast du / Haben Sie | Geschwister?
Wie alt | bist du? / sind Sie?
Wo | wohnst du? / wohnen Sie?
Was ist | dein / Ihr | Lieblingsfach?
Wie | heißt du? / heißen Sie?

Partnerarbeit

Macht denselben Dialog zu zweit.
Partner(in) A ist Petra (oder Peter für Jungen), und Partner(in) B stellt die Fragen.
Macht jetzt eure eigenen Interviews. Dann schreibt alles auf.

Wie schreibt man das?

Hör zu. Es gibt noch drei weitere Interviews wie bei Petra Lindauer. Trag die Formulare in dein Heft ein und füll sie aus.

Beispiel

Name: MICHAEL SCHÄTZLE
1 Alter:
Wohnort:
Adresse:
Name:
2 Alter:
Name:
Alter:
Wohnort:
Adresse:
Geschwister:
3 Hobbys:

Stimmt das?

Sieh dir folgende Namen an.
Hat der Lehrer alles richtig aufgeschrieben?
Hör zu und sag, ob das stimmt.

1 Anne Frühsproß
2 Thomas Zufelder
3 Christa Hagenturm
4 Casimir Kemer
5 Britta Biedermeier

Tipp des Tages

Ich	heiße	Petra. / Peter.	
	bin	fünfzehn / sechzehn	Jahre alt.
	wohne	in Dortmund.	
	habe	einen Bruder. / eine Schwester. / keine Geschwister.	
	treibe gern Sport.		
	spiele Gitarre.		
Mein Lieblingsfach ist		Erdkunde. / Englisch.	
Das stimmt (nicht).			

Nationalitäten

Sieh dir die Flaggen und die Fotos an. Welche Länder sind das? Was sagen die Leute? Welche Nationalitäten haben sie?

Beispiel
Uli ist Österreicherin.

1
Ich wohne in Graz.
Uli

2
Ich wohne in Zermatt.
Michael

3
Ich wohne in Köln.
Jens

4
Ich wohne in Kiel.
Jutta

5
Ich wohne in Berlin.
Elif

6
Ich wohne in Paris.
Annette

7
Ich wohne in Glasgow.
James

8
Ich wohne in Luxemburg.
Michel

männlich	weiblich
Österreicher	Österreicherin
Engländer	Engländerin
Deutscher	Deutsche
Franzose	Französin
Türke	Türkin
Ire	Irin
Waliser	Waliserin
Schotte	Schottin
Luxemburger	Luxemburgerin
Schweizer	Schweizerin

Jetzt hörst du diese Leute. Was sagen sie? Schreib die fehlenden Informationen auf.

Beispiel
1 *Hallo. Ich heiße Uli … Ich wohne in Graz. Ich bin Österreicherin.*

Und du?

Jetzt bist du dran. Sag, wer du bist, wo du wohnst, und was für eine Nationalität du hast.

AUSLÄNDER RAUS
Was hast du denn gegen Ausländer?

Die kommen hierher, reißen alles an sich, saugen uns aus bis auf's Blut und geben nix zurück!

Oder weißt du vielleicht irgendwas, das wir Ausländern verdanken?
Hm...lass mal überlegen...naja... Ananas zum Beispiel...Auberginen, Avocados und Apfelsinen ...Bananen...
...Balsaholz, Bambussprossen und Blues...Calamares, Ćevapčići, Chicorée, Corned Beef, Couscous, Country & Western Music, Curry-Ketschup...Datteln Demokratie, Diamanten, Diskotheken...Emmentaler, Erdnüsse, Erdöl, Espresso... Feigen, Flamenco, Flipperautomaten, Fondue, Frühlingsrollen... Gorgonzola, Grapefruitsaft, Gyros...Hamburger, Hard Rock, Heavy Metal, Hot Dogs...
Is' ja gut...
...Ingwer, Italienisches Eis... Jazz, Jeans, Jogurt... Kaffee, Kakao, Kautschuk, Kiwi, Knäckebrot, Knoblauch, Kokosnüsse, Kupfer... Lasagne, Limonen, Limericks... Meflana Köfte, Miniröcke, Musicals... Nizza Salat, Norweger-Pullover... Oliven, Ölsardinen ... Paprika, Parmesan, Pizza, Pommes frites, Punks... Quiche lorraine ... Radio Luxemburg, Ravioli, Reggae, Reis, Rock'n' Roll... Salami, Skateboards, Schaschlik, Sciencefiction, Sirtaki, Sojabohnensprossen, Souvlaki, Spagetti .... Tabak, Teakholz, Tee, Tsatsiki, Tulpen, Tunfisch, Türkischer Honig... Ungarisches Gulasch, Urlaubsinseln ... Vanille, Video ... Wan-Tan-Suppe, Windsurfen ... Xylophone ... Yucca-Palmen... Zabaione, Zimt, Zitronen, Zucchini, Zuckerrohr, Zwiebelsuppe...
Mit dir kann man ja nicht reden!
SCHNIEBEL '86

Was ich alles bin

Lies folgende Texte. Wie sind diese Teenager? Was sagen sie?

Bernd
Christa

Hier steht über mich nur:

Name: Bernd Schmidt
Alter: 16
Wohnort: Kaltenkirchen
Adresse: Barossaweg 29
Geschwister: 1 Schwester (19)

... Ich bin aber auch Christas Freund, Popfan, Diskofreak, Tennisspieler, Kaugummiesser, Zeitungsausträger, Nichtraucher, Schulhasser, Vegetarier, Computerfreak. Ich bin auch Mensch, und meine Freunde finden mich freundlich und lustig, aber andere sagen, dass ich angeberisch bin.

Und ich bin auch Bernds Freundin, Fußballspielerin, Verkäuferin, Babysitterin, Kellnerin, Ponyreiterin, Kanarienvogelbesitzerin. Ich bin aber auch Mensch, und meine Freunde finden mich nett und lebhaft, aber einige sagen, dass ich doof bin.

Und du? Beschreib dich auch so.

Eigenschaften

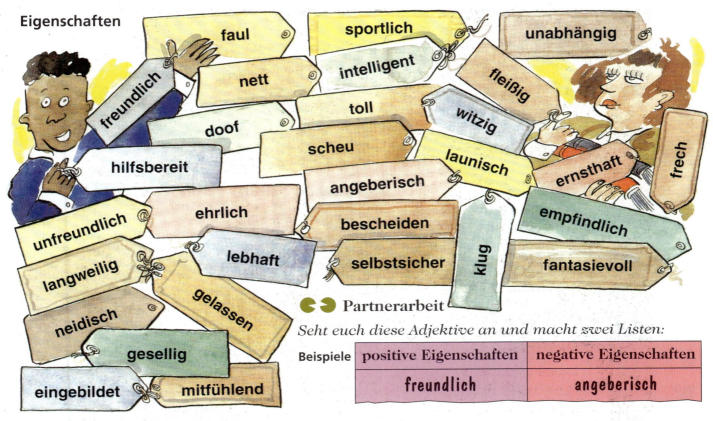

faul, sportlich, unabhängig, freundlich, nett, intelligent, fleißig, toll, doof, witzig, scheu, launisch, hilfsbereit, ernsthaft, frech, angeberisch, ehrlich, bescheiden, empfindlich, unfreundlich, lebhaft, selbstsicher, klug, fantasievoll, langweilig, gelassen, neidisch, gesellig, eingebildet, mitfühlend

Partnerarbeit

Seht euch diese Adjektive an und macht zwei Listen:

Beispiele

positive Eigenschaften	negative Eigenschaften
freundlich	angeberisch

Wie beschreibst du dich jetzt?

Bist du sportlich? Intelligent? Empfindlich? Scheu? Wähl vier Adjektive, die dich am besten beschreiben, und schreib sie auf – ohne deinen Namen! Reich deinem Lehrer/deiner Lehrerin den Zettel und hör zu – wer ist das?

Wie findest du sie?

Lies die Texte und schreib deine Meinungen auf oder mach Dialoge mit deinem Partner/deiner Partnerin.

Beispiel

A – Wie findest du Peter?
B – Ich finde ihn angeberisch, langweilig und doof.

Peter: Ich bin immer fit und voller Energie. Ich bin der beste Fußballer in der Schule. Die Mädchen flirten gern mit mir.

Petra: Ich bin schön. Ich habe jede Menge feste Freunde. Alle Jungen finden mich schön und intelligent. Die anderen Mädchen sind neidisch auf mich. Das ist mir egal.

Zehra: Ich bin sehr launisch, mal glücklich, mal traurig. Das ist schwer für meine Freunde. Ich helfe gern anderen. Ich lese furchtbar gern und spiele viele Instrumente.

Bernd: Ich erzähle gern Witze, die meine Freunde zum Lachen bringen. Ich arbeite nicht gern, aber meine Freunde finden, ich habe viele Ideen.

Tipp des Tages

Wie findest du		Peter? den Lehrer ...
		Petra? die Lehrerin ...
Ich finde	ihn	angeberisch. langweilig. witzig. eingebildet. doof. toll.
	sie	

Sternzeichen

Finde den Text für dein Sternzeichen. Wie findest du ihn? Stimmt das? Ist das doof? Lauter Quatsch? Wie bist du wirklich?

WIDDER (21. März bis 19. April)

Der Widder hat viele Ideen, ist optimistisch und voller Enthusiasmus. Leider beendet er nicht immer alle Projekte. Widder sind schnell, eigensinnig und flirten gern. Sie sind auch oft witzig und klug.

STIER (20. April bis 20. Mai)

Der Stier ist freundlich und liebevoll. Er weiß, was er will. Der Stier mag bequeme Klamotten, nicht unbedingt modisch. Stiere sind praktisch und gleichzeitig auch romantisch.

ZWILLING (21. Mai bis 20. Juni)

Der Zwilling ist voller Fantasie, hilfsbereit und hat viele Freunde. Er ist klug und flexibel. Zwillinge sind immer beliebt, sie möchten aber gern unabhängig sein.

KREBS (21. Juni bis 22. Juli)

Der Krebs ist empfindlich und zurückhaltend. Er hilft gern anderen und braucht selbst viel Liebe. Krebse sind launisch, mal so mal so. Sie wollen die Welt gern verbessern.

LÖWE (23. Juli bis 22. August)

Der Löwe steht gern im Mittelpunkt und möchte bewundert werden. Der Löwe glaubt, er hat immer Recht. Er ist optimistisch und flirtet mit vielen. Zu zweit sind Löwen oft scheu.

JUNGFRAU (23. August bis 22. September)

Die Jungfrau ist klug und möchte in allen Dingen perfekt sein. Sie liebt die Arbeit. Sie ist oft idealistisch. Jungfrauen sind sehr romantisch und scheu.

WAAGE (23. September bis 22. Oktober)

Die Waage liebt Gerechtigkeit und alles, was schön ist. Waagen sind ausgeglichene Menschen. Sie nehmen ihre Arbeit sehr ernst. Waagen essen gern Süßes und flirten gern und viel.

SKORPION (23. Oktober bis 21. November)

Der Skorpion ist nicht sehr diplomatisch und liebt keine Kompromisse. Er hat nicht viele Freunde. Er weiß immer zuerst, was er nicht will, dann erst, was er will. Sein Instinkt sagt ihm, wann der richtige Moment für etwas gekommen ist. Skorpione sind kreativ und haben sehr gute Nerven.

SCHÜTZE (22. November bis 21. Dezember)

Schützen sind oft sehr gute Diplomaten. Sie können lachen, auch wenn sie traurig sind. Sie brauchen nicht viele Freunde, aber sie haben viele Bekannte. Sie sind immer fleißig und aktiv. Sie wollen immer alles auf einmal tun, aber das geht nicht immer.

STEINBOCK (22. Dezember bis 19. Januar)

Der Steinbock ist sehr stolz, unabhängig und selbstsicher. Er organisiert die ganze Zeit und ist besonders vorsichtig und ordentlich. Steinböcke sind nicht so sozial wie andere Tierzeichen.

WASSERMANN (20. Januar bis 18. Februar)

Der Wassermann möchte unabhängig sein. Er möchte anders sein als die anderen, aber nicht isoliert. Wassermänner denken gerne. Manchmal findet man nur schwer Kontakt zu ihnen.

FISCHE (19. Februar bis 20. März)

Der Fisch ist sanft und zärtlich, voller Fantasie und sehr kreativ. Fische sind nicht kalt, sie haben viel Gefühl. Sie sind gute Freunde, haben aber oft Allergien.

Welches Sternzeichen?

Hör zu und schreib die passenden Informationen auf. Sechs Personen beschreiben sich. Welche Sternzeichen haben sie?

1

2

3

4

5

6

Steffi und Freunde

Und dein Freund ist Engländer? Aber du sprichst doch gar kein Englisch. Und der, spricht der denn gut Deutsch?
Kein Wort.

Na, wie sprecht ihr miteinander?
Überhaupt nicht. Aber ich sag dir was – es ist viel besser so.

Ich brauche mich nicht zu ärgern über das, was er sagt. Er kann mich nicht langweilen und auch nicht anlügen. Und was am besten ist, …

… ich brauche nicht zu wissen, wie dumm er ist.

Tierliebhaber

Hast du Haustiere? Was für welche? Welche Adjektive passen zu Haustieren? Sind Katzen intelligent? Faul? Treu? Und Fische – sind sie interessant oder langweilig? Wie findest du sie?

Ich habe eine Schildkröte, die Cleo heißt. Meine Eltern finden sie völlig ______. Meine Freunde finden sie auch ziemlich ______. Aber ich habe sie sehr lieb. Sie ist ______.

Wir haben einen Hund, der Juppi heißt. Er sieht nicht sehr ______ aus, ist aber eigentlich gar nicht so ______. Er ist sehr ______, besonders meinem Vater, weil er ihn meistens spazieren führt.

Hier beschreiben zwei junge Leute ihre Haustiere. Kannst du raten, welches Adjektiv unten in jede Lücke passt?

niedlich intelligent treu langweilig dumm uninteressant

Jetzt bist du dran. Beschreib dein Haustier oder ein Haustier, das du kennst.

Tipp des Tages

Ich habe	einen	Hund/Hamster/Wellensittich/Goldfisch.
	eine	Katze/Maus/Schildkröte.
	ein	Meerschweinchen/Kaninchen/Pferd.
	viele	tropische Fische.

Er Sie Es	ist	völlig sehr recht ziemlich nicht so ein bisschen	langweilig. niedlich. doof. intelligent. schön. faul.
Sie	sind		

Meine Familie und andere Tiere

A Ralfs Fotoalbum

Hier ist das Fotoalbum von Ralf. Er stellt uns seine Familie vor. Einige von ihnen haben auch Haustiere. Sieh dir die Fotos an und hör zu. Welches Foto ist das?

A Mein Cousin heißt Dirk. Der ist ein bisschen doof, aber ganz nett.

B Das sind meine Großeltern – Opa Kurt und Oma Ilse.

C Das ist mein Hund – Max. Der ist schön, nicht?

D Oma Elisabeth in ihrem Garten. Sie ist sehr unabhängig und wohnt jetzt in Wiesbaden. Leider sehen wir sie nicht sehr oft.

E Meine Tante Ingrid hat viele Haustiere. Ihre Schildkröte heißt Blitz.

F Das sind meine Eltern im Urlaub. Meine Mutter heißt Beate, und mein Vater heißt Frank. Tolles Foto, nicht?!

G Das hier ist meine Kusine Renate mit Kuschel. Die ist ein Einzelkind. Ich finde sie ein bisschen launisch.

H Und das ist meine Schwester Susi und ihr Hamster, Radrenner.

1

3

2

4

B Partnerarbeit. Wer ist das?

Partner(in) A spielt die Rolle von Ralf, Partner(in) B zeigt auf ein Foto und fragt: ‚Wer ist das?' Sieh dir die Texte an, wenn du willst.

C Beschreibe die Fotos

Lies den Text und füll die Lücken mit ‚sein(e)' oder ‚ihr(e)' aus.

Das ist Ralfs Fotoalbum. Das sind ______ Opa und ______ Oma. Und hier rechts, das sind ______ Eltern. Die alte Dame unten links ist ______ andere Oma. Das ist ______ Garten in Wiesbaden. Rechts unten ist Renate, Ralfs Kusine. ______ Meerschweinchen heißt Kuschel. Und das ist Susi, ______ Schwester. ______ Lieblingstier ist ein Hamster.

HATTERS

D Partnerarbeit. Richtig oder falsch?

Partner(in) A sagt etwas über die Fotos – zum Beispiel: ‚Ralfs Vater heißt Kurt.' Partner(in) B muss sagen, ob das stimmt.

E Von wem wird gesprochen?

Lies die Sätze. Wer ist das?

1 Er ist drei Jahre alt.
2 Die ist sechzig und wohnt alleine.
3 Ihr Mann heißt Frank.
4 Sein Vater heißt Kurt.
5 Ralf sieht sie nicht sehr oft.
6 Sie hat keine Geschwister.

F Wie waren die Fragen?

Hier sind die Antworten, aber wie waren die Fragen?

1 – Ingrid.
2 – In Wiesbaden.
3 – Sie hat einen Hamster.
4 – Er ist Ralfs Cousin.
5 – Sie ist ein bisschen launisch.

Schreib mal wieder

Welche Nationalität hast du? Und was für Geschwister und Haustiere? Wie heißen sie und wie alt sind sie? Hast du einen besten Freund oder eine beste Freundin? Wie ist er bzw. sie?
Wie findest du Sternzeichen?
Welches Sternzeichen bist du?
Wie bist du wirklich?
Und wie finden dich deine Freunde?

Mach jetzt eine Aufnahme von deiner Antwort!

Tipp des Tages

Das ist	sein Hund. seine Schwester. sein Haustier.
Das sind	seine Eltern.
Das ist	ihr Wellensittich. ihre Mutter. ihr Haustier.
Das sind	ihre Großeltern.

Dies und das

Mein Name Mehmet

Ich bin Türke, 14 Jahre alt
Schon 4 Jahre in Deutschland
Ich nix kann sprechen gut Deutsch
Ich viel haben türkische Freund
Aber nix haben deutsche Freund
Ich möchte viel haben deutsche Freund
Aber Deutsche möchten nix
Sie immer sagen zu mir
Du Kameltreiber
Aber ich nix haben Kamel
Uns auch sagen du Knoblauchfresser
Aber ich nix fressen Knoblauch
Und mir immer schimpfen
Du Stinker
Aber ich mich jeden Tag waschen
Aber warum sagen mir immer so was
Ich verstehe nix
Ich schuld … ?
Ich weiß nix …

FAMILIENNAME?
KATHOLISCH.
VORNAME?
BREMEN.

WOHNORT?
STEFAN.
GEBURTSDATUM?
BUSFAHRER.

STAATSANGEHÖRIGKEIT?
KLADINSKI.
RELIGION?
ÖSTERREICHER.

BERUF?
VERHEIRATET.
FAMILIENSTAND?
1955.

NA GUT. SIE KÖNNEN MORGEN ANFANGEN!

AUSKUNFT
AUSKUNFT

Tierhumor

Glaube mir, mein Sohn. Es tut mir mehr weh als dir!

Gribouille kommt endlich nach Hause

Eine französische Katze namens Gribouille hielt es im deutschen ‚Exil' in Reutlingen nicht aus: 1 000 Kilometer legte sie in zwei Jahren zurück, bis sie jetzt endlich wieder zu ihrem Herrchen in Tannay (Mittelfrankreich) zurückfand. Kurz nach ihrer Geburt wurde sie an einen Gendarmen verschenkt, der wenige Wochen danach nach Deutschland umziehen musste.

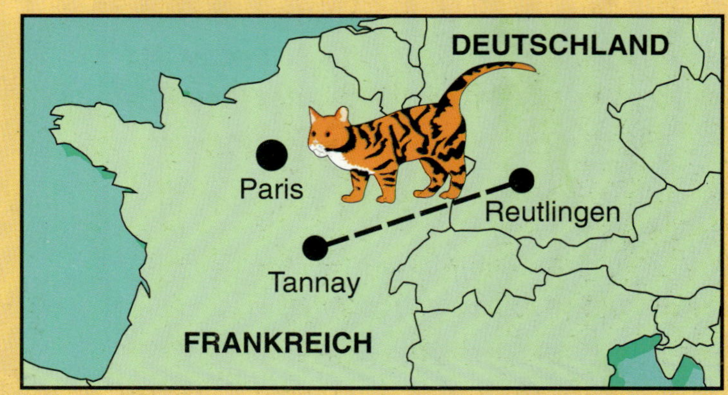
DEUTSCHLAND
Paris
Reutlingen
Tannay
FRANKREICH

Bildgeschichte

1
Entschuldigung. Heißt du Thorsten Müller?
Ja. Warum?
Wir gründen nämlich eine Band, ich und ein paar Freunde. Und Christiane sagt, du spielst Bassgitarre.
2
Das ist Thorsten. Er ist Bassgitarrist. Also, ich bin Uli, ich spiele Gitarre. Olaf hier spielt Schlagzeug, Holger spielt Keyboard.
Hallo.
3
Wer singt?
Ich, wahrscheinlich.
Du spinnst! Du hast eine Stimme wie eine Autohupe!
4
Wo proben wir denn?
Holgers Garage ist ideal.
Quatsch! Sie ist doch viel zu klein!
Hör mal! Ich hab' eine Idee.
5
Wie heißt denn die Band? Habt ihr einen Namen?
Wir wissen noch nicht. Vielleicht ‚Bad Language'.
6
Ich heiße Navina. Christiane sagt, ihr sucht einen Sänger. Stimmt das?
Ja.
7
Tja. Warum nicht eine Sängerin?

sb Selbstbedienung

Flaggen aus aller Welt

Sieh dir die Flaggen an. Was sagen diese Leute?

Beispiel

1 *Ich heiße Sabine. Ich bin Deutsche.*

1 Sabine

2 Mehmet

3 Fatma

4 Barbara

5 Dieter

6 Anne

7 Thomas

8 Karl

Das passt

Finde die passenden Paare.

Beispiel

1*H*

1 Wie heißt du?
2 Wie alt bist du?
3 Wo wohnst du?
4 Wo wohnen deine Großeltern?
5 Hast du Geschwister?
6 Wie heißt sie?
7 Wie alt ist sie?
8 Wohnt sie auch in Stuttgart?
9 Hast du Haustiere?
10 Wie alt ist er?

A Nein, sie wohnt in Wiesbaden.
B Sie heißt Anja.
C Ich bin sechzehn Jahre alt.
D Ja, ich habe eine Schwester.
E Er ist neun.
F Sie ist zwanzig Jahre alt.
G Ja, einen Hund.
H Karin.
I Sie wohnen in der Schweiz.
J Hier in Stuttgart.

Ich

Drei junge Leute stellen sich vor. Was sagen sie?

Beispiel

Jens: Ich bin vierzehn und wohne in Wuppertal
Ich habe einen Bruder Ich habe einen Hund
Ich spiele gern Fußball

Jens
14
Wuppertal
Claudia
16
Lübeck
Bernd
15
Freiburg

Im Gegenteil!

Schreib die fehlenden Wörter auf – wenn du sie richtig schreibst, kannst du mit den ersten Buchstaben von jedem Wort ein neues Wort bilden.

Beispiel

1 … *hässlich = H*

1 Nicht schön, sondern … .
2 Nicht dumm, sondern … .
3 Nicht interessant, sondern … .
4 Nicht richtig, sondern … .
5 Nicht hässlich, sondern … .
6 Nicht angeberisch, sondern … .
7 Nicht unehrlich, sondern … .
8 Nicht links, sondern … .
9 Nicht unempfindlich, sondern … .
10 Nicht langweilig, sondern … .
11 Nicht glücklich, sondern … .

Das neue Adjektiv: …………… ?

Erfinde dein eigenes Wörterpuzzle!

Steckbriefe

Trag das Formular in dein Heft ein und füll es für jede Person aus.

1
NAME:
ALTER:
WOHNORT:
GESCH
HAUS
HOBB
STER
2
NAME:
ALTER:
WOHNORT:
GESCHWISTER:
HAUSTIERE:
HOBBYS:
STERNZEICHEN:

Hallo! Ich heiße Barmin. Mein Geburtstag ist am zehnten Juli. Ich bin fünfzehn Jahre alt. Ich spiele gern Tennis – ich spiele oft mit meiner Schwester. Ich schwimme auch gern. Wir wohnen in Hamburg. Wir haben einen großen Garten, aber wir haben keine Haustiere.

Ich heiße Michaela und wohne in Berlin. Ich bin ein Einzelkind. Ich habe eine Katze und zwei Meerschweinchen. Ich lese gern, ich gehe gern ins Kino, und ich spiele Flöte. Ich bin vierzehn und habe am neunzehnten März Geburtstag.

sb Selbstbedienung

Meiner Meinung nach

Nenne …

1 … einen Sportler, der angeberisch ist.
2 … eine Sportlerin, die launisch ist.
3 … einen Popstar, der bescheiden ist.
4 … eine Sängerin, die klug ist.
5 … eine Politikerin, die ernsthaft ist.
6 … einen Politiker, der doof ist.
7 … einen Schriftsteller, der witzig ist.
8 … einen Filmstar, der ekelhaft ist.

Sprichwörter

Viele deutsche Sprichwörter haben mit Tieren zu tun.
Was ist richtig?
Sieh dir die Bilder an und vervollständige die Sätze.
Die richtigen Endungen sind unten zu finden.

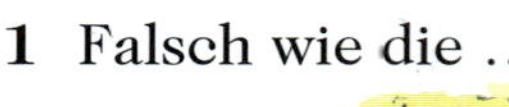

1 Falsch wie die …

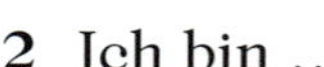

2 Ich bin …

3 Du bist ein …

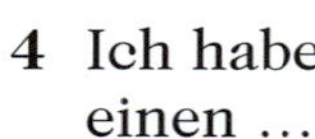

4 Ich habe einen …

5 So ein …

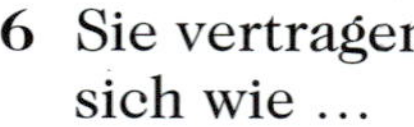

6 Sie vertragen sich wie …

Hundewetter	schlauer Fuchs
Schlange	Hund und Katze
Bärenhunger	hundemüde

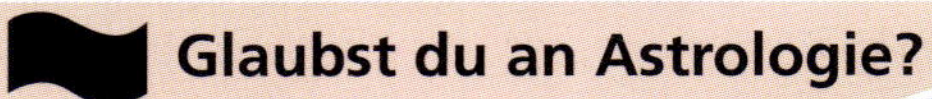

Glaubst du an Astrologie?

Lies die Texte.

Ob ich an Astrologie glaube? Das Erste, was ich von einem Menschen wissen will, ist: Welches Sternzeichen hast du?

Simone

Ralf

Ich halte das alles für den größten Quatsch. Geprägt wird man doch von der Familie. Sicher auch von der Umwelt. Aber nicht von den Sternen – ich kann mir das jedenfalls nicht vorstellen.

Katja

An Astrologie glaube ich eigentlich nicht, aber wie der Zwilling charakterisiert wird, das trifft schon ziemlich genau zu auf mich. Ich weiß nicht. Vielleicht ist ja doch was dran.

Jeannine

Ich glaube, dass man selbst etwas aus sich und seinem Leben macht. Totalen Blödsinn find' ich Astro-Charaktere. Ich vergesse das auch sofort wieder, wenn mir jemand erzählt, er sei Waage oder Widder oder was weiß ich. Es interessiert mich einfach nicht. Meinetwegen kann er eine Kobra sein – für mich ist es Peter oder Markus oder Thomas.

Carsten

Na ja, ich gebe schon was auf Sternzeichen. Zum Beispiel, ich habe festgestellt, dass Fische-Menschen überhaupt nicht zu mir passen. Aber meistens verlass' ich mich lieber auf mein Gefühl als auf die Sterne.

A Wer ist für Astrologie?
Wer ist dagegen?
Wer ist nicht unbedingt dafür, aber auch nicht unbedingt dagegen?

B Woher weißt du das? Schreib einen Satz pro Person.

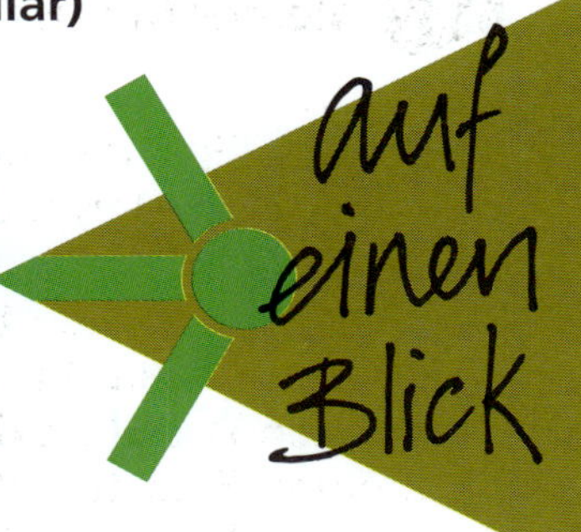
auf einen Blick

1 Personal details using ich, du, er/sie (1st, 2nd and 3rd person singular)

Ich heiße Chris. Ich wohne in Berlin. Ich bin sechzehn.	*I'm Chris.* *I live in Berlin.* *I'm sixteen.*
Wie heißt du? Wo wohnst du? Wie alt bist du?	*What's your name?* *Where do you live?* *How old are you?*
Meine Schwester heißt Tina. Sie wohnt in Österreich. Sie ist zwanzig.	*My sister's called Tina.* *She lives in Austria.* *She's twenty.*

2 Three ways of saying 'you': singular, familiar (*du*); plural, familiar (*ihr*); singular or plural, formal (*Sie*)

Hast du Habt ihr Haben Sie	Geschwister?	*Have you got brothers and sisters?*
Treibst du Treibt ihr Treiben Sie	gern Sport?	*Do you like doing sport?*

3 Saying what you think of people. Personal pronouns 'him' and 'her'

Wie findest du	Peter? den Lehrer?	*What do you think of Peter?* *What do you think of the teacher?*
Ich finde ihn	nett. interessant.	*I think he's nice.* *I find him interesting.*
Wie findest du	Petra? die Lehrerin?	*What do you think of Petra?* *What do you think of the teacher?*
Ich finde sie	doof. komisch.	*I think she's silly.* *I find her funny.*

4 Saying what you have: *ein* and *kein*

Ich habe	einen Bruder. eine Schwester. ein Pferd.		*I have one brother.* *I have one sister.* *I have a horse.*
	keine	Geschwister. Haustiere.	*I have no brothers or sisters.* *I have no pets.*

5 Possessive adjectives: *mein, dein, sein, ihr*

Das ist	mein Hund. dein Geburtstag. sein Haus. ihr Buch.	*That's my dog.* *That's your birthday.* *That's his house.* *That's her book.*
Das ist	meine Schwester. deine Katze. seine Gitarre. ihre Adresse.	*That's my sister.* *That's your cat.* *That's his guitar.* *That's her address.*
Das sind	meine Eltern. deine Sachen. seine Großeltern. ihre Freunde.	*Those are my parents.* *Those are your things.* *Those are his grandparents.* *Those are her friends.*

Hilfe, zu acht im Wohnmobil!

Fast ein Drittel aller Kinder in Deutschland sind Einzelkinder. Es gibt aber auch andere: Maxi und ihre vier Geschwister.

‚Nein, Langweile hab' ich nicht,' sagt Maximiliane, als wir sie fragen: ‚Wie ist das Leben mit vier Geschwistern?' Maximiliane, gennant Maxi, ist elf Jahre alt und das ‚mittlere' von fünf Kindern der Familie Scheuerecke. Die anderen sind Stephanie (18), Sebastian (12), Veronika (9) und der Jüngste, Christian (7). Und dann ist da noch ein großer Hund namens Boris. Also eine ‚richtige kleine Großfamilie', eine von den ganz wenigen heutzutage. Die Familie wohnt in einem hübschen Reihenhaus, das bis unter das Dach ausgebaut ist – schließlich sind es ja sieben Personen.

Fast jeder hat sein eigenes Zimmer. Nur Maxi muss ihr Zimmer mit Veronika teilen. Kein Problem für Veronika. Im Gegenteil, denn Veronika ist Maxis liebste Spielkameradin. Natürlich wäre Maxi auch einmal ganz gerne allein – wenn sie sich mal streiten oder wenn die jüngere Schwester absolut nicht schlafen will und, wie Maxi sagt, ‚quasselt und quasselt'.

Fünf Kinder im Haus – da ist immer etwas los. Aber großen Streit gibt es eigentlich nie. Die Mutter (37) meint dazu: ‚Wenn zwei sich mal streiten, dann sind ja noch immer die anderen Geschwister zum Spielen da.'

Lustig ist es, wenn die Familie mit ihrem Campingbus nach Korsika fährt. Alle gucken und staunen, wenn der Bus an einem Rastplatz hält, die Tür des Wohnmobils aufgeht und alle der Reihe nach aussteigen: die Eltern, die fünf Kinder und ... Boris, der Hund.

Gibt es denn gar nichts, was dir bei deinen Freundinnen, die Einzelkinder sind, besser gefällt? ‚Doch,' sagt Maxi, ‚die anderen bekommen viel mehr Geschenke. Wenn ich von einer Geburtstagsfeier zurückkomme und Süßigkeiten mitbringe, muss ich immer mit meinen Geschwistern teilen. Dann bleibt oft nichts mehr für mich übrig ...'

Aber so viele Geschwister zu haben hat natürlich auch Vorteile. Schon Christian weiß das, obwohl er erst sieben ist. Er fragt immer die anderen Geschwister, ob sie für ihn die Hausaufgaben machen. Dann kann er spielen gehen. Und Maxi sagt: ‚Ich möchte kein Einzelkind sein. Nein, nie, das wäre ja langweilig!'

Stefan und die Emus

Sie sind 1 Meter 20 hoch, voller Federn und haben lange, kräftige Beine: Die zwei Emus aus Australien bewohnen jetzt ein großes Gehege, das Stefan für sie gemacht hat. Die beiden Vögel, die jetzt über ein Jahr alt sind, laufen auf ihn zu, als er ihnen Futter bringt.

Stefan weiß, wie wichtig das richtige Futter für diese Vögel ist. Es muss 16,5 Prozent Eiweiß enthalten. Pro Tag fressen die Emus, die Vegetarier sind, zehn Kilo Pressfutter und trinken zehn bis 15 Liter Wasser. Außerdem bekommen sie noch gekochte Kartoffeln oder Karotten mit Weizenkleie.

Wenn Stefan morgens in die Schule geht, haben die beiden schnellen Laufvögel ihren Frühsport schon hinter sich. Sie können, ausgewachsen, über fünfzig Stundenkilometer erreichen.

Stefan opfert jede Mark Taschengeld für sein Hobby, und er jobbt als Kellner. Vierzig verschiedene Vogelarten hat er bei sich zu Hause. Täglich beschäftigt er sich mehrere Stunden mit seinen Vögeln.

2 Alltagsleben

Tagesablauf

Hör gut zu und wiederhol die Sätze.

Ich stehe um sieben Uhr auf.

Ich gehe um halb acht aus dem Haus.

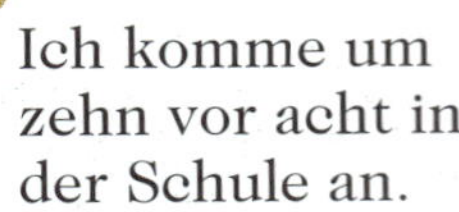

Ich komme um zehn vor acht in der Schule an.

SCHULE

Ich komme um Viertel nach eins nach Hause.

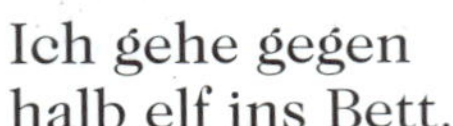

Ich gehe gegen halb elf ins Bett.

Wer spricht?

Hör gut zu. Wer spricht?

Susi

Benny

Sylvia

Stefan

Partnerarbeit

Partner(in) A wählt eine Person, und Partner(in) B stellt Fragen.

A – Ich habe gewählt. Wer bin ich?
B – Wann stehst du auf?
A – Um halb sieben.
B – Wann gehst du aus dem Haus?
A – Um Viertel nach sieben.
B – Du bist Benny.
A – Richtig.

Und du?

Beschreib deinen Alltag. Schreib das auf, dann kannst du es auf Kassette aufnehmen oder es der Klasse erzählen.

Tipp des Tages

Wann	stehst du auf? gehst du aus dem Haus? kommst du in der Schule an? kommst du nach Hause? gehst du ins Bett?
Um Gegen	sieben (Uhr). Viertel nach sieben. acht (Uhr). halb zwei. neun (Uhr).

Was machst du normalerweise?

Sieh dir die Bilder und die Texte unten an. Was passt wozu? Schreib die Texte auf.

Beispiel
A Ich dusche.

A
B
C
D
E
F
G
H
I
J
K
L

Ich höre Radio.
Zum Frühstück esse ich Cornflakes und Toast.
Ich fahre mit dem Bus zur Schule.
Ich mache meine Hausaufgaben.
Ich sehe fern.
Ich arbeite am Computer.
Ich komme zu Fuß zur Schule.
Ich dusche.
Ich nehme ein Bad.
Zum Frühstück trinke ich Kaffee und Saft.
Ich werde zur Schule gefahren.
Ich lese.

Was macht ihr?

Hör gut zu. Wer macht was? Sieh dir die Bilder (A-L) oben an und schreib jeweils die entsprechenden Buchstaben auf.

Beispiel
Maria: A, C, …

Connie
Maria
Tobias

Was machst du im Haushalt?

Sieh dir die Lückentexte an und rate, welche Wörter fehlen. Hör dann die Kassette an. Hast du Recht?

Küche	Auto	Fenster	Pflanzen
Hund	Bügeln	Haushalt	Bett

Alexa

Ich putze die _______ , und ich wische Staub.

Knut

Am Wochenende helfe ich in der _______ . Ich koche das Mittagessen zum Beispiel.

Maria

Ich staubsauge, ich gieße die _______ , und ich helfe beim _______ .

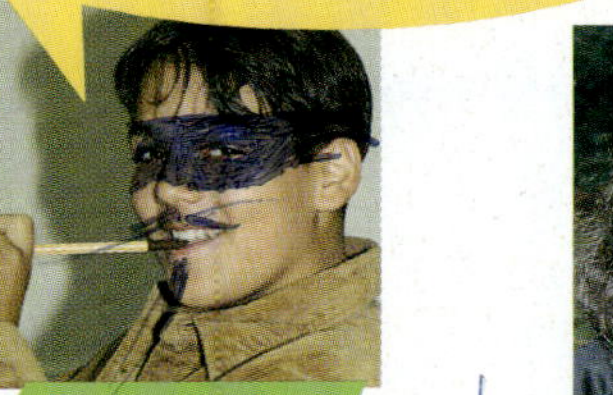
Kemal

Ich helfe nicht viel im Haushalt. Ich gehe nur mit dem _______ spazieren.

Türkan

Jede Woche wasche ich das _______ , und mein Zimmer mache ich selber sauber. Ich mache mein _______ natürlich selbst, und ich putze das Bad. Jeden Tag wasche ich ab.

Michael

Ich helfe nicht im _______ . Ich gehe aber einkaufen.

Wer hilft am meisten im Haushalt? Und wer hilft am wenigsten? Und du? Was machst du im Haushalt?

Fernseh-Umfrage

Was hältst du vom Fernsehen?

Boris

Ich sehe wenig fern. Es gibt zu viel Quatsch, zu viele Wiederholungen oder alte Spielfilme. Ich sehe vielleicht drei Stunden pro Woche fern.

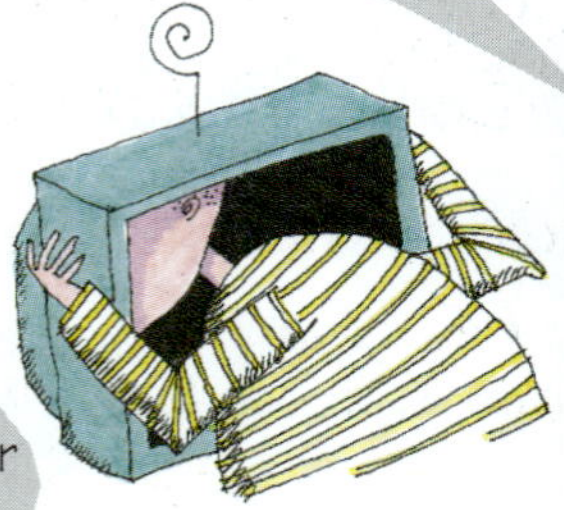

Karin

Mit dem Fernsehen bin ich zufrieden. Besonders Spielfilme interessieren mich. Ich sehe oft mit meiner Familie fern. Das ist ganz komisch, denn wir reden oder streiten über das, was wir sehen.

Kerstin

Ich finde das nicht so toll. Ich sehe sehr wenig fern. Bei uns zu Hause gibt es auch kaum Streit ums Programm, denn keiner will vor dem Fernseher sitzen. Wir haben alle viele andere Interessen. Ich, zum Beispiel, gehe dreimal in der Woche zum Basketballtraining.

Bernd

Das Fernsehen ist nicht so gut, find' ich. Es gibt zu viele Sportsendungen und billige Serien aus Amerika. Ich interessiere mich sehr für alte Kinofilme aus den dreißiger und vierziger Jahren. Ich sehe nicht viel fern. Höchstens zwei oder drei Stunden in der Woche.

Nicole

Ich sehe abends so lange fern, bis es nichts Gutes mehr gibt, so vier, fünf Stunden am Tag. Ich gehe nicht sehr oft aus.

Fanny

Ich mag kein Fernsehen. Ich find' Fernsehen nicht gut.

Maxi

Fernsehen ist abends nur gut, wenn es Spielfilme gibt. Serien find' ich doof. Ich sehe auch gern Sendungen wie zum Beispiel das Nachrichtenmagazin *Heute Aktuell*.

Pel[illegible]

Fernsehen ist O.K. Ich sehe am liebsten Serien. Ich sehe meistens abends fern, so drei oder vier Stunden.

Wer?

1 Wer treibt lieber Sport?
2 Wer sieht gern die Nachrichten?
3 Wer sieht gern Serien?
4 Wer sieht besonders gern Spielfilme? (3 Personen)
5 Wer findet, dass es zu viel Sport im Fernsehen gibt?
6 Wer findet Serien besonders doof?
7 Wer sieht oft mit der Familie fern?
8 Wer sieht am meisten fern?

Und du?

Was hältst du vom Fernsehen?
Wie oft siehst du fern?
Gibt es bei dir manchmal Streit über das Fernsehprogramm?
Was sind deine Lieblingssendungen?

Statistik

Jugendliche verbringen etwa nur zwanzig Minuten am Tag mit Lesen, während sie ungefähr achtundachtzig Minuten vor dem Fernseher sitzen.
In fast jedem Haushalt findet sich ein Fernsehapparat.

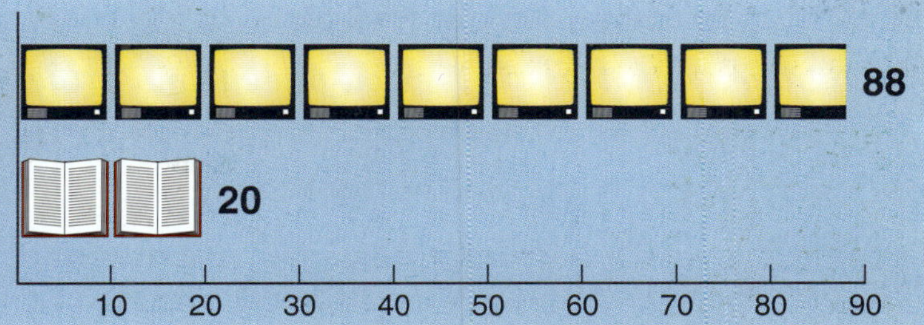
88
20
10 20 30 40 50 60 70 80 90

Was machst du lieber – Fernsehen oder Lesen?

Hör gut zu und lies, was diese Jugendlichen sagen. Wer liest lieber, und wer sieht lieber fern? Wer macht gern beides?

Boris
Ich finde Fernsehen besser als Bücher. Die Nachrichten bringen wichtige Informationen aus aller Welt: Sportsendungen und Katastrophen zum Beispiel.

Frank
Bücher finde ich gut. Man geht in die Bücherei und man sucht sich ein Buch über ein bestimmtes Thema aus. Das kann man mit dem Fernsehen nicht machen.

Katja
Im Fernsehen sind sehr gute Filme drin, aber Bücher sind viel spannender. Ich sammle Bücher und habe schon hundertfünfzig Bücher.

Claudia
Ich finde Lesen ein bisschen besser, weil es bildet.

Tobias
Man kann von beidem etwas lernen.

Sabine
Ich lese genauso viel, wie ich fernsehe. Mal ist das eine spannender, mal das andere.

Florian
Beim Fernsehen muss man sich nicht so konzentrieren und kann auch noch etwas nebenbei machen. Bei Büchern fehlt die Musik im Hintergrund. Wenn ich gerade ein gutes Buch lese, und es kommt ein guter Film im Fernsehen, dann sehe ich lieber den Film an. Das Buch kann ich ja immer noch lesen.

Matthias
Manchmal komme ich erst durchs Fernsehen zum Lesen. Wenn ich einen guten Film sehe, kaufe ich mir die Bücher dazu.

Maren
Ich selbst lese viel und sehe nicht viel fern. Ich finde Lesen so gut.

Markus
Lesen regt die Fantasie mehr an. Beim Fernsehen ist alles vorgegeben.

Tipp des Tages

Mit dem Fernsehen bin ich zufrieden. Bei uns gibt es wenig Streit. Serien find' ich doof. Am liebsten sehe ich Spielfilme.	Ich bin mit dem Fernsehen zufrieden. Es gibt wenig Streit bei uns. Ich finde Serien doof. Ich sehe Spielfilme am liebsten.

Was machst du in der Freizeit?

Mach Interviews über die Freizeit mit einem Partner/einer Partnerin.

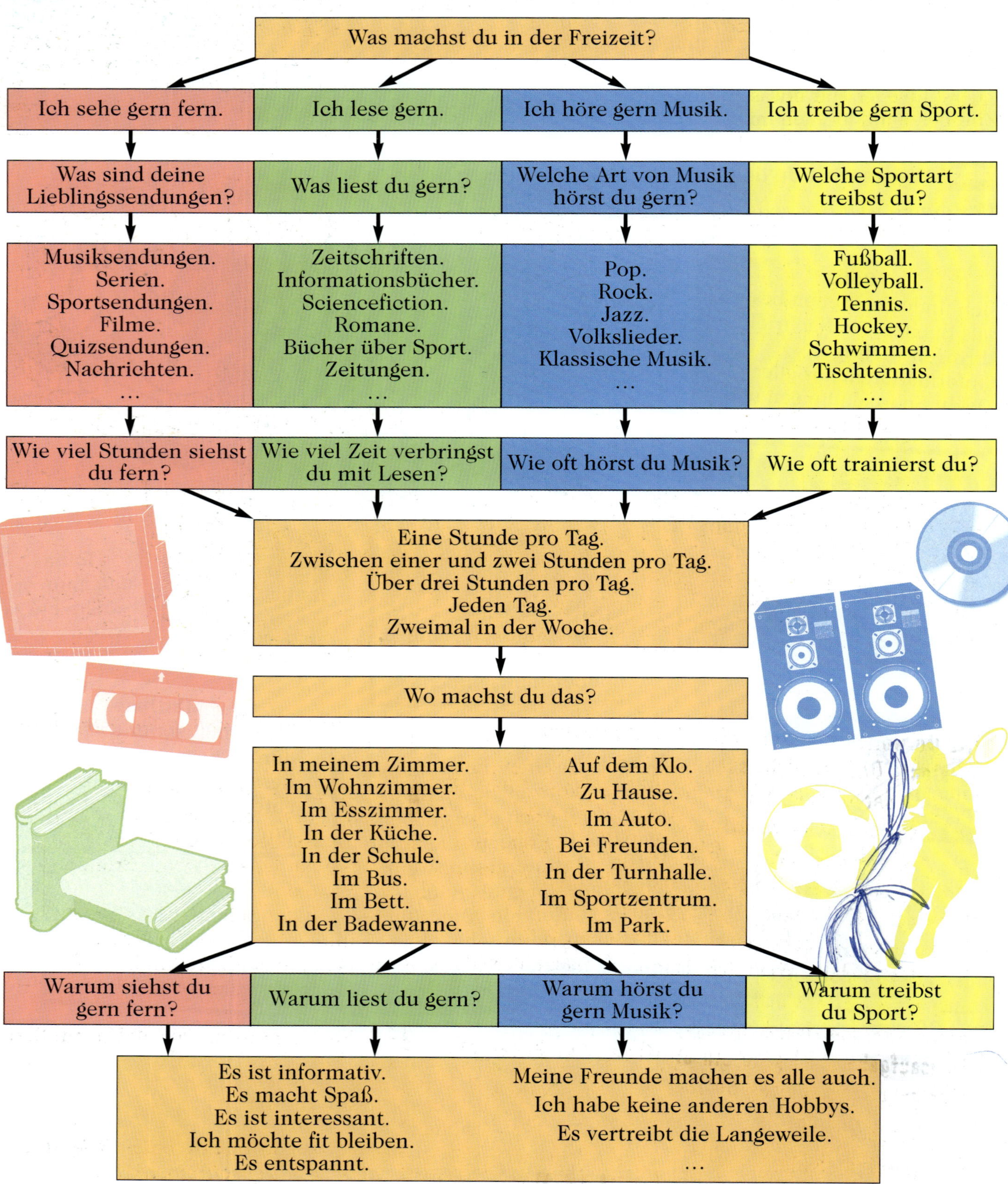
Was machst du in der Freizeit?
Ich sehe gern fern.
Ich lese gern.
Ich höre gern Musik.
Ich treibe gern Sport.
Was sind deine Lieblingssendungen?
Was liest du gern?
Welche Art von Musik hörst du gern?
Welche Sportart treibst du?
Musiksendungen. Serien. Sportsendungen. Filme. Quizsendungen. Nachrichten. …
Zeitschriften. Informationsbücher. Sciencefiction. Romane. Bücher über Sport. Zeitungen. …
Pop. Rock. Jazz. Volkslieder. Klassische Musik. …
Fußball. Volleyball. Tennis. Hockey. Schwimmen. Tischtennis. …
Wie viel Stunden siehst du fern?
Wie viel Zeit verbringst du mit Lesen?
Wie oft hörst du Musik?
Wie oft trainierst du?
Eine Stunde pro Tag. Zwischen einer und zwei Stunden pro Tag. Über drei Stunden pro Tag. Jeden Tag. Zweimal in der Woche.
Wo machst du das?
In meinem Zimmer. Im Wohnzimmer. Im Esszimmer. In der Küche. In der Schule. Im Bus. Im Bett. In der Badewanne.
Auf dem Klo. Zu Hause. Im Auto. Bei Freunden. In der Turnhalle. Im Sportzentrum. Im Park.
Warum siehst du gern fern?
Warum liest du gern?
Warum hörst du gern Musik?
Warum treibst du Sport?
Es ist informativ. Es macht Spaß. Es ist interessant. Ich möchte fit bleiben. Es entspannt.
Meine Freunde machen es alle auch. Ich habe keine anderen Hobbys. Es vertreibt die Langeweile. …

Nach der Schule

Was machst du, wenn du nach der Schule zu Hause ankommst? Benutze die Wörter zuerst, danach, dann und zum Schluss wie im Beispiel. Wähl Sätze aus der Liste unten, oder erfinde andere, wenn du willst.

Beispiel

Zuerst hole ich mir etwas zu trinken, danach gehe ich in mein Zimmer, dann lege ich mich auf mein Bett, und zum Schluss fange ich mit meinen Hausaufgaben an.

Ich sehe eine Weile fern.
Ich gehe in mein Zimmer.
Ich packe meine Schultasche aus.
Ich gehe auf die Toilette.
Ich fange mit meinen Hausaufgaben an.
Ich gehe wieder aus.
Ich setze mich hin.
Ich schlafe ein.
Ich schlage Bücher und Hefte auf.
Ich mache Musik an.
Ich ziehe mich um.
Ich lege mich auf mein Bett.
Ich ziehe die Schuhe aus.
Ich hole mir etwas zu trinken/zu essen.
Ich rufe meinen Freund/meine Freundin an.

Schreib mal wieder

Hi! Du wolltest wissen, wie mein Tagesablauf aussieht. Das ist nicht sehr interessant! Morgens klingelt der Wecker bei mir um Viertel vor sieben. Ich stehe auf und gehe dann schnell ins Bad. Dann gehe ich in die Küche, um ein Glas Milch zu trinken. Um acht Uhr fängt die Schule an und dauert bis um eins. Nach der Schule gehe ich manchmal mit meiner Freundin zu ihr nach Hause und bin den ganzen Nachmittag dort. Wenn ich dann nach Hause komme, sind meine Eltern und Geschwister auch da, und wir essen alle gemeinsam. Abends mache ich meine Hausaufgaben und sehe ein bisschen fern. Gegen zehn Uhr gehe ich dann ins Bett.

Schreib bald!

Deine Melanie

Stimmt das? Wenn nicht, schreib es richtig auf!

1. Melanies Mutter weckt sie auf.
2. Melanie steht vor sieben Uhr auf.
3. Sie isst nichts zum Frühstück.
4. Sie hat jeden Tag vier Stunden Schule.
5. Nach der Schule geht sie nicht immer direkt nach Hause.
6. Melanie ist Einzelkind.
7. Nachmittags macht sie immer ihre Hausaufgaben.
8. Sie ist meistens vor elf Uhr im Bett.

Und du? Kannst du einen Brief über deinen Alltag schreiben?

Drei Interviews

RADMILHA

Radmilha ist 61 Jahre alt. Sie kommt aus Serbien und wohnt jetzt in einem Asylbewerberheim in Berlin.

Interviewer: Wie sieht Ihr Tag jetzt aus?
Radmilha: Ich stehe um sechs Uhr auf. Nach dem Frühstück sitze ich vor dem Fernseher und denke nach: über meine Heimat, meine Familie, unser Leben früher in Serbien und jetzt hier in Deutschland. Am Vormittag mache ich die Hausarbeit.
Interviewer: Wie ist Ihre Wohnung im Wohnheim?
Radmilha: Wir haben ein eigenes kleines Bad und eine kleine Küche. Ich koche und backe jeden Tag etwas. Es gibt Essen aus unserer Heimat. Da wir nicht viel Geld haben, versuche ich, billige Sachen auf dem Markt zu finden. Wir bekommen Geld von der Sozialhilfe.
Interviewer: Ist Ihre Familie auch hier in Deutschland?
Radmilha: Ich wohne hier mit meinem Mann. Wir haben vier Töchter und einen Sohn, vierzehn Enkel und zehn Urenkel. Leider lebt nur eine Tochter mit ihrer Familie auch hier in Berlin. Eine andere Tochter lebt in Österreich, und die übrigen zwei leben in Serbien. Wo unser Sohn ist, weiß ich nicht.
Interviewer: Wie gefällt Ihnen das Leben in Deutschland?
Radmilha: Es ist hier ganz schön. Wir sind in Sicherheit und haben eine Wohnung. Aber es ist schwer, wenn man älter ist, in einem neuen Land zu leben. Oft sind wir allein und warten vor dem Fernseher, bis es Zeit ist, ins Bett zu gehen.

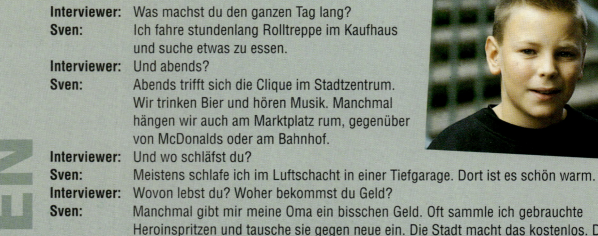

SVEN

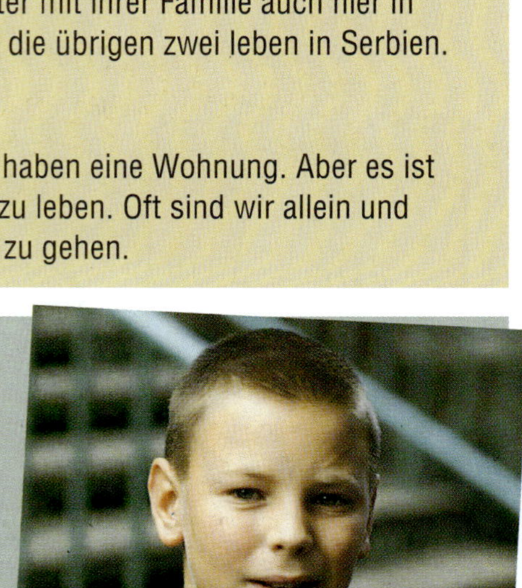

Sven ist 13 Jahre alt. Er wohnt nicht mehr bei seiner Familie.

Interviewer: Was machst du den ganzen Tag lang?
Sven: Ich fahre stundenlang Rolltreppe im Kaufhaus und suche etwas zu essen.
Interviewer: Und abends?
Sven: Abends trifft sich die Clique im Stadtzentrum. Wir trinken Bier und hören Musik. Manchmal hängen wir auch am Marktplatz rum, gegenüber von McDonalds oder am Bahnhof.
Interviewer: Und wo schläfst du?
Sven: Meistens schlafe ich im Luftschacht in einer Tiefgarage. Dort ist es schön warm.
Interviewer: Wovon lebst du? Woher bekommst du Geld?
Sven: Manchmal gibt mir meine Oma ein bisschen Geld. Oft sammle ich gebrauchte Heroinspritzen und tausche sie gegen neue ein. Die Stadt macht das kostenlos. Die Spritzen verkaufe ich dann in der Nacht an Drogensüchtige. Ab und zu klaue ich auch mal einen Apfel im Supermarkt oder gehe betteln.
Interviewer: Gefällt dir das Leben auf der Straße?
Sven: Die Clique ist prima. Zu Hause gibt's immer nur Streit. Die Clique ist wie eine Familie, aber ich habe ständig Hunger, bin immer auf der Flucht und habe Angst vor der Polizei.

SANDRA

Sandra ist 21 Jahre alt und ist Straßenmusikantin.

Interviewer: Wie sieht ein Tag bei dir aus?

Sandra: Ich stehe zwischen acht und zehn Uhr auf und hole beim Bäcker Brötchen. Dann frühstücke ich zusammen mit meiner Freundin Nicola. Da sitzen wir schon mal zwei Stunden lang und quatschen. Dann mache ich die Arbeiten im Haushalt.

Interviewer: Wann beginnt ihr zu musizieren?

Sandra: Gegen vierzehn Uhr fahren wir mit der U-Bahn ins Stadtzentrum. Dort suchen wir dann nach einem freien Standplatz. In Hamburg sind wir die einzige Frauenband. Beim Publikum kommen wir ziemlich gut an. Bei schönem Wetter gibt es auch mal 'ne Party. Dann tanzen die Leute auf der Straße und singen mit.

Interviewer: Welche Musik spielt ihr?

Sandra: Hauptsächlich spielen wir Lieder aus den Sechzigern. In der Pause sitzen wir dann in einem Hauseingang, trinken Tee und beobachten die Leute.

Fragen

RADMILHA

1 Wo wohnt sie?
2 Woher kommt sie?
3 Wann macht sie die Arbeiten im Haushalt?
4 Wo kauft sie meistens ein?
5 Wie viele Kinder hat sie?
6 Was macht sie gewöhnlich abends?

SVEN

1 Wie bekommt er sein Essen?
2 Wen sieht er abends?
3 Wo schläft er?
4 Wer aus seiner Familie gibt ihm Geld?
5 Wie macht er sonst Geld?
6 Warum wohnt er nicht mehr zu Hause?

SANDRA

1 Wo wohnt sie?
2 Was isst sie zum Frühstück?
3 Mit wem frühstückt sie?
4 Wie fährt sie in die Stadtmitte?
5 Wie macht sie ihr Geld?
6 Was passiert manchmal bei schönem Wetter?

Überblick

1 Wer ist die jüngste Person?
2 Wer ist die älteste Person?
3 Wer arbeitet in der Stadtmitte?
4 Wer hat keine Wohnung?
5 Wer steht am frühsten auf?
6 Wer hat oft Hunger?
7 Wer lebt am gefährlichsten?
8 Wer hat das einsamste Leben?

Wähl jetzt eine von diesen Personen und beschreib sein/ihr Leben (mündlich oder schriftlich) in einigen Sätzen.

Wer ist in der Poststraße zu Hause?

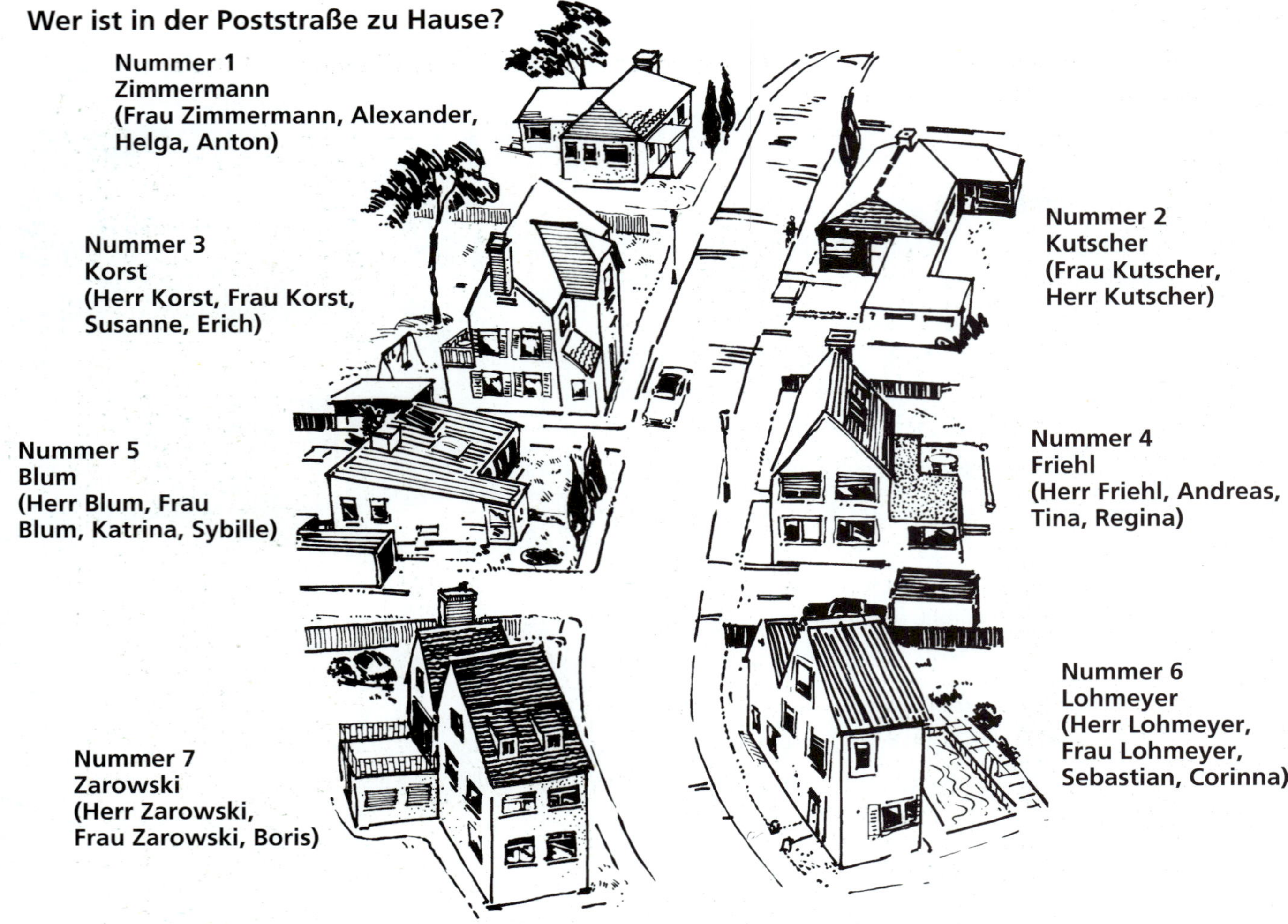

Nummer 1
Zimmermann
(Frau Zimmermann, Alexander, Helga, Anton)
Nummer 2
Kutscher
(Frau Kutscher, Herr Kutscher)
Nummer 3
Korst
(Herr Korst, Frau Korst, Susanne, Erich)
Nummer 4
Friehl
(Herr Friehl, Andreas, Tina, Regina)
Nummer 5
Blum
(Herr Blum, Frau Blum, Katrina, Sybille)
Nummer 6
Lohmeyer
(Herr Lohmeyer, Frau Lohmeyer, Sebastian, Corinna)
Nummer 7
Zarowski
(Herr Zarowski, Frau Zarowski, Boris)

Sieh dir die Straße an und lies die Texte unten. Wer ist heute zu Hause?

- Katrina Blum ist bei ihrem Freund Marco und trinkt Kaffee.
- Tina Friehl spielt im Garten Tischtennis mit ihrer Schwester.
- Frau Kutscher ist bei ihrer Schwester in Berlin zu Besuch.
- Frau Blum und ihr Mann sind im Gartenzentrum.
- Herr Lohmeyer führt mit seiner Tochter den Hund spazieren.
- Herr Kutscher arbeitet im Garten.
- Herr und Frau Zarowski sitzen im Garten und lesen.
- Frau Zimmermann kauft im Stadtzentrum ein.
- Andreas Friehl hat Magenschmerzen. Er ist mit seinem Vater beim Arzt.
- Die Familie Korst ist im Urlaub in Griechenland.
- Helga Zimmermann spielt mit ihrer Freundin Sybille Blum Tennis im Sportzentrum.
- Anton Zimmermann hört im Wohnzimmer Radio.
- Sebastian Lohmeyer spielt in seinem Zimmer Gitarre.
- Alexander Zimmermann ist auf Schüleraustausch in England.
- Frau Lohmeyer ist beim Frisör.
- Boris Zarowski repariert sein Rad in der Garage.

Die Hölle ist los!

Stell dir vor, die Eltern im Nachbarhaus sind fürs Wochenende weg. Die Kinder laden ihre Freunde zu einer großen Party ein. Was finden die Eltern, wenn sie unerwartet zurückkommen? Was machen da alle? Was meinst du? Schreib das auf.

Tipp des Tages

Er Sie	ist	bei einem Freund. beim Frisör. in England.
Sie	sind	

Er Sie	spielt arbeitet	im Garten. in der Garage.
Sie	spielen sitzen arbeiten	

Bei uns zu Hause

Sieh dir die Leute in diesem Wohnblock an und lies die Texte. Welcher Text passt zu welcher Wohnung?

Beispiel
1*M*

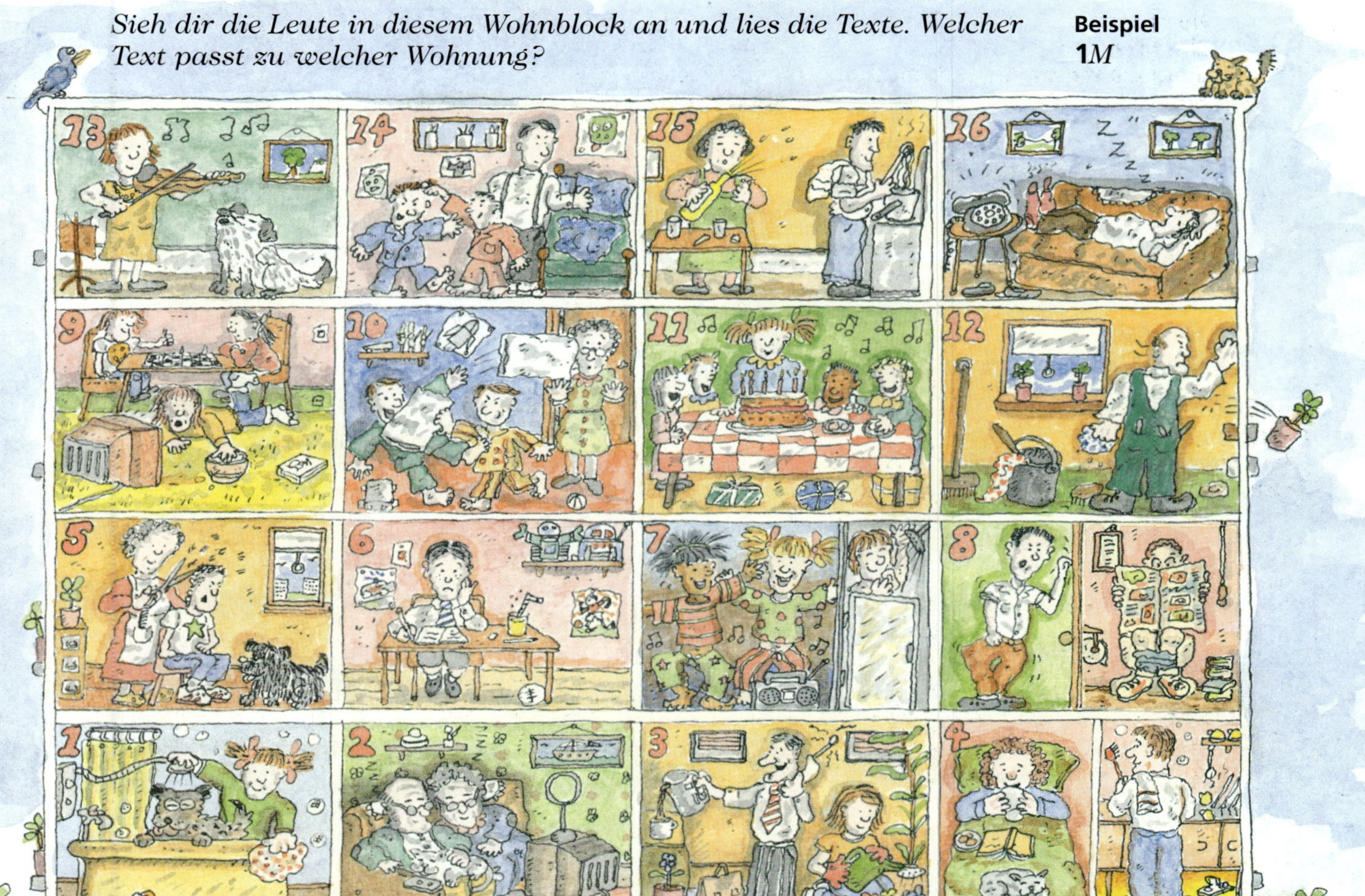

13
14
15
16
9
10
11
12
5
6
7
8
1
2
3
4

A Sie streiten. Einer zieht den anderen an den Haaren.

B Er putzt die Fenster und stößt einen Blumentopf vom Fensterbrett.

C Sie macht eine Flasche Mineralwasser auf und wird ganz nass.

D Er sitzt auf der Toilette und liest Comics. Sein Bruder steht vor der Tür und klopft.

E Sie feiert Geburtstag und bläst die Kerzen aus.

F Sie machen eine Kissenschlacht und werfen Oma ein Kissen ins Gesicht.

H Er schläft und hört das Telefon nicht.

G Sie schneidet ihrem Sohn die Haare sehr kurz. Er schreit.

I Sie hören laute Musik und tanzen dazu wie wild.

J Sie sieht fern und isst Chips.

L Sie liegt krank im Bett und trinkt Tee.

K Er telefoniert und schenkt dabei Kaffee ein.

M Sie nimmt das Shampoo und badet den Hund in der Badewanne.

N Sie sitzen vor dem Fernseher und schlafen.

P Sie spielt Geige, ihr Hund jault dabei.

O Er macht Hausaufgaben und sieht in die Luft.

Es gibt noch sieben weitere Personen bzw. Gruppen im Bild, für die kein Text oben steht. Finde fünf davon und beschreib, was sie tun.

Beispiel
4 *Er wäscht in der Küche ab.*

Dies und das

Was ich gern mache ... ?

Tanzen
Träumen
Faulenzen
Ski laufen
Tennis spielen
Ins Kino gehen
Gute Musik hören
Einen Film sehen
Einen Krimi lesen
Etwas Gutes essen
Ins Ausland reisen
Im Wald spazieren gehen
Ins Schwimmbad gehen
Durch die Stadt bummeln
Mit dem Computer spielen
Meine Ferien am Meer verbringen
Und natürlich immer viel viel viel Spaß haben!

Und du?

Wirklich?

Ich stehe spät auf.
Ich gehe nach unten.
Ich setze mich hin und mach' den Fernseher an.
Ich kann meinen Augen und Ohren nicht trauen!
Keine politische Krise.
Keine Vergewaltigung.
Kein Mord.
Kein Sturm.
Kein Erdbeben.
Kein Krieg.
Kein Hochwasser.
Kein Autounfall.
Kein Bankraub.
Kein Schiffuntergang.
Kein Hauseinbruch.
Kein Autodiebstahl.
Träume ich noch?

Zeit ist Geld

6.30 Uhr. Mein Wecker klingelt. In einer Minute muss ich aus dem Bett sein. Punkt 6.31 Uhr stehe ich vor meinem Bett. Nach der Morgenwäsche (6.31 Uhr und 5 Sekunden bis 6.41 Uhr und 5 Sekunden) beginne ich mein Frühstück; jeweils im 20 Sekunden-Abstand einen Bissen Brot und einen Schluck Tee. Genau um 7 Uhr steige ich in mein linkes Hosenbein, 7 Uhr und 3 Sekunden in das rechte. Um 7.04 Uhr bin ich vollständig bekleidet. Ich packe schnell meinen Ranzen und gehe aus dem Haus. Um 7.20 Uhr sitze ich auf meinem Fahrrad. Eins–zwei, eins–zwei geht es zur Schule. Eine rote Ampel bringt mich völlig aus dem Rhythmus. Verdammt nochmal! Die Katastrophe lässt sich nicht mehr verhindern, und zu guter Letzt sitze ich mit zehn Sekunden Verspätung an meinem Platz in der Klasse.

Annika Lorenz (15), Bonn

Bildgeschichte

1

Gut. Also wir üben bei Olaf zu Hause. Aber wann?
Lieber nachmittags.
Ach nein. Nachmittags mach' ich meine Hausaufgaben.

2

Deine Hausaufgaben kannst du abends machen.
Ja, aber abends sehe ich gern fern.

3

An welchem Tag also?
Dienstags und freitags gehe ich aus.
Montags hab' ich Fußballtraining.

4

Mittwoch also, bei mir. Gegen vier Uhr?
Wo wohnst du?
Meine Mutter bringt mich mit dem Keyboard hin. Wir holen dich ab, wenn du willst.

Bei Olaf zu Hause.

5

Mach die Tür zu.
Fangen wir an? Eins, zwei, drei, vier …

Ein paar Minuten später.

6

NEIN
Das genügt! Hört sofort damit auf!

sb Selbstbedienung

Wie hilft er im Haushalt?

Beispiel
1*D Er wischt Staub.*

1 

2 

3 

4 

5 

6 

A Er hilft beim Abspülen.
B Er gießt die Pflanzen.
C Er kauft ein.
D Er wischt Staub.
E Er führt seinen Besitzer spazieren.
F Er putzt die Fenster.

Sport, Fernsehen oder Musik?

Worüber spricht man?

57
TV

1 Ich sehe drei oder vier Stunden pro Tag fern.
2 Ich trainiere zweimal in der Woche.
3 Meine Lieblingssendungen sind Serien.
4 Wir spielen in der Turnhalle.
5 Ich spiele seit zwei Jahren Gitarre.
6 Meine Mutter hört lieber Volkslieder.
7 Wir sehen gern Spielfilme.
8 Es ist gut, fit zu bleiben.

Lauter Fragen

Was passt wozu?

Beispiel
1*C*

1 Wann stehst du auf?
2 Duschst du?
3 Wie kommst du zur Schule?
4 Wann ist die Schule aus?
5 Was machst du zu Mittag?
6 Was machst du am Nachmittag?
7 Siehst du viel fern?
8 Gehst du oft abends aus?

A Nein, ich hab' keine Lust, vor dem Fernseher zu sitzen.
B Ich werde gefahren.
C Normalerweise um sieben.
D Ich esse mit meiner Mutter und meiner Schwester.
E Nein. Ich muss nach dem Abendessen für die Schule arbeiten.
F Meistens so gegen eins.
G Nein, ich nehme ein Bad.
H Nachmittags mache ich meine Hausaufgaben oder gehe zum Sportzentrum.

Ende gut, alles gut

Find das richtige Ende für jede Frage.

Beispiel
1*E*

1	Was sind deine …	**A**	siehst du fern?
2	Welche Art von Musik …	**B**	Lieblingsbuch?
3	Welche Sportart …	**C**	eine Fernsehzeitschrift?
4	Was machst du …	**D**	treibst du?
5	Wie viel Stunden …	**E**	Lieblingssendungen?
6	Bist du Mitglied …	**F**	in deiner Freizeit?
7	Warum treibst du …	**G**	hörst du gern?
8	Kaufst du …	**H**	liest du gern?
9	Was ist dein …	**I**	in einem Verein?
10	Was für Bücher …	**J**	Sport?

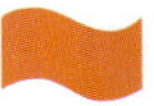

Ohne Frage!

In diesem Dialog fehlen die Fragen. Sieh dir die Fragen unten an. Schreib den ganzen Dialog mit den Fragen auf.

Detlev:

Maria: Ich arbeite am Computer.

Detlev:

Maria: Ja, seit über zwei Jahren.

Detlev:

Maria: In der Schule und durch Bücher.

Detlev:

Maria: Zwischen 10 DM und 20 DM im Monat.

Detlev:

Maria: Er macht Spaß, und ich möchte später mit dem Computer arbeiten.

Wie lernst du, mit dem Computer umzugehen?

Hast du deinen eigenen Computer?

Warum interessierst du dich so sehr für den Computer?

Was machst du in deiner Freizeit?

Wie viel Geld gibst du für Software aus?

Sinn oder Unsinn?

1. Ich gehe ins Bett, dann dusche ich.
2. Ich stehe um halb acht auf, dann frühstücke ich um acht.
3. Morgens vor dem Frühstück höre ich Radio oder sehe fern.
4. Ich frühstücke um Viertel nach acht und gehe um zwanzig vor acht aus dem Haus.
5. Meine Lieblingssendung ist montags um halb zehn. Ich sehe sie jeden Tag.
6. Bei uns gibt es nie Streit ums Programm, denn wir haben vier Fernseher im Haus.
7. Ich spiele dreimal in der Woche Tennis und ein- oder zweimal Volleyball. Ich treibe sehr wenig Sport.
8. Ich helfe nicht viel im Haushalt, aber mein Bruder kocht gern, macht manchmal das Haus sauber und wäscht den Wagen. Er hält mich für faul.

Kannst du andere Sätze in diesem Stil schreiben? Dein Partner/deine Partnerin soll sagen, ob es Sinn macht oder Unsinn ist.

sb Selbstbedienung

Ich stehe morgens um halb sieben auf

Lies den Text und füll die Lücken aus.

Ich _________ morgens um halb sieben auf und _________ um acht Uhr in der Schule sein. Ich _________ und _________ den Bus um halb acht zur Schule. Die Schule ist meistens so gegen zwei Uhr aus, dann _________ ich nach Hause und _________ mit meiner Mutter und meiner jüngeren Schwester zu Mittag. Danach _________ ich Hausaufgaben. Das dauert etwa so zwei Stunden. Dann ist es meistens schon abends, und wir essen mit meinem Vater zusammen zu Abend, und danach _________ ich noch ein bisschen fern und _________ früh ins Bett, denn ich _________ am nächsten Morgen wieder früh aufstehen.

esse
sehe
stehe
muss
mache
nehme
fahre
gehe
frühstücke
muss

Ein Tag aus dem Leben des Alex K.

Lies den Bericht und dann stell dir vor, du bist Alex. Beschreib deinen Alltag.

Beispiel

Um sieben Uhr klingelt der Wecker. Ich stehe auf. Dann um zehn nach sieben gehe ich …

7.00	Der Wecker klingelt. Alex steht auf.
7.10	Alex geht ins Badezimmer. Er wäscht sich.
7.35	Er geht in die Küche und frühstückt. Er isst sehr schnell. Zum Frühstück isst er eine Scheibe Brot mit Käse und eine Tasse Tee.
7.40	Er geht aus dem Haus.
7.45	Alex geht zur Bushaltestelle und wartet auf den Bus.
13.35	Die Schule ist aus. Alex geht nach Haus. Zum Mittagessen gibt es Pizza.
14.30	Gleich nach dem Essen setzt sich Alex wieder an den Schreibtisch. Er macht seine Hausaufgaben. Alex findet das gar nicht so leicht.
15.30	Er sieht das neue Popvideo von seinem Freund an.
18.15	Er geht in den Supermarkt und kauft was zum Essen und Trinken.
19.00	Alex fährt mit dem Fahrrad zu seinem Freund. Er sieht seinen Freund fast jeden Nachmittag. Sie sprechen über die Schule, die neuesten Sportnachrichten und über Musik. Manchmal gehen sie zusammen ins Kino oder ins Theater.
19.30	Alex hat schon wieder Hunger. Er isst deshalb schnell ein Wurstbrötchen. Das schmeckt gut.
20.30	Alex hat heute Abend nichts Besonderes vor. Er bleibt zu Hause. Seine Schwester Irene ist auch da. Im Fernsehen läuft ein Krimi. Irene und Alex schauen ihn an.
24.00	Er geht ins Bett.

auf
einen
Blick

1 Asking questions

Wann	stehst du auf? gehst du aus dem Haus?	*When do you get up?* *When do you leave home?*
Um wie viel Uhr	kommst du nach Hause? gehst du ins Bett?	*What time do you get home?* *What time do you go to bed?*
Wie oft trainierst du?		*How often do you train?*
Was	sind deine Lieblingssendungen? machst du im Haushalt?	*What are your favourite programmes?* *What do you do to help at home?*
Welche Art von Musik hörst du?		*What kind of music do you listen to?*

2 Telling the time

Um	vier Uhr. halb fünf. Viertel vor fünf. Viertel nach fünf.	*At four o'clock.* *At half past four.* *At quarter to five.* *At quarter past five.*
Gegen	sieben Uhr. Mittag.	*At about seven o'clock.* *At about midday.*

3 Gern, lieber, am liebsten

Ich	sehe treibe lese	gern gern gern.	fern. Sport.	*I like watching television.* *I like doing sport.* *I like reading.*
Ich sehe lieber Filme. Wer treibt lieber Sport?				*I prefer watching films.* *Who prefers doing sport?*
Ich sehe am liebsten Serien.				*I like (watching) series best.*

4 Separable verbs

Ich stehe um sieben Uhr auf. Ich komme um acht in der Schule an. Wann kommst du in der Schule an? Sie kauft im Stadtzentrum ein. Er geht mit seinen Freunden aus. Manchmal hängen wir am Marktplatz herum. Wir sehen nicht viel fern. Schlagt eure Bücher auf. Die Leute singen mit.	*I get up at seven o'clock.* *I get to school at eight.* *When do you get to school?* *She is shopping in the town centre.* *He goes out with his friends.* *Sometimes we hang around on the market square.* *We don't watch much television.* *Open your books.* *People sing along.*

5 Word order

Ich bin mit dem Fernsehen zufrieden. Mit dem Fernsehen bin ich zufrieden.	*I'm happy with television.*
Es gibt wenig Streit bei uns. Bei uns gibt es wenig Streit.	*There aren't many arguments in our house.*
Ich finde Serien doof. Serien find' ich doof.	*I think serials are stupid.*
Ich sehe Spielfilme am liebsten. Am liebsten sehe ich Spielfilme.	*I prefer watching plays.*

3 Hier und da

Was hast du am Wochenende gemacht?

Hör gut zu. Sieh dir die Tabelle an. Wer spricht?

Connie		✓	✓			✓					✓	
Kirsten		✓		✓				✓			✓	
Matthias		✓	✓		✓					✓	✓	
Banu	✓						✓	✓	✓			✓
Oliver	✓				✓				✓			✓
Peter		✓				✓		✓	✓			

Schlüssel

 Ich habe eine Party gegeben.

 Ich habe ferngesehen.

 Ich habe Karten gespielt.

 Ich habe Fußball gespielt.

 Ich habe ein Buch gelesen.

 Ich habe Tennis gespielt.

 Ich habe im Garten geholfen.

Ich habe einen Film im Kino gesehen.

 Ich habe eingekauft.

 Ich habe im Restaurant gegessen.

 Ich habe meine Hausaufgaben gemacht.

 Ich habe Musik gehört.

Partnerarbeit

Partner(in) A wählt eine Person und beschreibt, was er/sie gemacht hat. Partner(in) B muss raten, wer das ist.

Beispiel

A – Wer bin ich? Ich habe ferngesehen und habe Tennis gespielt.
B – Hast du auch Karten gespielt?
A – Ja.
B – Dann bist du Connie.
A – Ja, richtig.

Am Samstag

Schreib dieses Gedicht weiter – und erfinde ein passendes Ende dazu!

Am Montag habe ich Tennis gespielt,
Aber ich habe nicht meine Hausaufgaben gemacht.

Am Dienstag habe ich Tennis gespielt und Musik gehört,
Aber ich habe nicht meine Hausaufgaben gemacht.

Am Mittwoch habe ich Tennis gespielt, Musik gehört und ein Buch gelesen,
Aber …

Zwei Briefe

Lies diese zwei Briefe. Dann beantworte die Fragen.

Frau H. Ziegert

Göttingen, den 9. Februar

Liebe Oma!
Ich hoffe, es geht dir gut. Vielen Dank für die Uhr, die du mir zum Geburtstag geschenkt hast. Sie ist wirklich toll. Meine Eltern haben mir ein neues Fahrrad geschenkt. Mein altes ist doch seit dem Unfall kaputt. Ich habe auch zwei CDs, ein paar Bücher und ein paar Klamotten bekommen. Und natürlich eine Geburtstagstorte, Schoko-Sahne! Am Nachmittag habe ich dann mit meinen Freunden gefeiert. Wir haben Musik gehört und getanzt. Am Abend haben wir einen Film im Kino gesehen. Es war ein toller Geburtstag!

Viele liebe Grüße,
Dein Stefan

Fundbüro

Göttingen, den 9. Februar

An das Fundbüro
Göttingen

Sehr geehrte Damen und Herren,
ich habe meine neue Armbanduhr verloren. Es ist eine weiße Swatch-Uhr mit einem rot-blauen Armband. Nach meiner Geburtstagsfeier am Dienstag, dem 17. Juli, bin ich mit Freunden in die Stadt gefahren. Ich habe die Uhr entweder im Kino oder auf dem Weg dorthin in der Straßenbahn verloren. Hat jemand eine solche Uhr bei Ihnen abgegeben?
Vielen Dank im Voraus.
Mit freundlichen Grüßen

Stefan Wagner

1 Warum hat Stefan an seine Großmutter geschrieben?
- **a** Er will sie zu seiner Geburtstagsparty einladen.
- **b** Er will ihr für das Geburtstagsgeschenk danken.

2 Warum hat Stefan ein Fahrrad zum Geburtstag bekommen?
- **a** Er hat einen Unfall mit dem alten Rad gehabt.
- **b** Er hat sein altes Rad verloren.

3 Was hat er auch zum Geburtstag bekommen?
- **a** Süßigkeiten und Schulsachen.
- **b** Kleidung und CDs.

4 Was gab's zu essen bei der Party?
- **a** Kuchen.
- **b** Eis.

5 Wie haben sie bei der Party gefeiert?
- **a** Sie haben sich die CDs angehört.
- **b** Sie haben zusammen Musik gemacht.

6 Was haben sie nach der Party gemacht?
- **a** Sie haben etwas in der Stadt gemacht.
- **b** Sie haben sich ein Video angesehen.

7 Wo hat Stefan seine neue Uhr verloren?
- **a** Auf dem Weg nach Hause.
- **b** In der Straßenbahn oder im Kino.

So ein Glück! So ein Pech!

Schreib jetzt selber zwei solche Briefe: den ersten einen Dankbrief für ein Geschenk; den zweiten ans Fundbüro, weil du das Geschenk verloren hast!

Tipp des Tages

Ich	habe	meine Hausaufgaben	gemacht.
Du	hast	Radio	gehört.
Er	hat	Karten	gespielt.
Sie	hat	Geld	verloren.
Wir	haben	Klamotten	bekommen.
Ihr	habt	einen Film	gesehen.
Sie	haben	Freunde	eingeladen.

Stadtmitte

A Partnerarbeit

Seht euch den Stadtplan an. Stellt einander Fragen darüber.

Beispiel

A – Wo ist die Post? In der Osterstraße?
B – Nein, in der Baustraße.
A – Und wo ist der Bahnhof?
B – In der Bahnhofstraße. Wo ist das Museum?
A – Am Münsterwall.

B Stimmt das?

Hör gut zu. Sechs Leute fragen nach dem Weg. Sind die Antworten richtig oder nicht?

C Partnerarbeit

Ihr seid jetzt am Bahnhof. Stellt einander Fragen.

Beispiel

A – Entschuldigung. Wo ist hier das Museum, bitte?
B – Rechts, dann links. (Das Museum ist auf der rechten Seite.)
A – Vielen Dank.

D Am Bahnhof

DB
S

Hör jetzt gut zu. Diese Leute sind auch am Bahnhof und fragen nach dem Weg. Wie sind die Fragen? Kannst du die Fragen beantworten? Du hörst dann das ganze Gespräch. Hast du richtig geantwortet?

E Partnerarbeit

Jetzt sind wir auf dem Verkehrsamt. Lies die Dialoge, dann denk dir weitere Dialoge aus.

Wo ist hier der/die/das…?

Wie komme ich zum/zur…?

1
– Entschuldigung. Wo ist hier das Schwimmbad?
– Hier rechts, dann geradeaus. Dann die erste Straße rechts, in der Goethestraße.
– Danke schön.
– Bitte schön.

2
– Entschuldigung, wie komme ich zum Dom?
– Der ist in der Domstraße. Gehen Sie hier links, dann nehmen Sie die erste Straße rechts. Der Dom ist auf der linken Seite.
– Vielen Dank.
– Bitte.

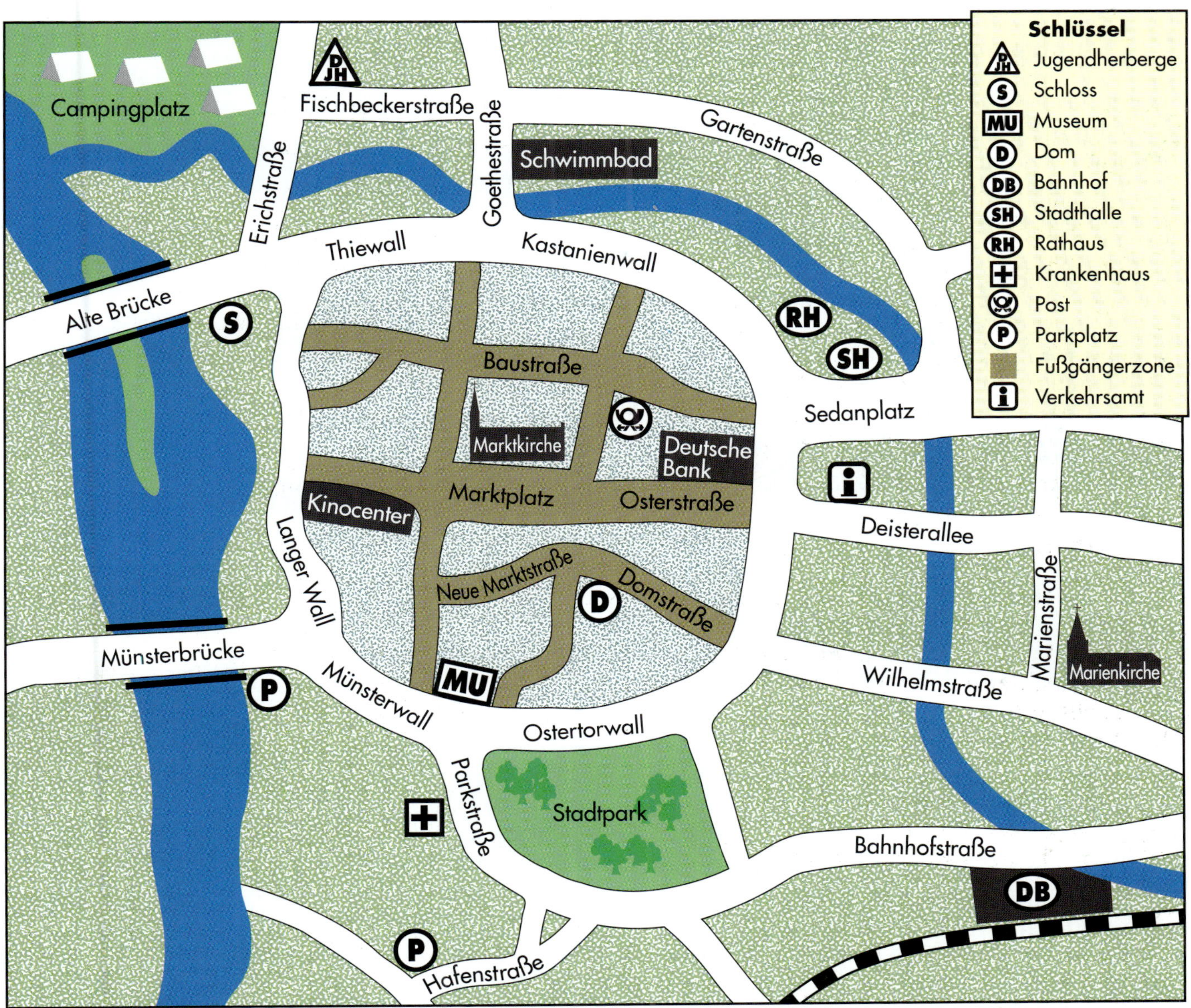

Schlüssel
Jugendherberge
Schloss
Museum
Dom
Bahnhof
Stadthalle
Rathaus
Krankenhaus
Post
Parkplatz
Fußgängerzone
Verkehrsamt
DJH
Campingplatz
Fischbeckerstraße
Goethestraße
Schwimmbad
Gartenstraße
Erichstraße
Thiewall
Kastanienwall
Alte Brücke
S
RH
SH
Baustraße
Marktkirche
Deutsche Bank
Sedanplatz
Kinocenter
Marktplatz
Osterstraße
Deisterallee
Langer Wall
Neue Marktstraße
Domstraße
D
Marienstraße
Marienkirche
Münsterbrücke
P
Münsterwall
MU
Ostertorwall
Wilhelmstraße
Parkstraße
Stadtpark
Bahnhofstraße
DB
Hafenstraße

Tipp des Tages

Wo ist hier der Wie komme ich zum	Bahnhof? Stadtpark? Campingplatz? Marktplatz?
Wo ist hier die Wie komme ich zur	Stadthalle? Marienkirche? Jugendherberge?
Wo ist hier das Wie komme ich zum	Schloss? Verkehrsamt? Rathaus? Museum?

Gehen Sie hier		links. rechts. geradeaus.
Der ist Die ist Das ist	in der	Wilhelmstraße. Goethestraße. Deisterallee.
	am	Münsterwall. Marktplatz. Sedanplatz.

Nehmen Sie die	erste zweite dritte vierte	Straße	links. rechts.
Der Die Das	ist auf der	linken rechten	Seite.

Auf der Post

Du gehst auf die Post. Hör zu und lies den Text.

1 – Guten Tag. Was kostet ein Brief nach England, bitte?
– Ein Brief nach England kostet 1 DM.
– Und was kostet eine Postkarte?
– Nach England?
– Ja.
– 80 Pfennig.
– Ich hätte gern zwei Briefmarken zu 1 DM und fünf Briefmarken zu 80 Pfennig.
– Das macht 6 DM, bitte.
– Danke schön. Auf Wiedersehen.
– Auf Wiedersehen.

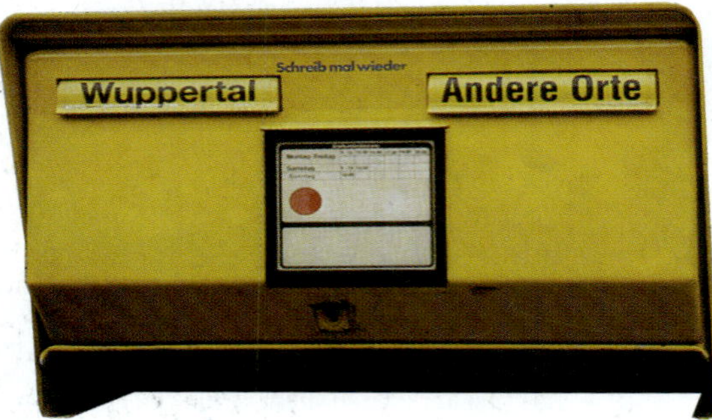
Wuppertal
Schreib mal wieder
Andere Orte

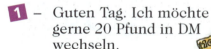

2 – Guten Tag.
– Guten Tag.
– Was kostet es, einen Brief in ein EU-Land zu schicken?
– In ein EU-Land? 1 DM.
– Und eine Postkarte?
– Eine Postkarte in ein EG-Land kostet 80 Pfennig.
– Gut. Ich möchte Briefmarken für einen Brief und drei Postkarten, bitte.
– Das macht 3,40 DM.
– Bitte schön.
– Danke schön. Auf Wiedersehen.

Partnerarbeit

Macht jetzt weitere Dialoge auf der Post

Auf der Bank

Was sagt man, wenn man Geld wechseln will? Hör zu und lies die Dialoge.

1 – Guten Tag. Ich möchte gerne 20 Pfund in DM wechseln.
– Kann ich bitte Ihren Pass haben?
– Bitte schön.
– Danke schön. Unterschreiben Sie bitte hier den Zettel. Sie bekommen 44 DM.
– Danke. Auf Wiedersehen.
– Auf Wiedersehen.

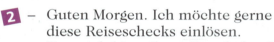

Belgien	bfrs
Dänemark	dkr
Finnland	Fmk
Frankreich	FF
Großbritannien	£
Italien	Lit
Japan	Yen
Kanada	Kan $
Niederlande	hfl
Norwegen	nkr
Österreich	S
Portugal	Esc
Schweden	skr
Schweiz	sfr
Spanien	Ptas
USA	US $

2 – Guten Morgen. Ich möchte gerne diese Reiseschecks einlösen.
– Kann ich bitte Ihren Pass haben? Und unterschreiben Sie bitte alle Schecks hier oben. 200 DM, ist das richtig?
– Ja.
– Wie möchten Sie das Geld?
– Drei 50-Mark-Scheine, einen Zwanziger und drei Zehner, bitte.
– Bitte, 200 DM und Ihr Pass.
– Danke. Auf Wiedersehen.
– Auf Wiedersehen.

Tipp des Tages

Ich	hätte gern	eine Briefmarke zwei Briefmarken	zu	80 Pfennig. 1 Mark.
	möchte	einen Brief in ein EU-Land schicken.		

Was kostet	ein Brief eine Postkarte	nach	Schottland? England?

Ich möchte	20 Pfund in DM wechseln. diese Reiseschecks einlösen.	Wie möchten Sie das Geld? Kann ich Ihren Pass sehen?

Zürich Cityplan

Du bist in Zürich zu Besuch und liest diesen Cityplan. Wo kann man Informationen über folgendes bekommen? Lies die Texte in den Sprechblasen unten und schreib A1, B2 usw.

Beispiel: A6

ZÜRICH CITYPLAN

1 **Offizielles Verkehrsbüro** Bahnhofplatz 15 (im HB), Tel. 211 40 00. Informationen, Hotelzimmervermittlung, Stadtrundfahrten, Altstadtbummel und Exkursionen, Prospekte von Zürich und anderen Orten der Schweiz, Mietwagen, Fremdenführer und Hostessen.
1. Nov–28. Feb
Mo–Do 08.00–20.00 Uhr
Fr 08.00–22.00 Uhr
Sa–So 09.00–18.00 Uhr
1. Mä–31. Okt
Mo–Fr 08.00–22.00 Uhr
Sa–So 08.00–20.30 Uhr

2 **Apotheke** rund um die Uhr am Bellevue, Theaterstraße 14, Tel. 252 44 11

3 **Auskunftsdienst.** *Inland:* Tel. 111; *Internationale Auskunft:* Tel. 191

4 **Ausländische Zeitungen.** *Kioske am:* Hauptbahnhof und HB-Shopville sowie Bellevue-, Parade- und Heimplatz u.a.

5 **Billett-**Zentrale Zürich (BZZ) am Werdmühleplatz, Tel. 221 22 83 Vorverkauf für Theater, Konzerte, Unterhaltung und Sport. Mo–Fr 10.00–18.30 Uhr; Do bis 21.00 Uhr; Sa bis 20.00 Uhr; So bis 14.00 Uhr.

6 **Fahrrad** mieten. An jedem Bahnhof.

7 **Filme** für Kameras nach Ladenschluss: an den HB-Kiosken.

8 **Fluggesellschaft** *Swissair Information* Tel. 812 71 11. *Flugscheine und Reservation* Tel. 251 34 34; *Luftreisebüro* im Hauptbahnhof und an der Bahnhofstraße 27.

9 **Fundbüros.** *Im Hauptbahnhof,* Tel. 211 88 11, tägl. geöffnet 06.45–20.45 Uhr; *Städtisches Fundbüro* (Stadtpolizei), Werdmühlestraße 10, Tel. 216 51 11, geöffnet 07.30–17.30 Uhr, Sa geschl.

10 **Geldwechsel.** Im Hauptbahnhof tägl. von 06.30–23.30 Uhr

11 **Kinderhüten/Babysitting.** *In den Warenhäusern (an der Bahnhofstraße):* Globus, Jelmoli, für 2–6-Jährige während der Ladenöffnungszeiten, ausgenommen Abendverkauf. Kady vermittelt Babysitters stundenweise, Tel. 211 37 86.

12 **Notfälle** *Polizeinotruf* Tel. 117 (nur in dringenden Notfällen) oder Tel. 216 71 11 (auch bei Vermisstmeldung von Personen). *Ärztlicher und zahnärztlicher Notfalldienst* Tel. 47 47 00 oder Städtische Sanität: Tel. 361 61 61 (Erste Hilfe, Kranken- und Unfalltransporte usw). *Tierärztlicher Notfalldienst* des kantonalen Tierspitals, Winterthurerstraße 260, Tel. 365 11 11. *Autopanne:* Touring-Hilfe: Tel. 140.

13 **Öffnungszeiten** (Richtlinien) *Städtische Verwaltung:* 08.15–16.30 Uhr, Sa geschl. *Banken:* Mo bis Fr 08.15–16.30; Do bis 18 Uhr und außerhalb der normalen Zeit: im Hauptbahnhof (Wechselstube) 06.30–23.30 Uhr tägl. *Geschäfte:* Mo bis Fr 09.00–18.30 Uhr; Sa 09.00–16.00 Uhr; Do in der City teilweise Abendverkauf bis 21.00 Uhr; Mo teilweise geschlossen. *Post:* Fraumünsterpost, Hauptbahnhof HB, Sihlpost: Normale Schalterstunden Mo bis Fr 07.30–18.30 Uhr; Sa 07.30–11.00 Uhr; So geschlossen. Alle übrigen Postämter sind über Mittag geschlossen.

14 **Polizei.** Stadtpolizei einschl. Kriminal- und Seepolizei, Tel. 216 71 11 (Notruf 117) Hauptwache, Bahnhofquai 3.

15 **Schlüssel-Schnellservice** u.a. in den Warenhäusern Jelmoli und Globus an der Bahnhofstraße; Brauchli, Wohllebgasse 5, Tel. 211 47 41, Tag und Nacht.

16 **Schuhe** reinigen im Hauptbahnhof, Eingang Bahnhofstraße.

17 **Schuh-Schnellservice** u.a. Schuhbar in den Warenhäusern Jelmoli und Globus und Schuhhaus Bata an der Bahnhofstraße (bis 16.30 Uhr); Guerini, HB-Shopville, ab 07.30, Do bis 21.00 Uhr.

18 **Transfer zum Flughafen.** Züge alle 10–20 Minuten vom Hauptbahnhof. Fahrzeit ca. 10 Minuten.

19 **Wasch- und Duschkabinen** mit Haarfön in den Damen- und Herrentoiletten von: Shopville, Bahnhofquai, Paradeplatz, geöffnet 06.00–22.00 Uhr.

20 **Wetterbericht.** Tel. 162

A Entschuldigung. Können Sie mir sagen, wo ich hier ein Fahrrad mieten kann?

B Entschuldigen Sie bitte. Ich will Geld wechseln und die Banken haben schon geschlossen. Wo kann ich das heute noch machen?

C Wo kann ich bitte Informationen über Zürich und Umgebung bekommen?

D Guten Tag. Wo bekommt man Karten für das Fußballspiel?

E Ich habe meinen Schirm verloren.

F Ich will einen Flug nach London buchen. Wo kann ich das machen?

G Wo gibt es bitte einen Schlüsseldienst? Wann ist er geöffnet?

H Können Sie mir bitte die Nummer für den Wetterdienst geben?

I Wie oft fahren die Züge vom Hauptbahnhof zum Flughafen? Wie lange dauert die Fahrt?

J Wo kann ich bitte eine englische Zeitung kaufen?

K Entschuldigung. Meine Sandale ist kaputt. Ist hier ein Schuhdienst in der Nähe?

L Ich muss dringend meine Kamera kaufen, aber die Geschäfte haben alle zu. Wissen Sie, wo ich jetzt noch einen kriegen kann?

M Ich muß dringend einen Zahnarzt sehen. Gibt es eine Telefonnummer für Notfälle?

N Ich will einen Babysitter für heute Abend finden.

O Ich muss Briefmarken kaufen. Welche Postämter bleiben über Mittag offen?

Donauinsel

Sieh dir die Werbung an. Ist das richtig oder falsch?

1 Man darf auf der Donauinsel nicht angeln.
2 Man darf fast überall mit dem Wagen fahren.
3 Man kann Motorboote mieten.
4 Man darf fast überall Rad fahren.
5 Hunde dürfen frei herumlaufen.
6 Man kann ohne Motorboot Wasserski fahren.
7 Gute Wasserskifahrer können über 50 Stundenkilometer fahren.
8 Nur Kinder dürfen die Wasserrutsche benutzen.
9 Surfer müssen auf Schwimmer Rücksicht nehmen.
10 Wenn man eine Grillparty feiern will, muss man einen Grillplatz reservieren.

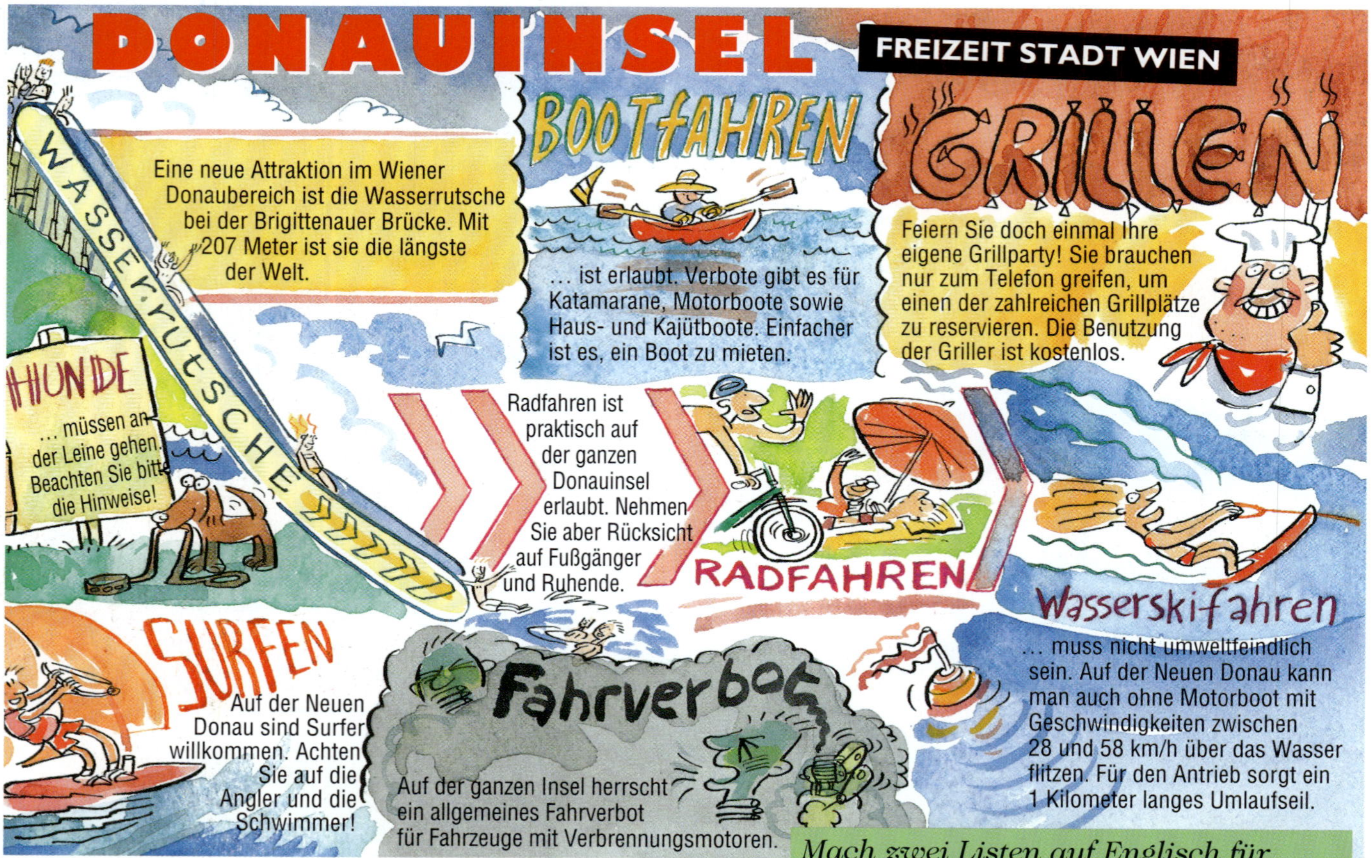

DONAUINSEL

FREIZEIT STADT WIEN

WASSERRUTSCHE

Eine neue Attraktion im Wiener Donaubereich ist die Wasserrutsche bei der Brigittenauer Brücke. Mit 207 Meter ist sie die längste der Welt.

BOOTFAHREN

... ist erlaubt. Verbote gibt es für Katamarane, Motorboote sowie Haus- und Kajütboote. Einfacher ist es, ein Boot zu mieten.

GRILLEN

Feiern Sie doch einmal Ihre eigene Grillparty! Sie brauchen nur zum Telefon greifen, um einen der zahlreichen Grillplätze zu reservieren. Die Benutzung der Griller ist kostenlos.

HUNDE

... müssen an der Leine gehen. Beachten Sie bitte die Hinweise!

RADFAHREN

Radfahren ist praktisch auf der ganzen Donauinsel erlaubt. Nehmen Sie aber Rücksicht auf Fußgänger und Ruhende.

Wasserskifahren

... muss nicht umweltfeindlich sein. Auf der Neuen Donau kann man auch ohne Motorboot mit Geschwindigkeiten zwischen 28 und 58 km/h über das Wasser flitzen. Für den Antrieb sorgt ein 1 Kilometer langes Umlaufseil.

SURFEN

Auf der Neuen Donau sind Surfer willkommen. Achten Sie auf die Angler und die Schwimmer!

Fahrverbot

Auf der ganzen Insel herrscht ein allgemeines Fahrverbot für Fahrzeuge mit Verbrennungsmotoren.

Mach zwei Listen auf Englisch für englische Touristen:
1 was erlaubt ist; 2 was verboten ist.

Kleinstadtsonntag

Gehn wir mal hin?
Ja, wir gehn mal hin.
Ist hier was los?
Nein, es ist nichts los.
Herr Ober, ein Bier.
Leer ist es hier.
Der Sommer ist kalt.
Man wird auch alt.
Bei Rose gabs Kalb.
Jetzt isses schon halb.
Jetzt gehn wir mal hin.
Ja, wir gehn mal hin.
Ist er schon drin?
Er ist schon drin.

Gehn wir mal rein?
Na gehn wir mal rein.
Siehst du heut fern?
Ja, ich sehe heut fern.
Spielen sie was?
Ja, sie spielen was.
Hast du noch Geld?
Ja, ich habe noch Geld.
Trinken wir ein'?
Ja, einen klein'.
Gehn wir mal hin?
Ja, gehn wir mal hin.
Siehst du heut fern?
Ja, ich sehe heut fern.

aus: Wolf Biermann. Alle Lieder

Hast du schon was vor?

Schreib die Tabelle ab, hör gut zu und trag die Informationen in die Tabelle ein.

	WANN?	WAS?/WOHIN?	ANTWORT
Beispiel 1	Heute Abend	ins Kino	Ja

Partnerarbeit. Hast du Lust?

Denkt euch Dialoge aus.

A Hast du Lust, ins Kino zu gehen? / schwimmen zu gehen? / in die Stadt zu fahren?

A Wir gehen morgen ins Kino. / schwimmen. Hast du Lust mitzukommen?

B Ja, gerne. Wo treffen wir uns?

B Nein, ich hab' keine Lust. Was können wir sonst machen?

B Tut mir Leid.
Ich habe meine Hausaufgaben noch nicht gemacht.
Ich muss / Ich soll / Ich will im Haushalt helfen. / für die Schule arbeiten. / für die Nachbarn babysitten. / Klavier üben. / früh ins Bett gehen. / etwas im Fernsehen anschauen.
Ich darf nicht in der Woche ausgehen.

A Bei mir. / dir.
Vor dem / Im Kino. / Bahnhof. / Café. / Jugendklub.
In der Stadtmitte. / Königstraße.

A Willst du in den Jugendklub / in die Disko / ins Café gehen?

B Um wie viel Uhr?

A Um halb sieben? Gegen sechs Uhr?

A Schade. Vielleicht ein anderes Mal.

B O.K. Bis dann. Tschüss!

B Ja, gerne. Tschüss dann!

A Tschüss!

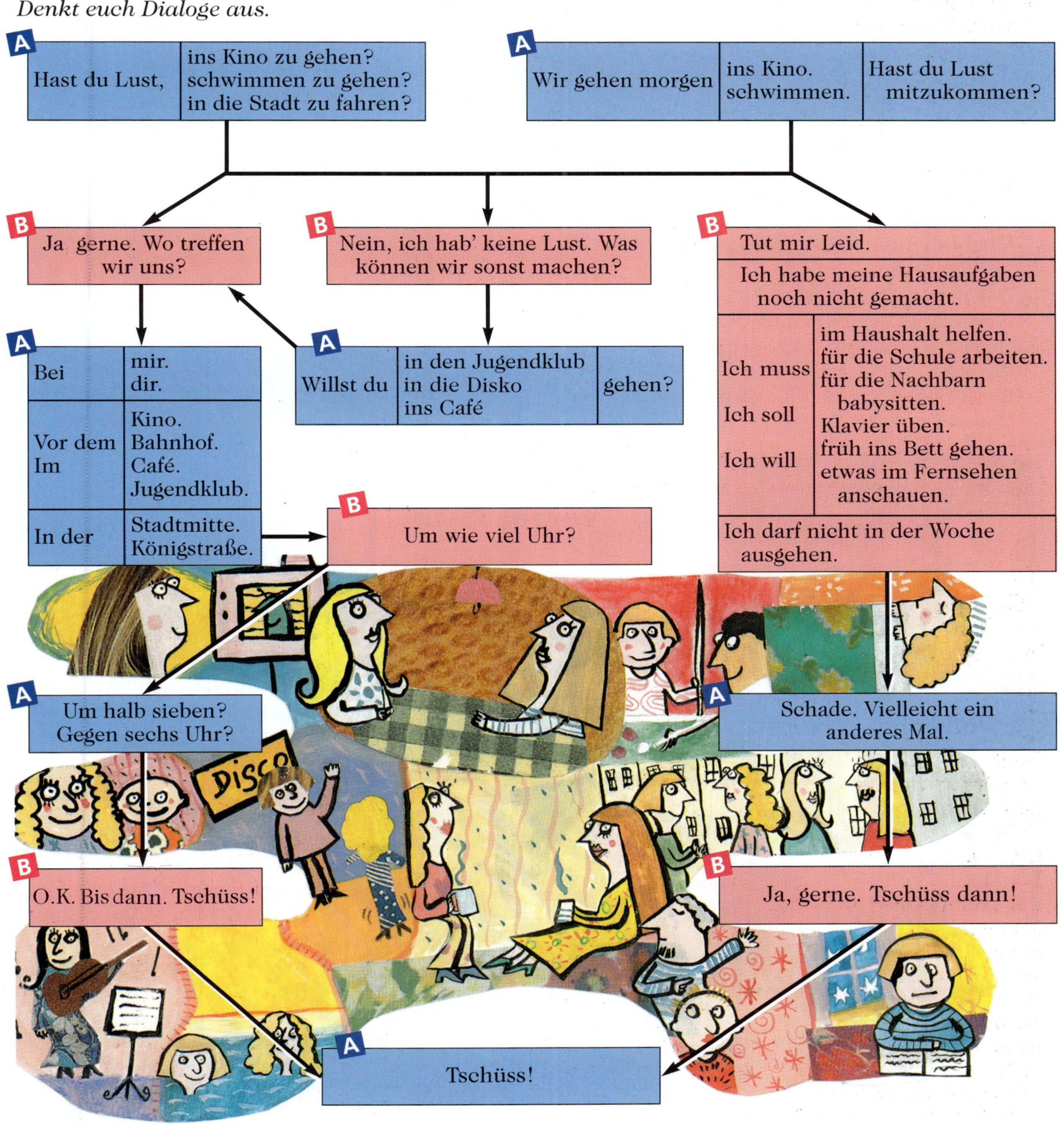
DISCO

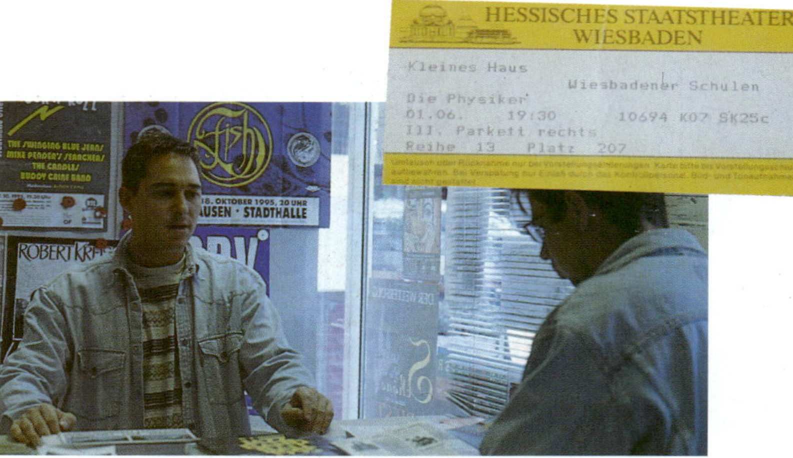
HESSISCHES STAATSTHEATER
WIESBADEN
Kleines Haus
Wiesbadener Schulen
Die Physiker
01.06. 19:30
10694 K07 SK25c
III. Parkett rechts
Reihe 13 Platz 207
STADTHALLE

In der Stadthalle

Wie wäre es mit einem Konzert? Wie bestellt man Karten? Hör zu und lies den Dialog.

– Guten Tag. Was kostet eine Karte für das Konzert am Samstag?
– Eine Karte kostet 20 DM.
– Ich hätte gern zwei Karten.
– Das macht dann 40 DM, bitte.
– Wann fängt das Konzert an?
– Um 19.30 Uhr.
– Danke schön. Auf Wiedersehen.
– Auf Wiedersehen.

Im Kino

Du willst einen Film sehen. Was sagt man im Kino?

– Guten Tag. Eine Karte für den Film *Höllestadt*, bitte.
– Möchten Sie Parkett oder Loge?
– Parkett, bitte.
– Das macht 10 DM, bitte.
– Wann fängt der Film an?
– Der Film fängt um 20.15 Uhr an.
– Welcher Saal ist es, bitte?
– Es ist Saal 4, gleich hier geradeaus.
– Vielen Dank.

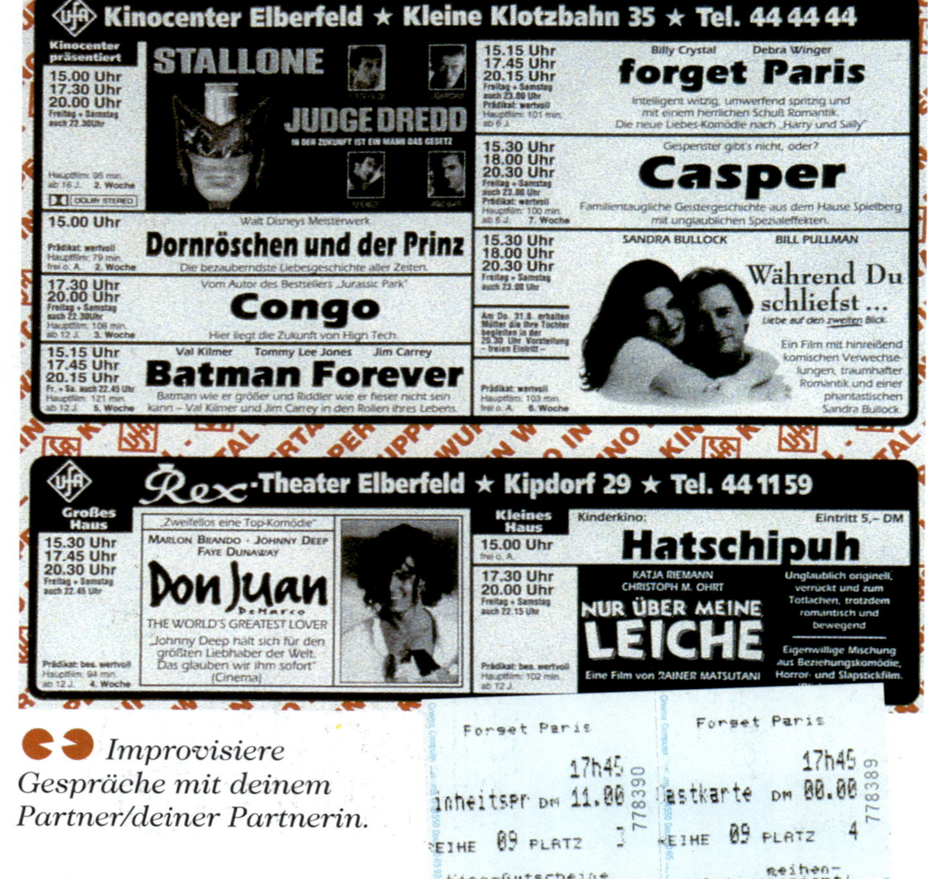
Kinocenter Elberfeld ★ Kleine Klotzbahn 35 ★ Tel. 44 44 44
Kinocenter präsentiert
15.00 Uhr 17.30 Uhr 20.00 Uhr Freitag + Samstag auch 22.30Uhr
STALLONE
JUDGE DREDD
IN DER ZUKUNFT IST EIN MANN DAS GESETZ
Hauptfilm: 96 min. ab 16 J. 2. Woche
DOLBY STEREO
15.00 Uhr
Walt Disneys Meisterwerk
Dornröschen und der Prinz
Die bezauberndste Liebesgeschichte aller Zeiten.
Prädikat: wertvoll Hauptfilm: 79 min. frei o. A. 2. Woche
17.30 Uhr 20.00 Uhr Freitag + Samstag auch 22.30Uhr
Vom Autor des Bestsellers „Jurassic Park"
Congo
Hier liegt die Zukunft von High Tech.
Hauptfilm: 108 min. ab 12 J. 3. Woche
15.15 Uhr 17.45 Uhr 20.15 Uhr Fr. + Sa. auch 22.45 Uhr
Val Kilmer Tommy Lee Jones Jim Carrey
Batman Forever
Batman wie er größer und Riddler wie er fieser nicht sein kann – Val Kilmer und Jim Carrey in den Rollen ihres Lebens.
Hauptfilm: 121 min. ab 12 J. 5. Woche
15.15 Uhr 17.45 Uhr 20.15 Uhr Freitag + Samstag auch 23.00 Uhr
Prädikat: wertvoll Hauptfilm: 101 min. ab 6 J.
Billy Crystal Debra Winger
forget Paris
Intelligent witzig, umwerfend spritzig und mit einem herrlichen Schuß Romantik.
Die neue Liebes-Komödie nach „Harry und Sally"
15.30 Uhr 18.00 Uhr 20.30 Uhr Freitag + Samstag auch 23.00 Uhr
Prädikat: wertvoll Hauptfilm: 100 min. ab 6 J. 7. Woche
Gespenster gibt's nicht, oder?
Casper
Familientaugliche Geistergeschichte aus dem Hause Spielberg mit unglaublichen Spezialeffekten.
15.30 Uhr 18.00 Uhr 20.30 Uhr Freitag + Samstag auch 23.00 Uhr
Am Do. 31.8. erhalten Mütter die ihre Tochter begleiten in der 20.30 Uhr Vorstellung – freien Eintritt –
Prädikat: wertvoll Hauptfilm: 103 min. frei o. A. 6. Woche
SANDRA BULLOCK BILL PULLMAN
Während Du schliefst ...
Liebe auf den zweiten Blick
Ein Film mit hinreißend komischen Verwechselungen, traumhafter Romantik und einer phantastischen Sandra Bullock.
Rex-Theater Elberfeld ★ Kipdorf 29 ★ Tel. 44 11 59
Großes Haus
15.30 Uhr 17.45 Uhr 20.30 Uhr Freitag + Samstag auch 22.45 Uhr
Prädikat: bes. wertvoll Hauptfilm: 94 min. ab 12 J. 4. Woche
„Zweifellos eine Top-Komödie"
MARLON BRANDO · JOHNNY DEEP
FAYE DUNAWAY
Don Juan DeMarco
THE WORLD'S GREATEST LOVER
„Johnny Deep hält sich für den größten Liebhaber der Welt. Das glauben wir ihm sofort" (Cinema)
Kleines Haus
15.00 Uhr frei o. A.
Kinderkino:
Eintritt 5,– DM
Hatschipuh
17.30 Uhr 20.00 Uhr Freitag + Samstag auch 22.15 Uhr
Prädikat: bes. wertvoll Hauptfilm: 102 min. ab 12 J.
KATJA RIEMANN
CHRISTOPH M. OHRT
NUR ÜBER MEINE LEICHE
Eine Film von RAINER MATSUTANI
Unglaublich originell, verrückt und zum Totlachen, trotzdem romantisch und bewegend
Eigenwillige Mischung aus Beziehungskomödie, Horror- und Slapstickfilm.

Was läuft?

Sieh dir das Kinoposter an und beantworte die Fragen.

1 Wo läuft *Nur über meine Leiche*?
2 Wann fängt am Dienstag die letzte Vorstellung von *Casper* an?
3 Wo befindet sich das Kinocenter Elberfeld?
4 Um wie viel Uhr ist die erste Vorstellung von *Congo*?
5 Was kostet der Eintritt ins Kinderkino?
6 Welche Filme fangen um 3.30 Uhr an?
7 Wann fängt am Mittwochabend die letzte Vorstellung von *Don Juan* an?
8 Wie viele Säle gibt es im Rex-Theater?
9 Was bedeutet „ab 16 J."?
10 Welcher Film heißt *Sleeping Beauty* auf Englisch?

Improvisiere Gespräche mit deinem Partner/deiner Partnerin.

Forget Paris 17h45 Einheitspr DM 11.00 Reihe 09 Platz 3 Kino-Gutscheine hier erhältlich
Forget Paris 17h45 Gastkarte DM 00.00 Reihe 09 Platz 4 reihen-platznumeriert!

Wann kann ich dich wiedersehen?

Hör zu und schreib die Vorwahl und die Telefonnummer auf.

Wann kann ich dich denn wiedersehen?
Oh, das kann ich dir nicht sagen. Du kannst doch anrufen.
O.K. Wie war nochmal deine Telefonnummer?
Meine Nummer? Das ist Wedel – 04103 – und dann 95 73.
Alles klar … ich ruf' dich an. Bis dann. Tschüss!
Tschüss!

Beispiel

Vorwahl	Telefonnummer
Wedel (04103)	95 73

Hamburg

Bielefeld

Schrobenhausen

Schreib mal wieder

Schreib eine Antwort auf diesen Brief!

Darfst du ausgehen, wenn du willst, oder musst du deine Eltern fragen? Was kann man abends bei dir in der Stadt machen? Was hast du letztes Wochenende gemacht? Und was machst du nächstes Wochenende? Was kostet bei dir eine Kinokarte? Wann sind die Geschäfte bei dir geöffnet? Übrigens habe ich deine Telefonnummer verloren. Wie war sie nochmal?

Steffi und Freunde

Mensch! Es ist doch schon halb acht! Muss ich dir in deinem Alter noch sagen, wann du aufstehen musst?

Aber …
In diesem Aufzug gehst du mir nicht auf die Straße! So lange du deine Füße unter unseren Tisch streckst …

Geld brauchst du? Na, du bist kein Kind mehr. Warum suchst du dir keinen Job? Verdien dir selbst was.
Es ist fast halb zwölf! Höchste Zeit, dass du ins Bett kommst.

Steffi, wie wäre es, wenn wir dieses Wochenende zusammen ausgehen würden?
Aber wohin? In einen Nachtklub oder ins Kasperletheater?!

Dies und das

早安. 您能告訴我. 在什么地方我可以買到管头竹笋?

Geradeaus am Wald vorbei bis zur Siedlung, bei der Ampel rechts und die zweite Straße links. Und bei dem Supermarkt an der Ecke fragst du dann noch mal!

謝々您. 再見.

Was wollte der denn?
Weiß ich auch nicht, ich hab' kein Wort verstanden…

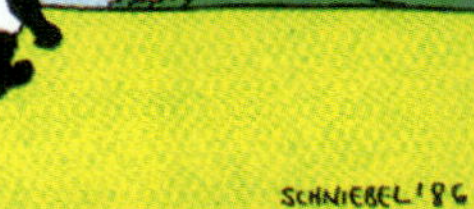
SCHNIEBEL '86

Liebe Renate,
Keiner hat dich gerner
als Werner

Ein Brief muss nicht immer lang sein.
Schreib mal wieder…

Jutta,
sei kein Frosch,
spiel mal mit mir Squash.

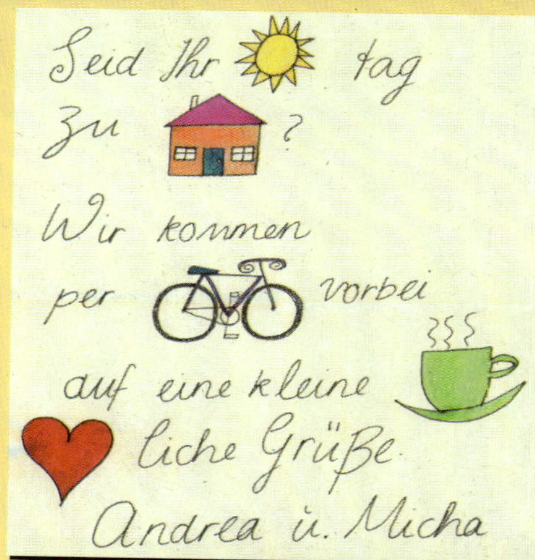
Seid Ihr tag
zu ?
Wir kommen
per vorbei
auf eine kleine
liche Grüße
Andrea u. Micha

Bildgeschichte

1
Darf ich den Verstärker im Bus mitnehmen?
Rheingold
2
Hier an der Kreuzung fährst du geradeaus, dann links.
Erste oder zweite links?
Weiß ich nicht. Was hat Uli gesagt?

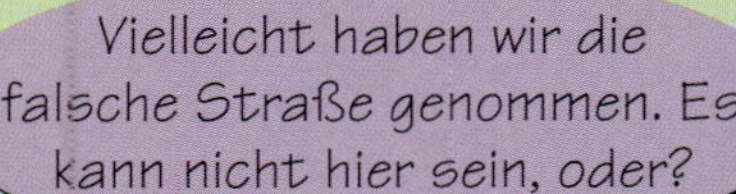
Vielleicht haben wir die falsche Straße genommen. Es kann nicht hier sein, oder?

3
Doch, guck mal. Da ist Thorsten. Das muss richtig sein.

4
Marshall

5
Ist gut. Uli und Olaf sind schon da.

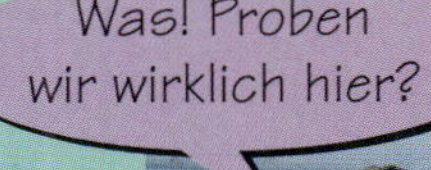
Dann hol' ich euch gegen sieben Uhr wieder ab, O.K.?

6
Was! Proben wir wirklich hier?
Ja, im Keller.

7
So ein Dreckloch!
Ja, aber wenigstens stören wir niemanden hier. Wir können so viel Lärm machen, wie wir wollen.

8
Dire Straits
Außerdem hab' ich unseren ersten Auftritt schon organisiert! Drei Wochen nach den Ferien!

sb Selbstbedienung

Stadtplan

Stell dir vor, du bist im Verkehrsamt. Die Leute fragen nach dem Weg. Schreib die Dialoge auf.

Beispiel

A – Entschuldigung. Wo ist hier **das Rathaus**?
B – Das ist in der **Lindenstraße** Nehmen Sie die **fünfte** Straße **rechts**
A – Danke schön.
B – Nichts zu danken.

1
2
3
4

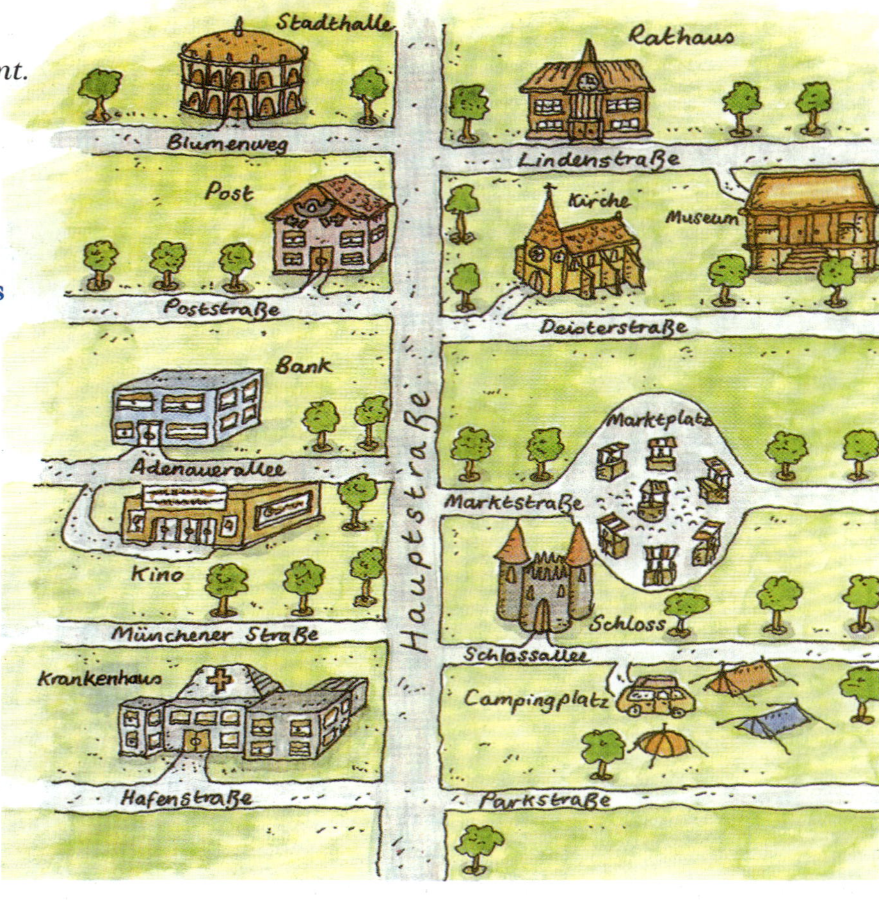
Stadthalle
Rathaus
Blumenweg
Lindenstraße
Post
Kirche
Museum
Poststraße
Deisterstraße
Bank
Marktplatz
Adenauerallee
Hauptstraße
Marktstraße
Kino
Schloss
Münchener Straße
Schlossallee
Krankenhaus
Campingplatz
Hafenstraße
Parkstraße

Kannst du dir jetzt noch weitere Dialoge ausdenken?

Komisch!

Das stimmt nicht ganz. Die Wörter in Grün sind alle im falschen Satz. Schreib die Sätze richtig.

1 Zu meinem Geburtstag habe ich eine Party **gefunden**
2 In der Stadt haben wir eine Pizza **verloren**
3 Glücklicherweise hat Petra ihren Hund **getrunken**
4 Ich habe eine Limonade **gegessen**
5 Frau May hat ihren Regenschirm in der Straßenbahn **gegeben**

Bis dann!

Wie ist der Dialog richtig? Schreib den ganzen Text in deinem Heft auf. Beginn mit:
– Hast du heute schon was vor?

– Nee, das ist langweilig. Da kann man nichts machen. Was läuft im Kino?
– Tschüss!
– Wohin denn?
– O.K. Treffen wir uns um halb acht?
– Ach nein. Keine Lust. Ich kann nicht gut tanzen. Gehen wir ins Café.
– Nein, warum?
– Vielleicht in die Disko?
– Ja. Bis dann. Tschüss!
– Hast du heute schon was vor?
– Ein Krimi. Soll ganz gut sein.
– Klar. Am Rathaus, oder?
– Hast du Lust auszugehen?

auf einen Blick

1 The perfect tense with haben

Ich habe	meine Hausaufgaben gemacht.	*I did/have done my homework.*
Du hast	Musik gehört.	*You listened to music.*
Er/Sie hat	Karten gespielt.	*He/She played cards.*
Wir haben	eine Party gegeben.	*We had a party.*
Ihr habt	Freunde eingeladen.	*You invited some friends round.*
Sie haben	ferngesehen.	*They watched television.*

2 Asking for directions; prepositions with the dative

Entschuldigung/Entschuldigen Sie!		*Excuse me.*
Wo ist hier	der Marktplatz? die Post? das Verkehrsamt?	*Where is the market square?* *Where's the post office?* *Where is the tourist office?*

Wie komme ich	zum Marktplatz? zur Post? zum Verkehrsamt?	*How do I get to the market square?* *How do I get to the post office?* *How do I get to the tourist office?*

In der	Domstraße links.	*Left in Domstraße.*
Am	Münsterwall geradeaus. Marktplatz rechts.	*Straight on at Münsterwall.* *To the right in the market square.*

3 Directing someone; using ordinals (first, second etc.)

Nehmen Sie die		erste Straße rechts. zweite Straße links.		*Take the first street on the right.* *Take the second road on the left*
Der Die Das	ist auf der	linken rechten	Seite.	*It's on the left-hand side.* *It's on the right-hand side.*

4 Making arrangements; accepting and declining

Hast du heute Abend schon was vor?			*Have you got anything planned for this evening?*	
Hast du Lust,	ins Kino in die Disko	zu gehen?	*Do you fancy going to the*	*cinema?* *disco?*
Ich habe keine Lust. Ja, gerne.			*I don't feel like it.* *Yes, I'd like that.*	

5 Modal verbs

Ich **muss** für die Schule arbeiten. Man **muss** reservieren. Hunde **müssen** an der Leine gehen.	*I have to do some schoolwork.* *You have to make a reservation.* *Dogs must be kept on the lead.*
Kann ich diese Reiseschecks einlösen? Man **kann** Motorboote mieten. **Können** Sie mir sagen, … ?	*Can I cash these traveller's cheques?* *You can hire motorboats.* *Can you tell me … ?*
Ich **will** früh ins Bett gehen. Wir **können** so viel Lärm machen, wie wir **wollen**.	*I want to go to bed early.* *We can make as much noise as we like.*
Ich **darf** nicht in der Woche ausgehen. Man **darf** fast überall Rad fahren. Nur Kinder **dürfen** die Wasserrutsche benutzen.	*I'm not allowed to go out in the week.* *You're allowed to ride bikes almost everywhere.* *Only children are allowed to use the waterslide.*
Ich **soll** für die Nachbarn babysitten. Der Film **soll** ganz gut sein.	*I'm meant to be babysitting for the neighbours.* *The film's supposed to be quite good.*

Aus dem Tagebuch eines Zweijährigen

Donnerstag:

8.10 Uhr	Kölnisch Wasser auf Teppich gespritzt. Riecht fein. Mama böse. Kölnisch Wasser ist verboten.
8.45 Uhr	Feuerzeug in Kaffee geworfen. Haue gekriegt.
9.00 Uhr	In Küche gewesen. Rausgeflogen. Küche ist verboten.
9.15 Uhr	In Papas Arbeitszimmer gewesen. Rausgeflogen. Arbeitszimmer auch verboten.
9.30 Uhr	Schrankschlüssel abgezogen. Damit gespielt. Mama wusste nicht, wo er war. Ich auch nicht. Mama geschimpft.
10.00 Uhr	Rotstift gefunden. Tapete bemalt. Ist verboten.
10.20 Uhr	Stricknadel aus Strickzeug gezogen und krumm gebogen. Zweite Stricknadel in Sofa gesteckt. Stricknadel sind verboten.
11.00 Uhr	Sollte Milch trinken. Wollte aber Wasser! Wutgebrüll ausgestoßen. Haue gekriegt.
11.10 Uhr	Hose nass gemacht. Haue gekriegt. Nassmachen verboten.
11.30 Uhr	Zigarette zerbrochen. Tabak drin. Schmeckt nicht gut.
11.45 Uhr	Tausendfüßler bis unter Mauer verfolgt. Dort Mauerassel gefunden. Sehr interessant, aber verboten.
12.15 Uhr	Dreck gegessen. Aparter Geschmack, aber verboten.
12.30 Uhr	Salat ausgespuckt. Ungenießbar. Ausspucken dennoch verboten.
13.15 Uhr	Mittagsruhe im Bett. Nicht geschlafen. Aufgestanden und auf Deckbett gesessen. Gefroren. Frieren ist verboten.
14.00 Uhr	Nachgedacht. Festgestellt, dass alles verboten ist. Wozu ist man überhaupt auf der Welt?

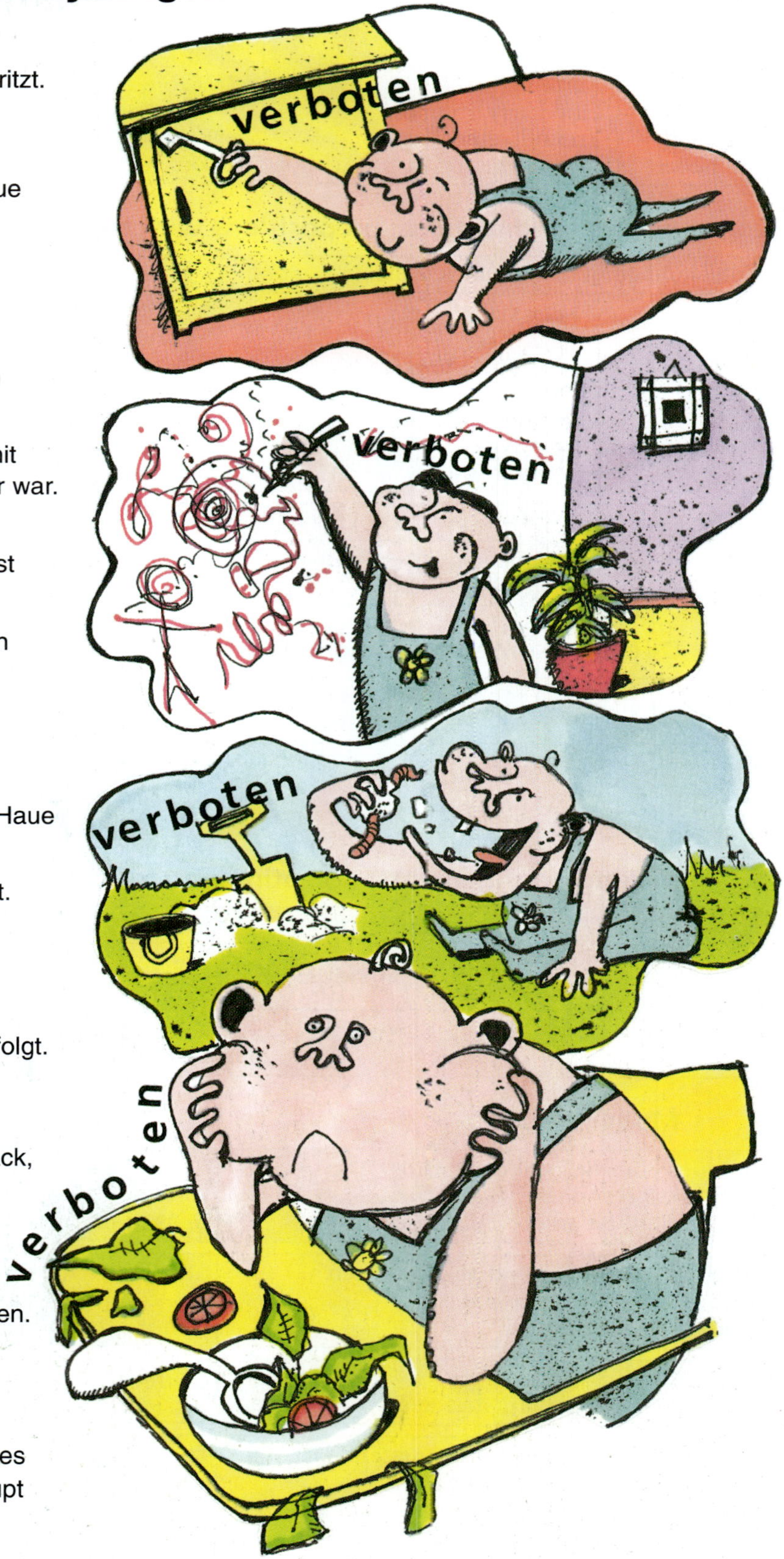

Die schönsten Geschichten von Helmut Holthaus, © Angelo Holthaus

Stadtklima

Städte haben ihr eigenes Klima, ein Klima, das ganz anders ist als das von dem Gebiet um die Stadt herum. An Sonnentagen nehmen Gebäude und Straßen in den Städten sehr viel Strahlungsenergie auf und geben die Wärme erst in den Nachtstunden wieder langsam ab. Weil in den Städten die Kanalisation fast den ganzen Regen aufnimmt, verdunstet dort auch weniger Wasser als auf dem Land, wo es auf Felder, Wiesen und Wälder regnet. Deshalb ist auch der Kühleffekt des Regens in den Städten nicht so groß wie auf dem Land. Außerdem steigt die Temperatur in den Städten durch die Heizungen der Häuser, durch Fabriken und Automotore. Städte sind Wärmeinseln, die ein bis drei Grad wärmer sind als das Umland.

Das typische Stadtklima hat aber auch eine andere Ursache: Der Wind wird in den Städten durch die Gebäude und Hochhäuser gebremst. Folge: Die Hitze staut sich, Staub und Abgase konzentrieren sich in den Straßen. In der Großstadt gibt es rund zehnmal mehr Aerosole als auf dem Land. Aerosole verursachen Kondensation und damit auch mehr Regen als auf dem Land.

Gegen das ungesunde Stadtklima helfen vor allem Parks und Grünzonen, die als ‚grüne Lungen' die Luft reinigen und frische Winde ungebremst hindurchlassen.

Hohe elektrische Ladungen beim Gewitter über einer deutschen Stadt lösen extrem starke Blitze aus.

4 Im Urlaub

Bist du weggefahren?

Diese sechs Jugendlichen beschreiben, was sie in den Ferien gemacht haben. Hör gut zu. Welche Antwort geben sie auf folgende Fragen?

Was hast du gemacht?

Wie bist du gefahren?

Mit wem bist du gefahren?

Wie war das Wetter?

Elisabeth

Miriam

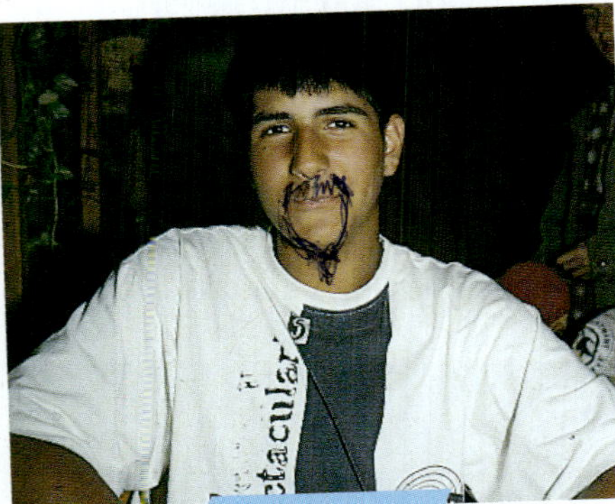

Hasan

Karen

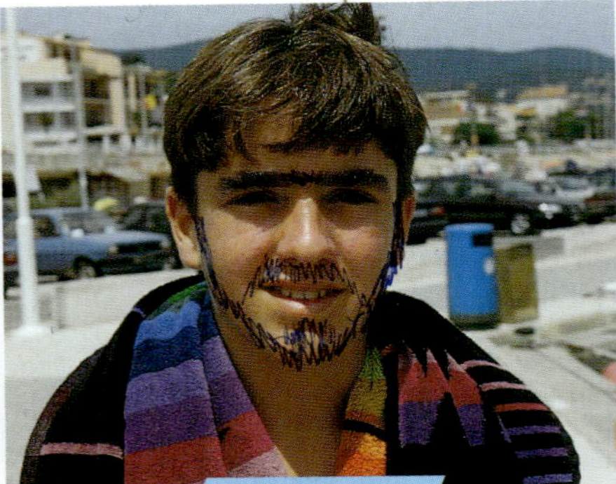

Markus

Anke

Ich war im Skiurlaub.
Ich war im Campingurlaub.
Ich bin nach Spanien geflogen.
Ich bin ans Meer gefahren.
Ich habe in einem Hotel gewohnt.
Wir haben in einer Jugendherberge übernachtet.

Mit dem Reisebus.
Mit dem Auto.
Mit dem Rad.
Mit dem Zug.
Mit dem Flugzeug.

Mit meinen Kusinen.
Mit Freunden.
Alleine.
Mit der Schule.
Mit meinen Eltern.
Mit Freunden und den Eltern.

Das Wetter war warm.
Es hat geregnet, und es war kalt.
Das Wetter war kalt.
Es war sehr heiß.
Es war heiß und sonnig.
Es lag viel Schnee, und es war sonnig.

Stimmt es oder nicht?

1. Elisabeth ist mit ihrer Familie weggefahren.
2. Karen ist mit dem Wagen ans Meer gefahren.
3. Miriam hatte schlechtes Wetter.
4. Anke ist alleine ins Ausland gereist.
5. Markus ist mit dem Zug gefahren.
6. Hasan hatte für seine Schulreise gutes Wetter.
7. Miriam und ihre Kusinen haben in einem Hotel gewohnt.
8. Karen und ihre Eltern hatten an der See schönes Wetter.

Partnerarbeit. Mein letzter Urlaub

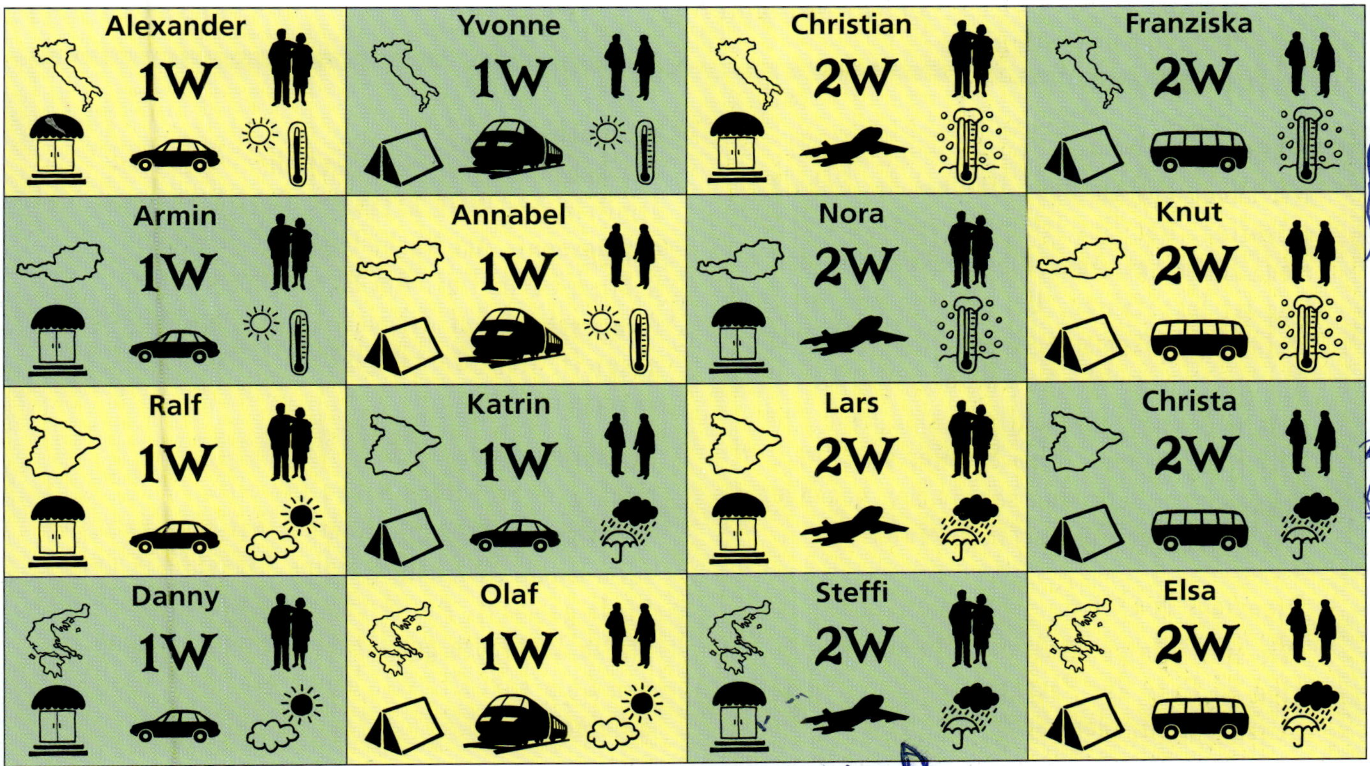

Alexander 1W	Yvonne 1W	Christian 2W	Franziska 2W
Armin 1W	Annabel 1W	Nora 2W	Knut 2W
Ralf 1W	Katrin 1W	Lars 2W	Christa 2W
Danny 1W	Olaf 1W	Steffi 2W	Elsa 2W

Schlüssel

Italien	2W zwei Wochen	mit dem Wagen	es war heiß
Österreich	mit den Eltern	mit der Bahn	es war kalt
Spanien	mit Freunden	mit dem Flugzeug	es war sonnig
Griechenland	in einem Hotel	mit dem Reisebus	es hat geregnet
1W eine Woche	auf einem Campingplatz		

Stell dir vor, du bist eine von diesen Personen. Dein(e) Partner(in) muss Fragen stellen, um herauszufinden, wer du bist.

Beispiele

A – Ich bin in Urlaub gefahren. Wer bin ich?
B – Bist du nach Italien gefahren?
A – Nein.
B – Bist du nach Österreich gefahren?
A – Ja.
B – Wie lange warst du weg?
A – Eine Woche.
B – Bist du mit den Eltern verreist?
A – Ja.
B – Bist du Armin?
A – Ja, richtig. Jetzt bist du dran.

B – Ich bin in Urlaub gefahren. Wer bin ich?
A – Wo bist du hingefahren?
B – Nach Griechenland.
A – Wo hast du gewohnt?
B – In einem Hotel.
A – Wie bist du gefahren?
B – Mit dem Auto.
A – Du bist also Danny.
B – Ja, stimmt.

Klassenfahrt

Hör gut zu und lies den Text. Sieh dir die Bilder an. Wie ist die richtige Reihenfolge?

Beispiel: C, ...

Montag, den 20.5.
Wir haben uns um neun Uhr bei der Schule getroffen. Der Bus ist etwas verspätet gekommen. Jeder hat einen Platz bekommen, und der Bus ist losgefahren. Um elf Uhr sind wir in Malente angekommen. Wir sind alle aus dem Bus gestiegen. Wir haben unser Gepäck auf unsere Zimmer gebracht und sind dann zum Essen gegangen. Einige Schüler sind ins Dorf gegangen, andere sind schwimmen gegangen. Wir haben uns Postkarten gekauft.

Dienstag, den 21.5.
Wir sind alle zur Anlegestelle gewandert. Wir sind an Bord des Passagierschiffs «Malente» gegangen. Auf dem Schiff hat es uns sehr gefallen. Danach haben viele eine halbe Stunde Minigolf gespielt. Am Nachmittag haben einige einen Stadtbummel gemacht. Die anderen sind zum Sportzentrum gegangen. Am Abend sind wir in die Sporthalle gegangen. Einige haben Fußball gespielt.

Mittwoch, den 22.5.
Wir haben uns Fahrräder geliehen. Wir sind damit in den Wald gefahren. Dort haben wir uns gesonnt. Am Nachmittag haben wir ein Schloss besichtigt. Am Abend haben einige ferngesehen. Auf Zimmer 42 hat man Karten gespielt. Herr Gerecht ist um Mitternacht gekommen.

Donnerstag, den 23.5.
Nach dem Frühstück haben wir eine Glasbläserei besucht. Andreas hat eine Vase zerbrochen. Wir haben einige Einkäufe in der Stadt gemacht. Am Nachmittag haben wir alle kleine Tretboote gemietet. Wir haben Kuchen und Cola gekauft. Wir haben ganz lustig gefeiert.

Freitag, den 24.5.
Wir haben unsere Koffer nach unten getragen. Wir haben uns auf unsere Koffer gesetzt und auf den Bus gewartet. Der Bus ist pünktlich gekommen, und wir sind alle eingestiegen. Im Bus haben wir gesungen und Witze erzählt.

A
B
C
D
E
F
G
H
I
J

Etwas fehlt

Sieh dir Seite 58 nochmal an. Schreib die Sätze auf und füll die Lücken aus.

1 Der [bus] ist etwas verspätet ....

2 Wir haben uns 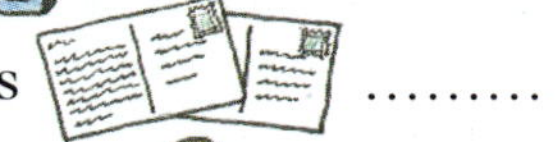 ....

3 Wir haben unser  auf unsere Zimmer ....

4 Wir haben  ....

5 Am Abend haben wir in der Sporthalle [ball] ....

6 Wir sind in den 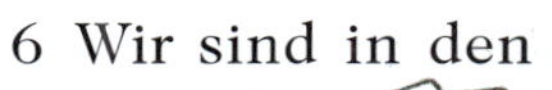 ....

7 Wir haben [cards] ....

8 Wir sind alle in den 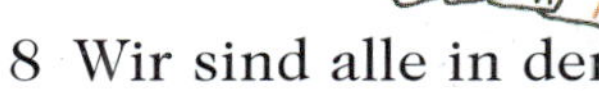 ....

9 Wir haben ein 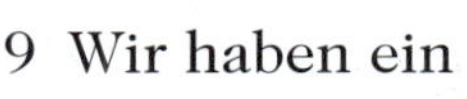 ....

10 Wir haben  und [cola] ....

Einige Meinungen zur Klassenfahrt

Heike: Im Großen und Ganzen hat es mir gut gefallen. Abends war es manchmal ein bisschen langweilig.

Jürgen: Es war toll. Das Schloss und die Tretboote haben mir am besten gefallen. Das Wetter war auch gut. Wir haben Glück gehabt.

Martina: Am besten hat mir die Radtour im Wald gefallen, glaub' ich. Aber es war alles gut. Das Essen war auch nicht schlecht.

Tim: Da bin ich nicht einverstanden. Das Essen fand ich mies. Aber sonst hat es Spaß gemacht. Das Schloss und der Stadtbummel haben mir besonders gut gefallen.

Werner: Ja, man hat die Woche wirklich gut geplant, find' ich. Wir haben nicht zu viel unternommen. Wir haben genug Freizeit gehabt. Mir hat das gut gefallen.

Wer war mit allem zufrieden?
Was hat ihnen besonders gut gefallen?
Was haben sie kritisiert?

Tipp des Tages

Was hat	dir euch	am besten gefallen?

Mir Uns	hat	das Schloss die Radfahrt	am besten gefallen.
Das Essen Der Stadtbummel	hat	mir uns	
Mir	haben die Tretboote und der Hafen		

Steffi und Freunde

Ich sag's euch, das Hotel war toll! Und die drei Swimmingpools – Mensch, die waren stark! Drei Wochen, und ich habe keine einzige Wolke gesehen. Fünf Tuben Sonnencreme hab' ich gebraucht!

Wir haben auch echt fantastische Ferien gehabt, nicht?
Ach ja, mit dem Wohnwagen. Und ihr beide habt Jugendherbergen besucht, oder? ... Und was war so gut daran?

Dass DU nicht da warst!!!

Fahrt nach Bayern und Österreich

Letzten Oktober hat eine Jugendgruppe aus Köln eine Fahrt nach Bayern und Österreich gemacht. 27 Jugendliche sind gefahren. Unten ist das Programm.
Sieh dir das Programm an und hör gut zu. Sabine beschreibt verschiedene Zeitpunkte. Wann war das? An welchem Tag und um wie viel Uhr?

Beispiel

1 *Das war am Montag gegen siebzehn Uhr.*

Köln
München
Salzburg

Mo. 10.10.	Treffpunkt: vorm Jugendklub	06.30 Uhr
	Abfahrt (Busfirma Koch)	07.00 Uhr
	Mittagspause: Autobahnrastplatz	c12.00 Uhr
	Weiterfahrt	c14.00 Uhr
	Ankunft in München (Jugendherberge)	c17.00 Uhr
	Abendessen	19.00 Uhr
	Licht aus	22.00 Uhr
Di. 11.10.	Aufstehen	06.30 Uhr
	Frühstück	07.30 Uhr
	Stadtbummel durch München	09.00 Uhr
	Picknick im Englischen Garten	13.00 Uhr
	Deutsches Museum	14.30 Uhr
	Abendessen in der Jugendherberge	18.00 Uhr
	Disko im Freizeitheim	19.00 Uhr
Mi. 12.10.	Frühstück	08.00 Uhr
	Busfahrt nach Salzburg	09.00 Uhr

München

ANTO

Salzburg

Lebenslauf

Hör zu und lies das Gedicht.

Als ich ein Jahr alt war,
Bin ich in den Park gegangen.
Mir haben die Enten am besten gefallen.

Als ich fünf Jahre alt war,
Bin ich zur Schule gegangen.
Mir hat die Pause am besten gefallen.

Als ich neun Jahre alt war,
Bin ich ins Ausland gereist.
Mir hat das Flugzeug am besten gefallen.

Als ich dreizehn Jahre alt war,
Bin ich nach Spanien gefahren.
Mir haben die Mädchen am besten gefallen.

Und wenn ich siebzehn bin oder zwanzig,
Und gehe allein in die Welt hinaus …
Was wird mir dann am allerbesten gefallen?

1 JAHR
5 JAHRE
9
13 JAHRE

Auf in den Urlaub!

Ein Spiel für zwei, drei oder vier Personen. Werft abwechselnd einen Würfel.

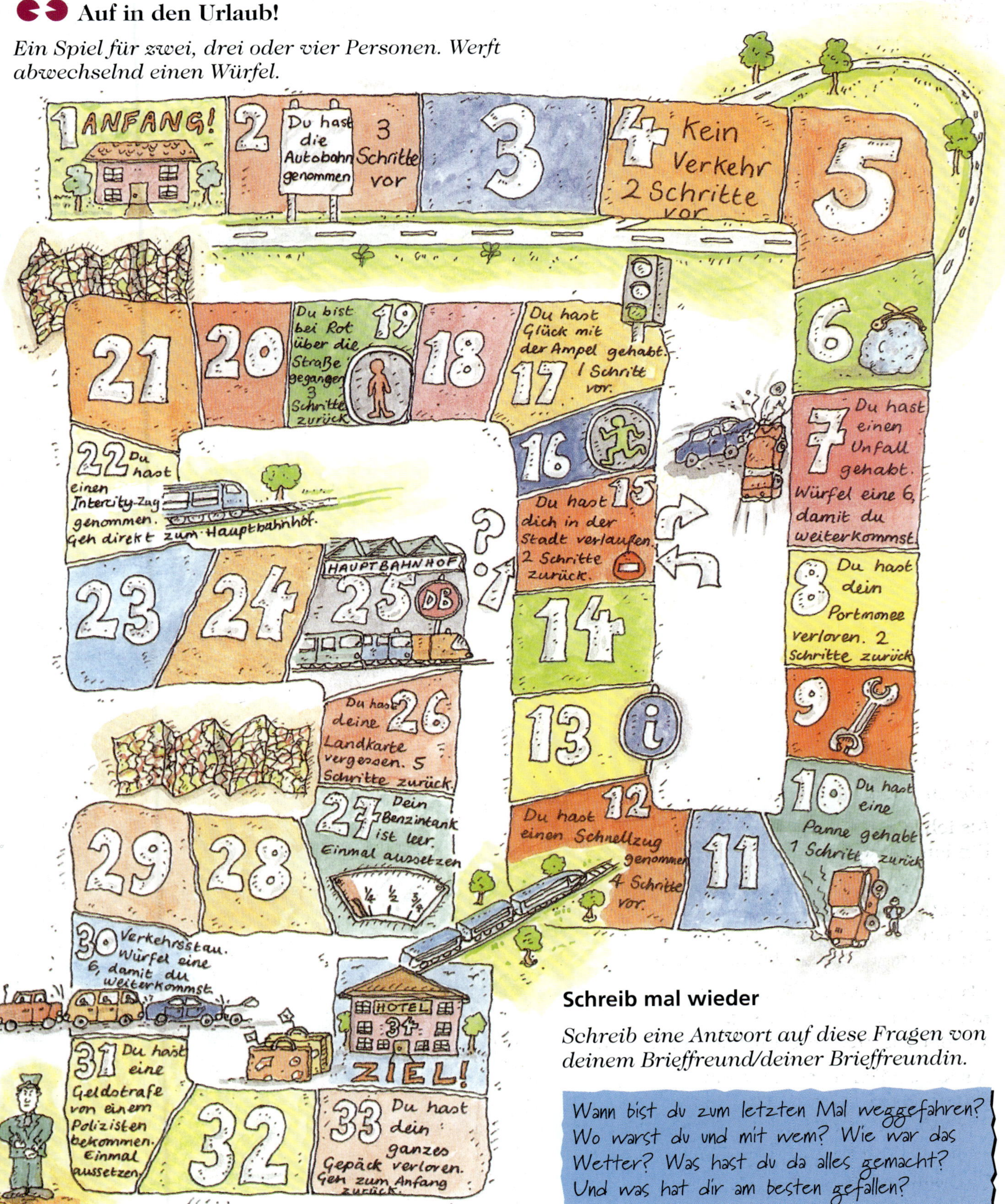

1 ANFANG!
2 Du hast die Autobahn genommen 3 Schritte vor
3
4 Kein Verkehr 2 Schritte vor
5
6
7 Du hast einen Unfall gehabt. Würfel eine 6, damit du weiterkommst
8 Du hast dein Portmonee verloren. 2 Schritte zurück
9
10 Du hast eine Panne gehabt 1 Schritt zurück
11
12 Du hast einen Schnellzug genommen 4 Schritte vor.
13
14
15 Du hast dich in der Stadt verlaufen. 2 Schritte zurück.
16
17 Du hast Glück mit der Ampel gehabt. 1 Schritt vor.
18
19 Du bist bei Rot über die Straße gegangen 3 Schritte zurück
20
21
22 Du hast einen Intercity-Zug genommen. Geh direkt zum Hauptbahnhof.
23
24
25 HAUPTBAHNHOF
DB
26 Du hast deine Landkarte vergessen. 5 Schritte zurück.
27 Dein Benzintank ist leer. Einmal aussetzen
¼ ½ ¾
28
29
30 Verkehrsstau. Würfel eine 6, damit du weiterkommst.
31 Du hast eine Geldstrafe von einem Polizisten bekommen. Einmal aussetzen
32
33 Du hast dein ganzes Gepäck verloren. Geh zum Anfang zurück.
HOTEL 34 ZIEL!

Schreib mal wieder

Schreib eine Antwort auf diese Fragen von deinem Brieffreund/deiner Brieffreundin.

Wann bist du zum letzten Mal weggefahren? Wo warst du und mit wem? Wie war das Wetter? Was hast du da alles gemacht? Und was hat dir am besten gefallen?

Erlebnisse am Bosporus!

Klassenfahrt in die Türkei

Letztes Jahr sind 30 Schüler, Türken und Deutsche, von einer Hauptschule in Hannover in die Türkei gefahren. Eine Klassenfahrt in die Heimat der türkischen Schüler. Sie sind zuerst nach Mudanya gefahren, einer kleinen Stadt in der Nähe von Bursa.

Hannover
BRD
Schwarzes Meer
Bosporus
Istanbul
Bursa
TÜRKEI
Marmara-Meer
GRIECHENLAND
Izmir
Ägäisches Meer
ZYPERN

Die Fähre von Izmir nach Istanbul. Zwanzig Stunden dauerte die Fahrt! Wir haben z. T. auf dem Fußboden geschlafen…

Dort haben sie das türkische Gymnasium besucht und mit den Schülern getanzt. Dann sind sie weiter nach Izmir gefahren. Zwei Millionen Menschen leben hier, viele von ihnen in Slumvierteln, zum Teil ohne Licht und fließendes Wasser. Faszinierend war das Leben im Basar. Dort haben sie viele Einkäufe gemacht. Dann sind sie mit dem Schiff nach Istanbul gefahren. Istanbul bietet viel Interessantes: große Moscheen, einen großen Basar, gebratene Fische auf der Straße und ein totales Verkehrschaos. Die vierzehn Tage sind schnell zu Ende gegangen.

In der Schule in Mudanya: Mit Volkstänzen, Blumen, Volksliedern, Anstecknadeln wurden wir hier herzlich empfangen! Der Direktor gab extra einen Tag schulfrei.

Einer der Höhepunkte: Ein Fußballspiel zwischen Gästen und Gastgebern! Türkische Schüler sind ausgezeichnete Fußballer. Natürlich haben sie gesiegt…

Türkische Schüler mit ihrem Lehrer. Er ist absolute Respektsperson! Der Unterricht besteht oft aus langen Vorträgen. Die Schüler haben viel auswendig zu lernen. In der Grundschule wird übrigens Schuluniform getragen. Die Mädchen haben schwarze Kittelchen mit weißem Kragen an. In der Mittelschule tragen die Jungen Jackett und Schlips. Auch im Sommer! Die Klassen haben zum Teil über 50 Schüler…

TUBORG
STAR
GAZINO
PAVYON
OTEL ŞÜKRAN

Ein Blick in die Straße von Izmir. In dem Hotel rechts haben wir gewohnt (Bild oben). Links: Ein Blick von Galataturm auf die Brücke über den Bosporus und das riesige Istanbul. Weit hinten am Horizont sieht man die berühmte Suleyman Moschee.

Ausflug nach Iznik, mit Mittagessen im Freien. Besonders lecker: die gut gewürzten Fleischspieße mit Salat! Abschiedsfoto rechts: Kerstin (unten Mitte) hat mit den Türkinnen rasch Freundschaft geschlossen. Sprachprobleme gab es keine. Zur Not hat man sich mit Händen und Füßen verständigt.

Worum handelt es sich genau?

Lies die Ausschnitte. Worum handelt es sich jeweils?

Beispiel

Sie sind in die Türkei gefahren.
Antwort: 30 Schüler aus Hannover.

1 Das ist eine kleine Stadt in der Nähe von Bursa.
2 Dort gibt es oft kein Licht oder fließendes Wasser.
3 Hier haben die Schüler viele Einkäufe gemacht.
4 Sie hat 20 Stunden gedauert.
5 Sie haben im Fußballspiel gesiegt.
6 Er besteht oft aus langen Vorträgen.
7 Sie müssen Jackett und Schlipps tragen.
8 Sie haben zum Teil über 50 Schüler.

Notizen

Mach Notizen über die folgenden Themen:
das Wetter; die Schule; das Essen; die Städte; die Kommunikation zwischen den Deutschen und den Türken

Tipp des Tages

Sie sind	in die Türkei mit dem Schiff	gefahren.
Sie haben	viele Einkäufe eine Klassenfahrt	gemacht.
	ein Gymnasium mit den Schülern	besucht. getanzt.

Dies und das

Ich? Ich denke, du hast einen Film eingelegt!

‚Pilos Puntos' in Südamerika

Seit einigen Jahren ist die Rockgruppe ‚Pilos Puntos' die erfolgreichste Schülerband in Deutschland. Sie haben mit 10 Jahren angefangen, in der Gesamtschule Wuppertal-Ronsdorf eigene Lieder zu schreiben. Sie rocken deutsch. Das ist für viele Leute neu.

Wuppertal, den 2. Oktober

Lieber Stefan,

Ich bin ganz begeistert. Unsere Band hat gerade eine Einladung aus Südamerika bekommen.

Sicher hast du schon viel von den Anden gehört. Aber weißt du auch, dass es hier den höchstgelegenen See der Welt gibt, auf dem Schiffe verkehren? Ja, der Titicacasee liegt in 4000 Metern Höhe auf dem Staatsgebiet von Peru und Bolivien. Die beiden Seiten des Sees sind mehr als 170 Kilometer voneinander entfernt. Deshalb kann man von der einen Seite das gegenüberliegende Ufer nicht sehen.

Gruß
Christian

La Paz, den 10. März

Lieber Stefan,

Wir sind gut in La Paz angekommen, der Hauptstadt Boliviens. Wir sind von Frankfurt geflogen, und der Flug war sehr lang. Wir sind in Caracas, Bogotá und Lima zwischengelandet. In La Paz haben wir uns erst an die dünne Luft gewöhnen müssen, denn La Paz liegt 4000 Meter hoch.

Für unsere Konzerte hat man uns Sauerstoffgeräte gegeben, aber die haben wir zum Glück nicht gebraucht. Wir haben auch ohne diese Hilfe gut gesungen und Musik gemacht. Die Fans waren begeistert, denn es gibt hier nur selten Rock-Konzerte von ausländischen Gruppen.

Gruß
Christian

Da bin ich mit ein paar Fans!

Sao Paulo, den 18. März

Lieber Stefan,

Von La Paz sind wir nach Santiago de Chile geflogen und haben dort Konzerte auf den Plätzen der Stadt gegeben. Mit chilenischen Bands haben wir sogar eine ‚Rock-Nacht' veranstaltet.

Jetzt sind wir in Sao Paulo. Das ist die größte Stadt Brasiliens. Zuerst hatten wir Angst, alleine durch die Straßen der Stadt zu gehen. Es gibt viele Menschen ohne Wohnung, sie heißen ‚Straßenkinder' und sind sehr arm. Die Reichen leben in modernen Hochhäusern.

In unserem Klub (dem ‚SESC POMPEIA') haben wir sechs Konzerte gegeben. Unsere brasilianischen Fans waren enorm heiß und haben uns Fußballhemden der brasilianischen Klubs gegeben. Die haben wir auf der Bühne getragen. Alle waren begeistert.
Bald bin ich wieder zu Hause.

Gruß
Christian

Bildgeschichte

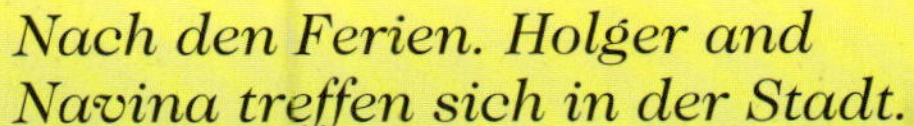
Nach den Ferien. Holger and Navina treffen sich in der Stadt.

1
Hallo! Wie war denn dein Urlaub?
Gut. Aber es hat ziemlich viel geregnet, und der Ort hat mir nicht sehr gefallen.

2
Und du? Bist du weggefahren?
Nein. Ich bin zu Hause geblieben. Aber ich bin zum Konzert von Feuerwerk gegangen. Die haben einen tollen Sänger, find' ich.

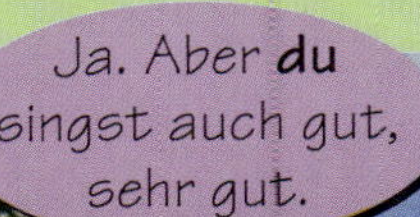
Ja. Aber **du** singst auch gut, sehr gut.

3
Danke.

Ein paar Tage später.

4
Nee, das klappt gar nicht. Versuchen wir's nochmal.
KORG

5
Was machst du denn da? Hast du seit dem letzten Mal nicht geübt?
Tja, weißt du, ich war im Urlaub. Ich hab' keine Zeit gehabt.

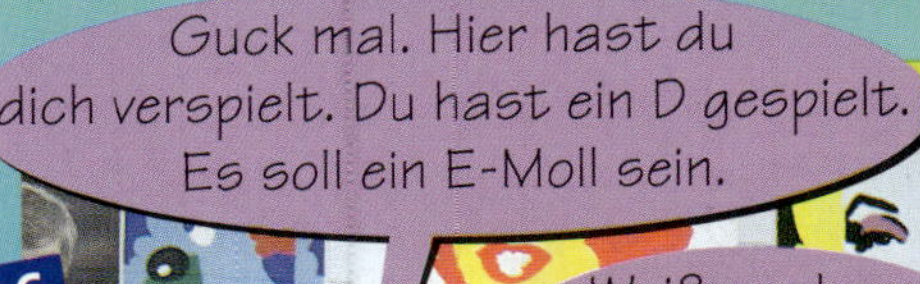
Guck mal. Hier hast du dich verspielt. Du hast ein D gespielt. Es soll ein E-Moll sein.

6
Weiß er denn überhaupt, was ein E-Moll ist?
KORG

7
O.K., das genügt.
8
So schlimm ist es nicht. Du kannst in der Woche üben, dann wird es nächstes Mal besser klappen.

sb Selbstbedienung

Das Wetter gestern

Wie war das Wetter? Schreib Sätze.

1

2

In Paris In Pisa In Athen In New York In London	war es	neblig. sonnig. wolkig.
	hat es	geschneit. geregnet.

3

4

5

Fragen

Welche Antwort passt am besten?

1 Wie bist du gefahren?
2 Wohin bist du gefahren?
3 Mit wem bist du gefahren?
4 Wie lange warst du weg?
5 Wie war das Wetter?

A Mit meinen Freunden.
B Mit der Bahn.
C Ganz schön.
D Zwei Wochen.
E Nach Italien.

Sinn oder Unsinn?

Lies die Sätze. Macht das Sinn, oder ist das Unsinn? Wie ist es richtig?

1 Ich bin mit dem Fahrrad von Deutschland nach Amerika gefahren.
2 Ich bin mit der Fähre von Großbritannien nach Frankreich geflogen.
3 Mir hat am besten das schlechte Essen gefallen.
4 Ich bin mit dem Wagen in Urlaub gefahren.
5 Unser Campingurlaub war toll! Das Wetter war nicht heiß, aber das Hotel war prima.
6 Ich habe gestern Abend über vier Stunden ferngesehen.

So ein Urlaub!

Schreib eine Postkarte aus dem Urlaub. Alles geht schief! Das Wetter, das Essen – alles!

Ferienumfrage

Die Klasse 10a hat eine Umfrage über die Ferien gemacht. Sieh dir die Resultate an, dann beantworte die Fragen.

Beispiel
1 19

Wo bist du hingefahren?	Deutschland 14	Ausland 16			
Wie bist du gefahren?	Wagen 21	Bus 1	Bahn 1	Flugzeug 5	Schiff 2
Mit wem?	alleine 3	mit Eltern 19	mit Verwandten 3	mit Freunden 5	
Wie lange warst du weg?	ein paar Tage 6	1 Woche 5	2 Wochen 13	länger 6	
Was für ein Urlaub war das?	Camping 5	Hotel 13	Ferienhaus 8	anderes 4	
Wie war das Wetter?	schön 12	gemischt 14	schlecht 4		
Wie war der Urlaub?	toll 11	ziemlich gut 11	nicht schlecht 5	enttäuschend 3	

1 Wie viele Schüler sind mit ihren Eltern in den Urlaub gefahren?
2 Wie sind die meisten von ihnen gefahren?
3 Wie viele sind länger als zwei Wochen weggeblieben?
4 Wie viele waren mit ihrem Urlaub sehr zufrieden?
5 Wie viele Schüler sind mit dem Zug in den Urlaub gefahren?
6 Was für Wetter haben die meisten von ihnen gehabt?
7 Wie viele sind nur ein paar Tage lang weggefahren?
8 Wie vielen hat der Urlaub gar nicht gefallen?
9 Wie viele sind in ein anderes Land gefahren?
10 Wie viele sind geflogen?

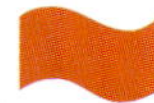

Brief ans Hotel

Füll die Lücken aus..

Hotel, Dank, Eltern, Ihnen, war, Grüßen, hatten, geehrter, verloren, schwarzen

Sehr ... 1 ... Herr Busch,

Ich ... 2 ... zwischen dem 12ten und dem 26ten Juli mit meinen ... 3 ... in Ihrem Hotel. Ich hatte das Zimmer 12, und meine Eltern ... 4 ... das Zimmer 10. Während des Urlaubs habe ich meinen Fotoapparat ... 5 ... . Es ist eine Canon EOS mit einem ... 6 ... Kasten. Ich glaube, ich habe ihn entweder im ... 7 ... oder im Garten verloren. Hat ihn jemand bei ... 8 ... abgegeben?

Vielen ... 9 ... im Voraus.

Mit freundlichen ... 10 ...

Annika Röhl

sb Selbstbedienung

Ein glückliches Ende

Finde das richtige Ende für jeden Satz. **Beispiel: 1***H*

1 Ich bin um sechs Uhr …
2 Franz ist mit dem Bus …
3 Ich bin schwimmen …
4 Wir haben unsere Freunde …
5 Ich habe den ganzen Nachmittag …
6 Ulrike ist den ganzen Tag …
7 Ich habe den Zug …
8 Ich habe mein Portmonee …

A … zu Hause gefunden.
B … zu Hause geblieben.
C … nach München gefahren.
D … nach Erfurt genommen.
E … gegangen.
F … in der Stadt gesehen.
G … Tennis gespielt.
H … aufgestanden.

Kurz gesagt

Kerstin hat diesen Brief an ihre Freundin geschrieben. Lies den Brief, dann mach eine Kurzfassung von dem, was sie sagt, in nicht mehr als 40 Worten. Beginn so:

Kerstin ist mit ihren Eltern ans Mittelmeer gefahren …

den 3. August

Liebe Sabine,

Wir sind schon seit fünf Tagen am Mittelmeer, und ich habe keine Minute gehabt, um dir zu schreiben – wir haben so viel gemacht! Den ersten Tag haben wir natürlich am Strand verbracht. Wir haben wirklich Glück mit dem Wetter – keine einzige Wolke am Himmel, und die See ist soooo warm, ich bin fast die ganze Zeit im Wasser geblieben! Am zweiten Tag sind wir mit dem Boot nach Portofino gefahren – einer schönen, kleinen Hafenstadt nicht weit von hier. Am Abend haben wir in einem tollen Restaurant Pizza gegessen. An einem Tag sind wir nach Pisa gefahren. Das hat mir sehr gut gefallen. Ich habe eine Menge Postkarten gekauft. Ich werde dir alles darüber erzählen, wenn ich wieder zu Hause bin.

Schöne Grüße,
Deine Kerstin

Rätsel

Vier junge Leute – Sebastian, Ingrid, Michael und Gisela – waren im Urlaub. Benutze folgende Angaben, um folgende Fragen zu beantworten:

- Wohin ist jeder gefahren?
- Mit wem?
- Wo haben sie gewohnt?

(Am besten machst du eine Tabelle und füllst die Details darin aus.)

Zwei von ihnen sind ans Meer gefahren.

Zwei von ihnen haben auf einem Campingplatz gewohnt.

Zwei von ihnen sind mit ihren Eltern weggefahren.

Sebastian hat in Bayern gutes Wetter gehabt.

Das Hotel hat Ingrids Eltern nicht sehr gut gefallen.

Michael ist nicht nach Bayern gefahren.

Sebastians Verwandte haben ein Ferienhaus gemietet.

Gisela ist mit Freunden weggefahren.

Der Urlaub in Bayern hat Gisela ganz gut gefallen.

auf einen Blick

1 Talking about the weather

Wie war das Wetter?				*What was the weather like?*		
Das Wetter Es	war	sehr	kalt. heiß. sonnig.	*The weather was* *It was* *It was*	*very*	*cold.* *hot.* *sunny.*
Wir hatten	gutes schlechtes		Wetter.	*We had good weather.* *We had bad weather.*		
Es hat	geregnet. geschneit.			*It rained.* *It snowed.*		

2 The perfect tense with sein

Ich bin	alleine	gereist.	*I travelled on my own.*
Du bist	mit dem Zug	gefahren, oder?	*You went by train, didn't you?*
Er ist	nach Spanien	geflogen.	*He flew to Spain.*
Sie ist	zu Hause	geblieben.	*She stayed at home.*
Wir sind	ins Dorf	gegangen.	*We went to the village.*
Ihr seid	im Fluss	geschwommen, oder?	*You swam in the river, didn't you?*
Sie sind	um neun Uhr	gekommen.	*You came at nine o'clock.*
Sie sind	alle aus dem Bus	gestiegen.	*They all got out of the coach.*

3 Asking questions in the past tense

Was hast du in den Ferien gemacht?	*What did you do in the holidays?*
Bist du weggefahren?	*Did you go away?*
Wie bist du gefahren?	*How did you travel?*
Mit wem bist du verreist?	*Who did you go away with?*
Wie lange warst du da?	*How long were you there?*

4 Prepositions with the accusative and dative

Accusative

Wir sind	in den Wald in die Sporthalle ins Dorf	gegangen.	*We went into the forest.* *We went to the gym.* *We went into the village.*
Sie haben	auf den Bus	gewartet.	*They waited for the bus.*
Sie sind	an die See ans Meer	gefahren.	*They went to the sea.* *They went to the sea.*

Dative

Wir waren	im Campingurlaub. in der Stadt. im Dorf.	*We went on a camping holiday.* *We were in town.* *We were in the village.*
Wir hatten viel Spaß	am Campingplatz. an der See. auf dem Schiff.	*We had good fun at the campsite.* *We had good fun at the sea.* *We had good fun on the boat.*

5 gefallen + the dative

Was hat		dir euch	am besten gefallen?	*What did you (singular) like best?* *What did you (plural) like best?*
Mir Uns	hat	das Schloss die Radtour	am besten gefallen.	*I liked the castle best.* *We liked the bike ride best.*
Das Essen Der Stadtbummel Istanbul	hat	ihm ihr ihnen	am besten gefallen.	*He liked the food best.* *She liked the stroll round town best.* *They liked Istanbul best.*
Mir	haben	die Mädchen	am besten gefallen.	*I liked the girls best.*

5 Guten Appetit!

Im Kaufhaus

Sieh dir die Artikel unten an. Wie heißen sie?

A
B
C
D
E
F
G
H
I
J
K
L
M
N
O
P

Welcher Stock?

Sieh dir den Wegweiser an und hör gut zu. Wo ist der Aufzug? Welcher Stock ist das?

dritter Stock	**im dritten Stock**
zweiter Stock	**im zweiten Stock**
erster Stock	**im ersten Stock**
Erdgeschoss	**im Erdgeschoss**
Untergeschoss	**im Untergeschoss**

eine Lampe
ein Buch
ein Regenmantel
ein Teppich
eine Armbanduhr
ein Trainingsanzug
ein Lippenstift
ein Bett
ein Glas
ein Tennisschläger
ein Rock
ein Plüschtier
ein Fotoapparat
eine CD
ein Topf
eine Lederjacke

WEGWEISER

3. Stock
Haushaltswaren
Geschenkartikel
Porzellan – Glas

2. Stock
Spielwaren
Heimwerker
Elektro – Lampen

1. Stock
Kinderwäsche – Babyartikel
Herrenartikel
Sportartikel

Erdgeschoss
Lederwaren
Mode
Betten – Teppiche – Gardinen

Untergeschoss
Kosmetik – Strümpfe
Damenwäsche
Foto – CDs – Kassetten
Schreibwaren – Bücher
Uhren – Schmuck

Partnerarbeit. Entschuldigung

Sieh dir den Wegweiser und die Bilder an. Wo findet man diese Artikel?

A – Entschuldigung. Wo finde ich hier Lampen?
B – Im zweiten Stock. Bei Elektro – Lampen.
A – Danke schön.

Kann ich Ihnen helfen?

Hör gut zu und sieh dir den Wegweiser an. Wo finden die Dialoge statt?

Beispiel: 1 *im Untergeschoss*

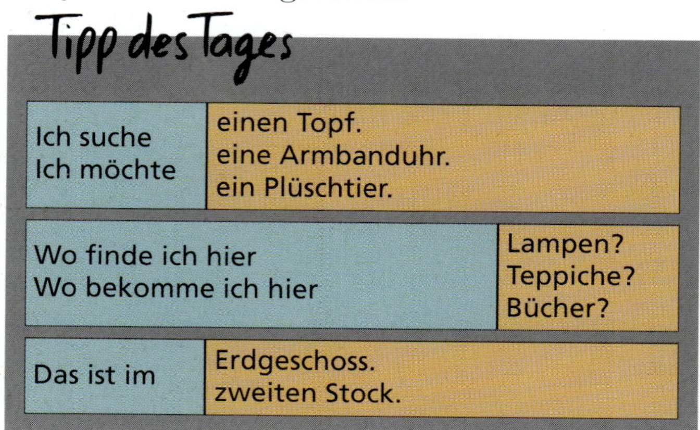

Tipp des Tages

Ich suche Ich möchte	einen Topf. eine Armbanduhr. ein Plüschtier.
Wo finde ich hier Wo bekomme ich hier	Lampen? Teppiche? Bücher?
Das ist im	Erdgeschoss. zweiten Stock.

Welches Geschäft ist das?

Lies die Definitionen. Wie heißt das Geschäft? Schlag die unbekannten Wörter in der Wörterliste nach.

1 Hier kann man Kartoffeln kaufen.
2 Dieses Geschäft verkauft Kuchen.
3 In diesem Geschäft kann man Romane kaufen.
4 Man kann hier Brötchen kaufen.
5 In diesem Geschäft verkauft man Stiefel.

Schreib Definitionen für die anderen Geschäfte.

DAS LEBENSMITTELGESCHÄFT
DIE BUCHHANDLUNG
Die Bäckerei
DIE APOTHEKE
Das Modegeschäft
DAS Schuhgeschäft
DIE KONDITOREI
DAS OBST- UND GEMÜSEGESCHÄFT
DIE METZGEREI
Die Drogerie

Was kostet das?

Sieh dir die Bilder an und hör gut zu. Was kosten die Artikel? Schreib die Preise auf.

DUNKLE SCHATTEN
DUNKLE SCHATTEN

das Computerspiel

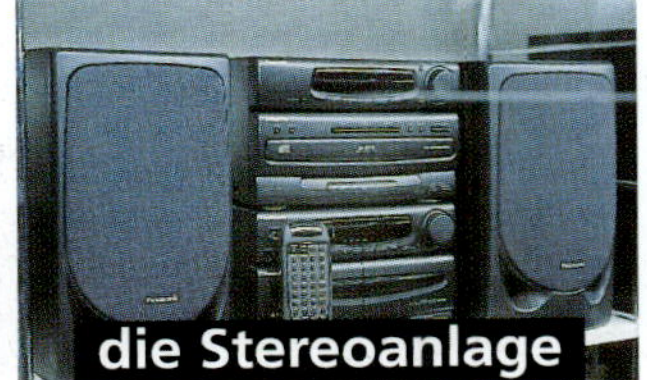

die Stereoanlage

KNALLTEUFEL

die CD

die Lederjacke

ein Paar Turnschuhe

die Jeans

der Füller

das T-Shirt

Partnerarbeit

Sag deinem Partner/deiner Partnerin, wie viel du ausgegeben hast. Er/Sie muss raten, was du gekauft hast.

Beispiel

A – Ich habe 450 DM ausgegeben.
B – Hast du eine Stereoanlage gekauft?
A – Nein.
B – Hast du eine Lederjacke gekauft?
A – Ja.
B – Eine Lederjacke und ein Paar Turnschuhe?
A – Richtig.

Einkaufsorgie!

Du bist einkaufen gegangen. Beschreib, was du gekauft hast. Der Preis spielt keine Rolle!

Zuerst bin ich	in die Konditorei ins Sportgeschäft	gegangen. Da habe ich … gekauft.
Dann bin ich	in die Buchhandlung ins Schuhgeschäft	gegangen und habe … gekauft.
Danach bin ich	ins Musikgeschäft ins Modegeschäft	gegangen und habe … gekauft.
Zum Schluss bin ich	ins Kino in die Disko	gegangen und … .

Was darf es sein?

Sieh dir die Bilder an und hör gut zu.
Was kaufen die Leute?
Schreib die Antworten auf.

Beispiel

1 *500g Käse (Gouda) und …*

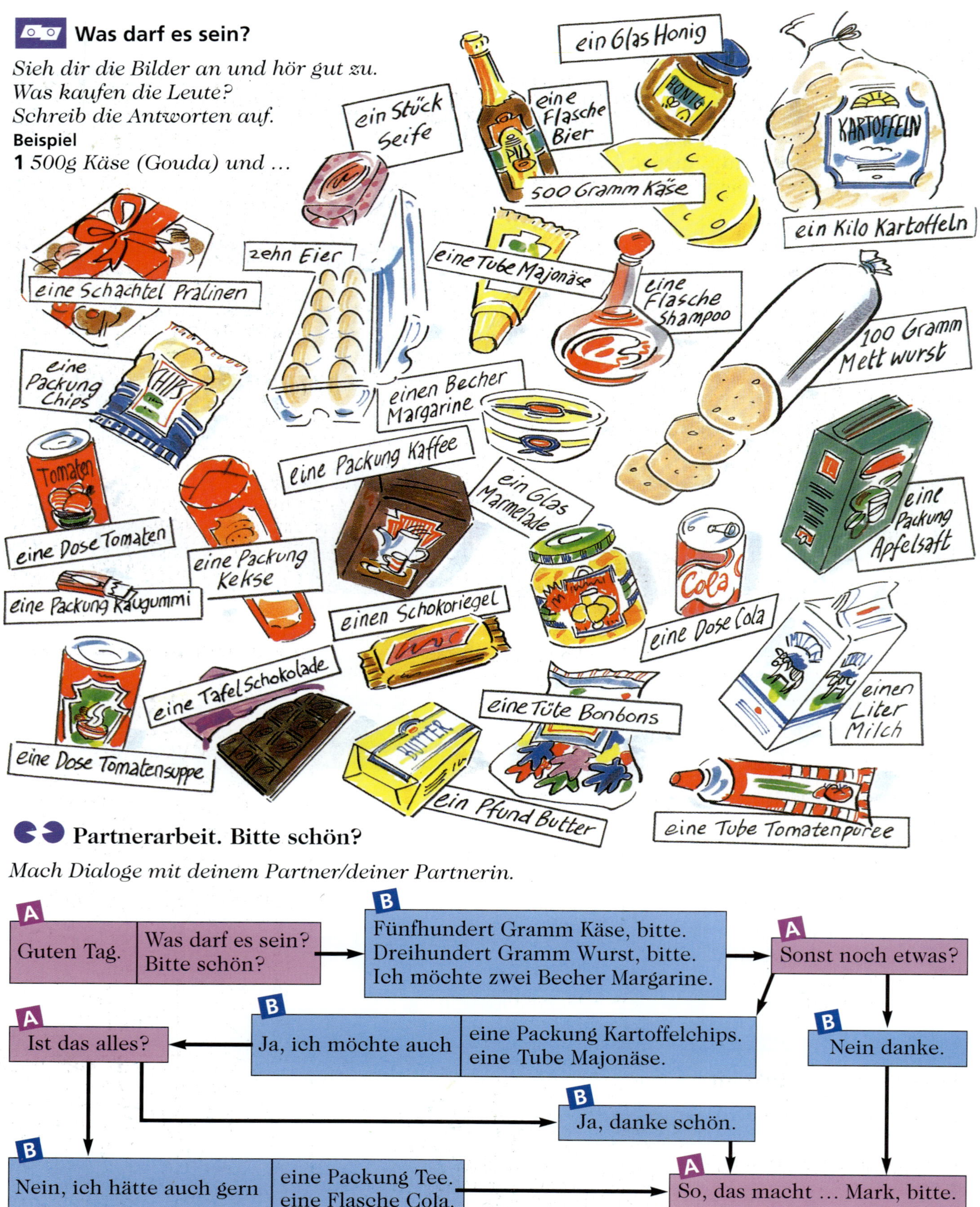
ein Glas Honig
ein Stück Seife
eine Flasche Bier
KARTOFFELN
500 Gramm Käse
ein Kilo Kartoffeln
zehn Eier
eine Tube Majonäse
eine Schachtel Pralinen
eine Flasche Shampoo
100 Gramm Mettwurst
eine Packung Chips
einen Becher Margarine
eine Packung Kaffee
Tomaten
ein Glas Marmelade
eine Packung Apfelsaft
eine Dose Tomaten
eine Packung Kekse
eine Packung Kaugummi
einen Schokoriegel
Cola
eine Dose Cola
eine Tafel Schokolade
eine Tüte Bonbons
einen Liter Milch
eine Dose Tomatensuppe
BUTTER
ein Pfund Butter
eine Tube Tomatenpüree

Partnerarbeit. Bitte schön?

Mach Dialoge mit deinem Partner/deiner Partnerin.

A Guten Tag. | Was darf es sein? / Bitte schön? →

B Fünfhundert Gramm Käse, bitte. / Dreihundert Gramm Wurst, bitte. / Ich möchte zwei Becher Margarine. →

A Sonst noch etwas? → **B** Ja, ich möchte auch | eine Packung Kartoffelchips. / eine Tube Majonäse. → **A** Ist das alles?

→ **B** Nein danke. → **A** So, das macht … Mark, bitte.

A Ist das alles? → **B** Ja, danke schön. → **A** So, das macht … Mark, bitte.

A Ist das alles? → **B** Nein, ich hätte auch gern | eine Packung Tee. / eine Flasche Cola. → **A** So, das macht … Mark, bitte.

Ferienjobs

Lies die Texte und beantworte die Fragen.

Claudia hängt Blusen und Hosen auf Kleiderständer, schreibt Preise auf Etiketten und berät Kunden. Seit fünf Wochen jobbt sie in der Modeabteilung eines Warenhauses. *,Ich arbeite von 9.30 Uhr bis 18.30 Uhr. Zwischendurch haben wir lange Pausen. Dennoch ist der Job sehr anstrengend.'* Verkäuferin ist nicht ihr Berufsziel. Jetzt macht ihr der Job aber Spaß. *,Ich habe sehr nette Kolleginnen. Und ich habe am Wochenende noch genug Zeit, um schwimmen zu gehen und mich zu erholen. Außerdem kann ich das Geld gut gebrauchen: zum Beispiel für meinen Führerschein oder für neue Kleider.'*

Markus macht Popcorn. Kein Freibad und Ferienspaß für ihn! Stattdessen steht er in einem bunt bemalten Wagen und füllt Popcorn in Tüten oder verkauft Zuckerwatte. Manchmal elf Stunden am Tag. Jeden Morgen muss er früh aufstehen. Denn er wohnt in Bad Münstereifel, und sein Arbeitsplatz, der Erlebnispark Phantasialand, ist dreißig Kilometer entfernt. Sein Freund Peter nimmt ihn im Auto mit. Um neun Uhr öffnet der Park. Bei gutem Wetter bleiben einige Gäste bis zur letzten Minute. Wenn die beiden nach Hause kommen, sind sie meistens todmüde.

Markus gefällt die Arbeit. Viele Besucher fragen ihn auch nach einzelnen Attraktionen des Parks. Dann gibt der Sechzehnjährige freundlich und selbstsicher Auskunft. *,Das ist mein erster Ferienjob. Ich habe ein teures Hobby: Computer. Das Geld, das ich verdiene, spare ich dafür.'*

Was stimmt?

1 Wo arbeitet Claudia?
- **a** In einem Modegeschäft.
- **b** In einem Warenhaus.
- **c** In einem Sportgeschäft.

2 Wie gefällt ihr der Job?
- **a** Gut.
- **b** Nicht sehr gut.
- **c** Gar nicht.

3 Wann geht sie schwimmen?
- **a** In der Mittagspause.
- **b** Abends nach der Arbeit.
- **c** Am Wochenende.

4 Wo arbeitet Markus?
- **a** In einem Freizeitpark.
- **b** In der Stadtmitte.
- **c** Im Freibad.

5 Wie kommt er zur Arbeit?
- **a** Mit dem Wagen.
- **b** Mit dem Popcorn-Wagen.
- **c** Zu Fuß.

6 Was macht er mit dem Geld?
- **a** Er geht mit seinen Freunden aus.
- **b** Er kauft Süßigkeiten.
- **c** Er spart es.

7 Wer hat den längsten Arbeitstag?
- **a** Claudia.
- **b** Markus.

8 Wer findet die Arbeit anstrengend?
- **a** Nur Claudia.
- **b** Nur Markus.
- **c** Claudia und Markus.

BEIM ESSEN SPRICHT MAN NICHT
ROLFi
DU, PAPA!
BEIM ESSEN SPRICHT MAN NICHT!
ABER ES...
SAG'S MIR NACH DEM ESSEN.
NA, WAS WAR DENN NUN?
ZU SPÄT. JETZT HAST DU DIE SCHNECKE SCHON GEGESSEN.

Einkaufsliste der Zukunft

Stell dir vor, wie das Essen in hundert oder hundertfünfzig Jahren sein wird. Schreib eine Einkaufsliste!

10 Tabletten Milch

Ich esse gern …

Was essen und trinken die Leute? Hör gut zu und sieh dir die Bilder an. Was passt wozu?

Ich esse vielleicht …

Zum Frühstück esse ich …

Ich esse gern …

Ich trinke ziemlich viel …

Mittags esse ich …

Abends trinke ich …

A B C

D

E

F

G H I

An der Wurstbude

Hör gut zu. Was bestellen die Leute. Schreib die Antworten auf.

Beispiel

	Essen	Getränke	Preis
1	2 x Bockwurst + Senf 2 x Pommes	…… ……	…… DM

König
Hier schmeckt die heiße Wurst
Hier schmeckt die heiße Wurst
Wursthaus König
Wurst-König der Preis-König!
Braten-Aufschnitt
1,98

Partnerarbeit

A – Ja, bitte?
B – Zweimal Bockwurst und zweimal Pommes, klein.
A – Mit Ketschup?
B – Nein, Senf.
A – Was zu trinken?
B – Eine Cola und ein Glas Apfelsaft, auch klein.
A – Bitte sehr. Das macht zusammen 14,20 DM.

Stracciatella

Heute ist es heiß,
und ich hol' mir ein Eis,
dreißig Pfennig hab' ich schon gespart.
Sehe alle Sorten, und ich frage mich,
was ich wohl am liebsten mag.

Pistazie, Banane,
Mandel, Kiwi, Schokolade?
Zitrone, Orange,
Mokka, Nuss oder Erdbeer?!?

Stracciatella, Stracciatella.

Vor der Theke wird mir angst und bange,
die Entscheidung fällt mir schwer.
Und der Eisverkäufer lacht schon über mich:
Nun, mein Kleiner, bitte sehr?!?

Brombeer, Spagetti,
Jogurt, Pflaume, Johannisbeer?
Melone, Rhabarber,
Mandel, Zimt oder Waldmeister?!?

Stracciatella, Stracciatella!!!!!

(Pünktchen Pünktchen: Kids rocken für Kids)

In der Kantine

Diese fünf Leute arbeiten in einem Kaufhaus. Das Kaufhaus hat eine Kantine, und jeden Tag gibt es mehrere Gerichte. Aber manchmal mögen die Leute das Essen nicht, und dann bringen sie Butterbrote mit. An welchen Tagen haben diese Leute nicht in der Kantine gegessen?

Mittagstisch vom 11.02 bis 15.02		
Montag	1	Spagetti «Bolognaise» und Dessert
	2	Schaschlik auf Reis mit Bohnen und scharfer Soße
Dienstag	1	Zwei Spiegeleier mit Speck und Bratkartoffeln
	2	Rindfleisch gekocht mit Meerrettichsoße, Rosenkohl und Kartoffeln
Mittwoch	1	Erbseneintopf mit Bockwurst
	2	«Zigeunersteak» mit Buttersoße, Kroketten und Blumenkohl
Donnerstag	1	Fünf Kartoffelpuffer mit Apfelmus
	2	Hühnerfrikassee mit Reis, Salat und Dessert
Freitag	1	«Strammer Max» Würfelschinken mit Brot und Spiegelei
	2	Paniertes Schollenfilet mit Kartoffelsalat und Dessert

1

Fisch und Eier kann ich nicht ausstehen.

2

Ich mag Bohnen nicht und italienische Gerichte find' ich furchtbar.

3

Ich bin allergisch gegen Wurst und Blumenkohl.

4

Ich esse nie Äpfel und nie Salat.

5

Ich hab' was gegen Bratkartoffeln und Rosenkohl.

Partnerarbeit. Was magst du nicht?

*Sieh dir **Tipp des Tages** unten an, dann stell und beantworte Fragen.*

Beispiel

– Was magst du nicht?
– Ich mag Fisch überhaupt nicht. Ich trinke keinen Kaffee.

Tipp des Tages

Was magst du nicht? Was isst oder trinkst du nicht? Was kannst du nicht ausstehen? Was isst du nie? Bist du allergisch gegen etwas?	Ich mag Eier nicht. Ich trinke keinen Tee. Ich kann Bier nicht ausstehen. Ich esse nie Käse. Ich bin allergisch gegen Nüsse.

Was hast du gestern gegessen und getrunken?

Schreib das auf!

Zum Frühstück habe ich ...... gegessen und ...... getrunken.
In der Pause habe ich ......
Zu Mittag ......
Um 5 Uhr ......
Zum Abendbrot ......
Später ......
Zum Schluss ......

Gespräch am Tisch

Lies die Sätze und hör gut zu. Wie ist die richtige Reihenfolge?

A Ist noch ein Stück Kuchen da?

B Noch was zu trinken?

C Kann ich bitte das Brot haben?

D Noch etwas Käse?

E Würdest du mir bitte die Sahne geben?

F Wo ist der Zucker?

Steffi und Freunde

Aber Steffi, es geht doch einfach nicht anders. Du musst dir doch mal überlegen, was du später machen willst. Du kannst nicht immer bloß sagen: ‚Daran will ich jetzt noch nicht denken'!
Komm, nimm doch ein kleines Stückchen Rindfleisch, Steffi.
Nein, danke.
Aber du wirst zum Schluss noch Mangelerscheinungen bekommen. Komm doch …
MUUH!!
Das war unnötig, Steffi!

Was machen sie, meinst du? Werden die wohl erschossen oder durch elektrischen Strom getötet, oder schneiden sie …
Steffi, GENUG! Du verdirbst deiner Mutter den Appetit!

Ja, wieso denn? Es geht doch einfach nicht anders. Überlegt euch doch mal, was ihr da esst – ein totes Tier.
Also, daran wollen wir jetzt nicht denken! Kapiert?

Machen wir einen Kompromiss. Ihr denkt nicht an die toten Tiere und ich nicht an meine Zukunft. O.K.?

Was kochen wir?

Du hast Folgendes zu Hause im Küchenschrank oder im Kühlschrank. Lies die drei Rezepte. Welches Gericht kannst du zubereiten, ohne Einkäufe zu machen? Was musst du kaufen, wenn du die anderen Gerichte kochen willst?

Nudeln 500g
ROTWEIN
Hefe
Vollweizenmehl
1Kg
MEHL
1Kg
Salz
SPAGETTI 500g
ZUCKER
TOMATEN 400g
PFEFFER
1Kg
BASILIKUM
GEWÜRZE
PAPRIKA
OLIVENÖL

OLIVEN
GOUDA
QUARK
RINDFLEISCH
HACKFLEISCH
TOMATEN PUREE

Pizza

250g Vollweizenmehl
½ Teelöffel Salz
1 Teelöffel Hefe
1 Teelöffel Zucker
1 große Zwiebel
1 Knoblauchzehe
1 Esslöffel Tomatenpüree
150g Goudakäse
50g Pilze
20g Oliven
Gewürze
Schwarzer Pfeffer
400g Dose Tomaten
1 Esslöffel Olivenöl

Gulasch mit Nudeln

350g Rindfleisch
2 große Zwiebeln
1 Knoblauchzehe
1 Esslöffel Olivenöl
1 Esslöffel Mehl
1 Esslöffel Paprika
300g Dose Tomaten
100ml Quark
1 Paprika
Salz
Pfeffer
200g Nudeln

Spagetti Bolognese

100g Hackfleisch
50g Speck
1 kleine Zwiebel
1 Knoblauchzehe
200g Dose Tomaten
4 Esslöffel Rotwein
2 Esslöffel Tomatenpüree
1 Esslöffel Olivenöl
Salz
Pfeffer
1 Teelöffel Basilikum
225g Spagetti

Partnerarbeit

A – Haben wir Zucker?
B – Ja, im Schrank.
A – Und Oliven?
B – Ja, im Kühlschrank …

DARF ICH MAL PROBIEREN?
ROLFI
DARF ICH AUCH MAL PROBIEREN?
WAS! VOM BIER?
JA, NUR EIN SCHLÜCKCHEN.
WARTE, BIS DU GROSS BIST.
BIS DAHIN HAST DU ES BESTIMMT LÄNGST AUSGETRUNKEN

Schreib mal wieder

Schreib eine Antwort auf diesen Brief.

Bist du neulich einkaufen gegangen? Was hast du gekauft? Hilfst du auch manchmal mit den Alltagseinkäufen? Was isst du gern? Was ist dein Lieblingsgericht? Ich koche sehr gern. Du auch? Wie schmeckt das Essen in der Schulkantine? Bei uns gibt's ja keine. Eine letzte Frage: Wie oft geht ihr ins Restaurant?

Dies und das

Rotfuchs

KOMMT! ICH GEBE EINEN AUS. HEUTE HAB' ICH NÄMLICH GEBURTSTAG!
RALF

NA, KLAR. ZUM VEGETARIER-RESTAURANT ODER...?
RALF

Bertis BILLIGE Burger Bude
ABER NEIN...

TOLLE IDEE, RALF.
FRISST DU OFT HIER, BEI BERTI?
JA, KLAR! AUCH DIE VERPACKUNG SCHMECKT TOLL!
RALF

Wie viel Zucker?

So, das wissen wir nun: Zucker macht weder frei noch stark, sondern im Übermaß gegessen – eher dick und ruiniert die Zähne.
Wie viele Stücke Zucker sind wohl in diesen Lebensmitteln versteckt? Rate mal! Lass auch ruhig mal deine Familie oder Freunde raten. Mal sehen, wer besser ist. (Die richtige Lösung findest du unten.)

Eine Flasche Cola (0,33 l) **versteckt**
5 Würfelzucker
12 Würfelzucker

Eine Tüte Gummibonbons (200 g) **versteckt**
20 Würfelzucker
49 Würfelzucker

Eine Tafel Schokolade (100 g) **versteckt**
17 Würfelzucker
35 Würfelzucker

In 2 Kugeln Eis **verstecken**
6 Würfelzucker
46 Würfelzucker

Eine Flasche Tomatenketschup (300 ml) **versteckt**
20 Würfelzucker
49 Würfelzucker

HONIG

Ein Glas Honig (500 g) **versteckt**
56 Würfelzucker
126 Würfelzucker

Ein Glas Erdbeerkonfitüre (500 g) **versteckt**
96 Würfelzucker
135 Würfelzucker

Lösung: Honig 126, Gummibonbons 49, Erdbeerkonfitüre 96, Schokolade 17, Eis 6, Cola 12, Tomatenketschup 23.

Bundeszentrale für gesundheitliche Aufklärung

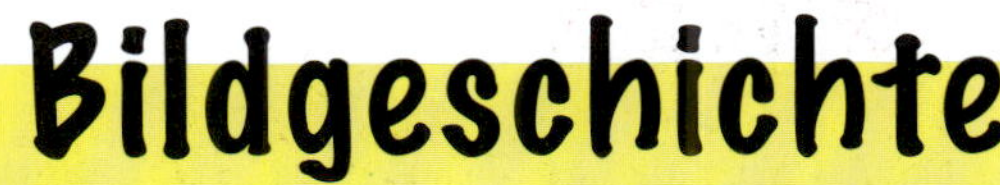
Bildgeschichte

Eine Woche später.

1

Wo ist denn der Olaf?

Ach ja. Ich habe einen Telefonanruf von ihm bekommen. Er kann heute nicht zur Probe.

2

Ach nein! Warum nicht?

Der ist gestern in ein mexikanisches Restaurant gegangen und ist heute krank.

3

Wieso? War das Essen schlecht?

Nein, es hat scheinbar sehr gut geschmeckt. Das war gerade das Problem. Er hat zu viel gegessen.

4

Hast du gesehen? Ich habe mir einen neuen Verstärker gekauft.

Spiel bloß nicht zu laut.

5

Warum musst du immer so gemein sein? Holger hat doch diese Woche unheimlich viel geübt.

Wir werden schon sehen. Kommt, fangen wir an!

6

Verdammt noch mal! Die Sicherung ist durchgebrannt.

Hat jemand eine Taschenlampe? Oder eine Schachtel Streichhölzer?

Leider nicht.

7

Moment mal! Ich suche den Sicherungskasten.

Aua!

Plötzlich geht das Licht wieder an.

8

Ach so! Jetzt kapiere ich!

sb Selbstbedienung

Wie ist es richtig?

Setz die Hälften zusammen. Ist es ‚der‘, ‚die‘ oder ‚das‘?

der die das

Beispiel

der Tennis schläger

Lippen Foto Damen Tennis wäsche mantel schläger

Trainings Leder Regen anzug jacke apparat stift

Dialog im Kaufhaus

Wie ist die richtige Reihenfolge? Schreib den Dialog auf.

- Welche?
- Nichts zu danken.
- Die kostet 500 DM.
- Guten Tag. Kann ich Ihnen helfen?
- Die Lederjacke dort drüben.
- Oh, das ist ein bisschen zu teuer, danke schön.
- Ja, guten Tag. Was kostet die Jacke?

Stimmt das?

Beispiel

Eine Tube Chips stimmt nicht. Man sagt: eine Packung Chips.

1 eine Tube Chips
2 ein Becher Shampoo
3 ein Glas Schokolade
4 ein Stück Seife
5 eine Flasche Käse
6 eine Schachtel Pralinen
7 eine Packung Majonäse
8 eine Tüte Bonbons
9 ein Liter Kartoffeln
10 eine Flasche Cola

Imbiss

Imbiss am Bahnhofsplatz
Prima Preise und Produkte
Schnell ein bisschen mehr für Ihr Geld!

		DM
½ Hähnchen		5,90
Bratwurst	100g	3,20
Currywurst	100g	3,50
Zigeunerwurst	100g	3,50
Pommes frites	Portion	2,80
Frühlingsrolle	Stück	3,50
Hamburger	Stück	4,00
Cheeseburger	Stück	4,30
Hawaiiburger	Stück	4,50
Erbsen- o. Linseneintopf	Portion	4,90
Schweineschinkenschnitzel	Stück	7,90
Frikadelle warm oder kalt	Stück	3,00
Gr. Portion frischer gemischter Salat mit Spezialdressing	Portion	3,50
Cola, Fanta, Sprite (Riesenbecher)	0,33l	2,40

Du stehst vor einer Imbissstube und willst dir was kaufen. Was kosten folgende Dinge?

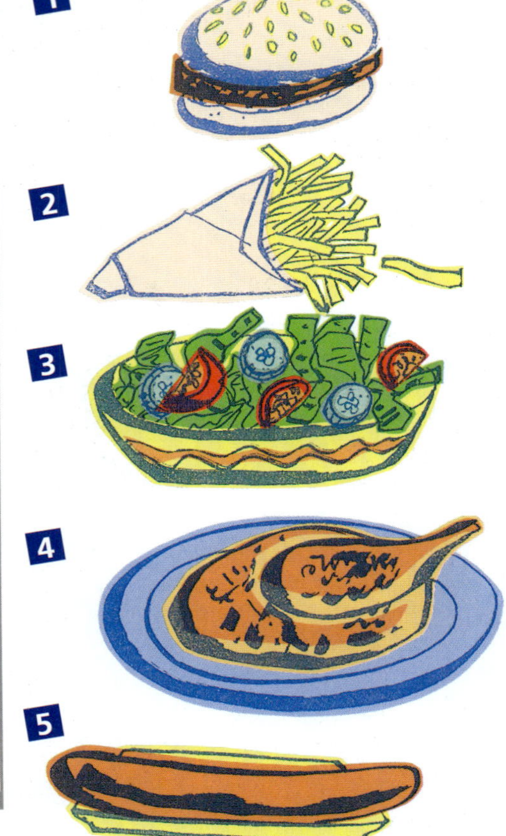
1
2
3
4
5

Selbstbedienung

sb

Wegweiser durch die Haupthalle

Du bist in einem Flughafen und stehst vor diesem Schild in der Haupthalle. Du möchtest einige Sachen kaufen, dir etwas ansehen oder etwas tun. Sieh dir die Bilder an. Wohin gehst du?

Beispiel
A*15*

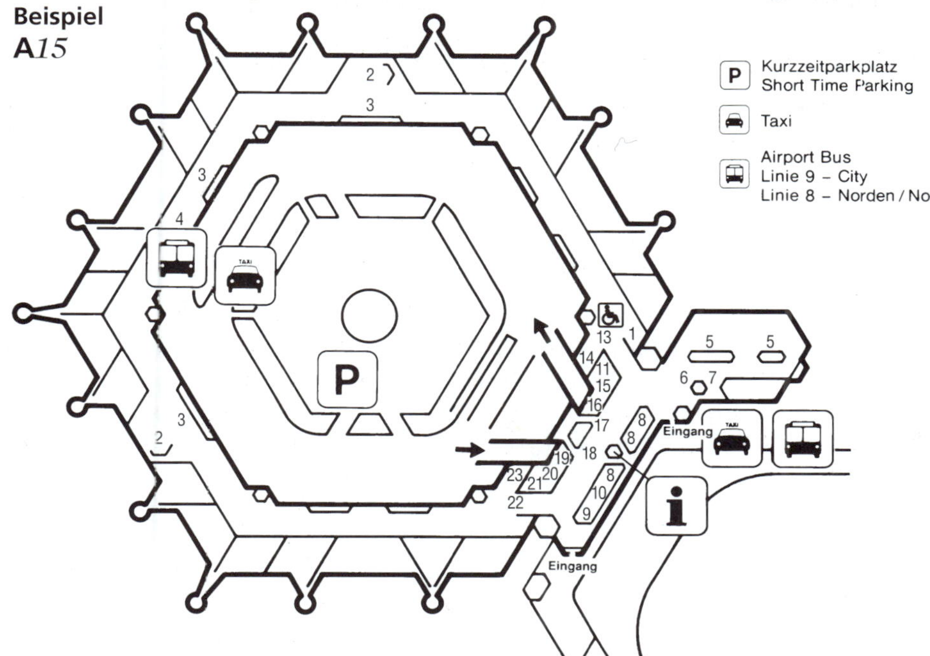
Kurzzeitparkplatz
Short Time Parking
Taxi
Airport Bus
Linie 9 – City
Linie 8 – Norden / North
Eingang
Eingang

Schlüssel

Flugsteigring
1 Polizeiwache
2 Snackbars
3 Luftverkehrsgesellschaften
4 Hotel-Reservierung

Haupthalle
Einkaufs- und Servicezentrum
5 Autovermietung
6 Treffpunkt
7 Exchange-Schalter
8 Luftverkehrsgesellschaften
9 Reisebüro
i Information
10 Verkehrsamt
11 Gepäckaufbewahrung/Fundbüro
12 Spielhalle
13 Spielwaren
14 Lebensmittel
15 Tabakwaren
16 Film- und Fotoartikel
17 Zeitungen/Zeitschriften
18 Juwelier/Lotto
19 Parfümerie
20 Schreibwaren/Briefmarken
21 Blumen
22 Süßwaren
23 Andenken

A
B
C
D
E
F
G
H
I
J

Im Restaurant

Ihr habt zu fünft in einem Restaurant gegessen. Hier ist die Rechnung. Vier Personen sagen, was sie gegessen und getrunken haben. Nicole (die sehr hungrig war!) sagt nichts. Was hat Nicole gegessen und getrunken?

Rechnung
Tisch 4 5 Personen Datum: 20.04

Anzahl		Preis	DM
3	Pizza	5,00	15,00
4	Hamburger	6,00	24,00
4	Portion Pommes frites	2,50	10,00
2	Eisbecher	7,00	14,00
1	Kaffee	3,50	3,50
2	Tee mit Zitrone	3,00	6,00
1	Mineralwasser	2,50	2,50
2	Orangensaft	4,00	8,00
3	Salat	4,50	13,50
		Endsumme	98,50

Bedienung und Mehrwertsteuer sind im Preis enthalten.

Markus: Ich habe Pizza mit Salat gegessen und Mineralwasser getrunken.

Sophie: Und ich habe Hamburger mit Pommes gegessen und Orangensaft getrunken.

Danny: Ich habe auch Hamburger mit Pommes gegessen und noch einen Salat dazu. Ich habe Tee mit Zitrone getrunken.

Oliver: Ich habe Pizza gegessen. Zum Nachtisch habe ich einen Eisbecher gegessen. Ich habe einen Kaffee getrunken.

Nicole: ?

sb Selbstbedienung

So ein Durcheinander

Hier ist ein Rezept. Kannst du die richtige Reihenfolge finden?

Kartoffelsalat

A

Man vermischt alle diese Zutaten gut miteinander.

B

Nach dem Pellen schneidet man sie in feine Scheiben.

C

Am besten serviert man den Salat in einer Schale mit Petersilie darauf.

D

Dann pellt man sie.

E

Man vermischt den Speck (ohne Fett) mit dem Salat.

F

Dann schneidet man ein Viertelpfund Speck in kleine Würfel und brät ihn an.

G

Zum Würzen verwendet man Essig, Öl, Dill, Salz und Zucker.

H

Zuerst kocht man die Kartoffeln 20 bis 25 Minuten in kochendem Wasser.

I

Nun schneidet man eine Zwiebel in sehr kleine Würfel.

J

Nach dem Kochen gießt man sie ab und lässt sie dann 10 Minuten abkühlen.

Was könnte denn das sein?

Lies die Definitionen und schreib das richtige Wort auf.

Beispiel

Man wäscht sich damit = Seife

1. Man isst sie oft mit Salat.
2. Man wäscht sich das Haar damit.
3. Es ist golden, und man isst ihn manchmal zum Frühstück auf Toast mit Butter.
4. Die Deutschen essen das oft auf Brot zum Abendessen.
5. Man isst Cornflakes dazu.
6. Man kauft oft eine Tafel davon.
7. Viele Leute tun einen Löffel in den Kaffee, damit der Kaffee süß schmeckt.
8. Er ist ziemlich fett, aber er enthält viel Protein und ist gut für die Zähne und Knochen.

Kannst du noch weitere Definitionen schreiben?

Detektiv

Du bist den ganzen Tag Herrn und Frau Dächtig gefolgt. Der Plan zeigt, wohin sie gegangen sind. Schreib deinen Bericht. Vergiss nicht zu sagen, was sie getan haben.

Beispiel

Um sieben Uhr dreißig sind Herr und Frau Dächtig aus dem Haus gegangen …

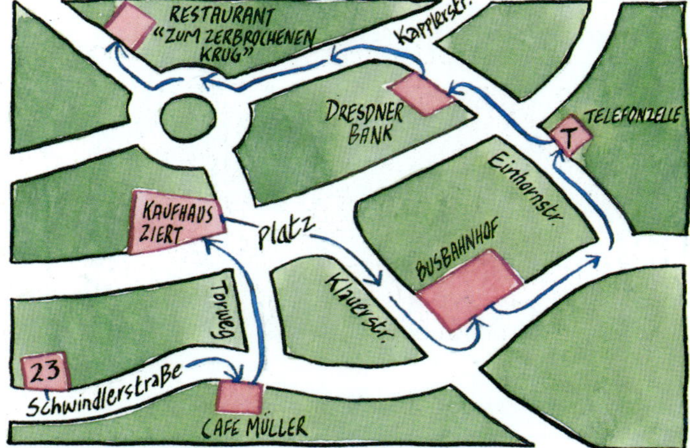
RESTAURANT
"ZUM ZERBROCHENEN KRUG"
Kapplerstr.
DRESDNER BANK
TELEFONZELLE
T
Einhornstr.
KAUFHAUS ZIERT
Platz
BUSBAHNHOF
Klauerstr.
Torweg
23
Schwindlerstraße
CAFE MÜLLER

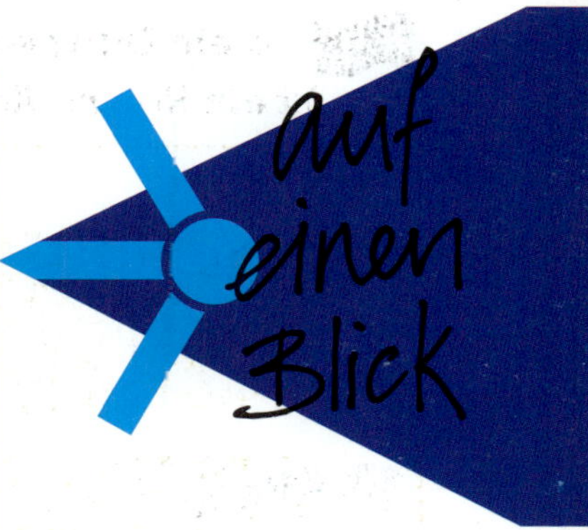
auf einen Blick

1 Modal verbs

Kann ich	Ihnen helfen?	*Can I help you?*
	mir diese CD anhören?	*Can I listen to this CD?*
	bitte das Brot haben?	*Can I have the bread please?*
Eier kann ich nicht ausstehen.		*I can't stand eggs.*
Könnte ich diese Schuhe anprobieren?		*Could I try these shoes on?*
Ich möchte eine Packung Tee.		*I'd like a packet of tea.*
Warum musst du so gemein sein?		*Why do you have to be so nasty?*
Daran will ich jetzt noch nicht denken.		*I don't want to think about that yet.*

2 Likes and dislikes

Ich esse gern Fisch.	*I like fish.*
Was isst du gern?	*What do you like eating?*
Trinkst du gern Mineralwasser?	*Do you like mineral water?*
Was ist dein Lieblingsgericht?	*What is your favourite dish?*

3 Weights and measures

ein(en) Liter Milch	*a litre of milk*
500 Gramm Wurst	*500g of sausage*
ein Pfund Butter	*a pound (500g) of butter*
ein Kilo Kartoffeln	*a kilo of potatoes*
eine Tafel Schokolade	*a bar of chocolate*
ein(en) Schokoriegel	*a chocolate bar*
eine Packung Kaffee	*a packet of coffee*
eine Dose Tomaten	*a tin of tomatoes*
eine Flasche Rotwein	*a bottle of red wine*
ein Glas Marmelade	*a jar of jam*
ein(en) Becher Margarine	*a tub of margarine*
eine Tüte Bonbons	*a bag of sweets*
eine Schachtel Pralinen	*a box of chocolates*

4 The perfect tense with sein and haben

Ich bin einkaufen gegangen.	*I went shopping.*
Ich habe Turnschuhe gekauft.	*I bought some trainers.*
Was hast du gekauft?	*What did you buy?*
Wie viel hast du ausgegeben?	*How much did you spend?*
Er ist in ein Restaurant gegangen.	*He went to a restaurant.*
Was hat es gekostet?	*What did it cost?*

      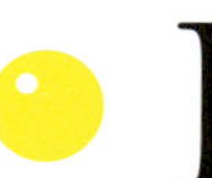

Feste und

Weihnachten

In Deutschland ist der Nikolaustag am 6. Dezember. Die Kinder stellen einen Schuh vor die Tür, und am nächsten Morgen ist er gefüllt mit Süßigkeiten.

In den Wochen vor Weihnachten steht ein Adventskranz mit vier Kerzen auf dem Tisch. Jeden Sonntag zündet man eine Kerze an – am vierten Advent brennen dann alle vier Kerzen.

Meistens kauft man eine oder zwei Wochen vor Heiligabend einen Weihnachtsbaum. Den behängt man mit Kugeln, Kerzen und vielen kleinen Dingen. Die Kerzen werden erst am 24.12. angezündet.

Am 24. Dezember ist dann endlich Heiligabend. Man beschert – das heißt, verteilt die Geschenke – am Abend des 24. Manche Familien gehen vor oder nach der Bescherung in die Kirche.

Silvester und Neujahr

Silvester ist der 31. Dezember. Die meisten Leute feiern mit der Familie und Freunden. Um Mitternacht trinkt man ein Glas Sekt und wünscht sich ‚ein gutes Neues Jahr'. Dann geht man auf die Straße und macht ein Feuerwerk mit Knallern und Raketen.

Ostern

Die Vorbereitungen für Ostern fangen schon früh an. Man bläst Eier aus, dann malt man sie in fröhlichen Farben an und hängt sie an einem Faden am Osterstrauß auf. Hartgekochte Eier werden auch bunt gefärbt und zusammen mit den Schokoladeneiern und den Schokoladenosterhasen in das Osternest gelegt. In Familien mit Kindern werden die Eier am Ostersonntag im Garten versteckt, und die Kinder müssen danach suchen.

Der Freitag vor Ostern ist der Karfreitag, und der Sonntag in der Woche davor heißt Palmsonntag. Wer am Palmsonntag als Letzter aufsteht, ist der Palmesel an diesem Tag.

Bräuche

Karneval, Fasching, Fasnacht

Überall heißt das etwas anderes, aber die Stimmung ist immer dieselbe. Es gibt Kostümfeste und Faschingsbälle; man trägt traditionelle Kostüme und Masken; es gibt Umzüge durch die Straßen; es wird getanzt und gesungen. Kurzum – es wird gefeiert!

Überall beginnt die Karnevalszeit um 11 Uhr am 11. November. In Köln feiert man Karneval besonders am Rosenmontag (im Februar). Alle Leute im Umzug tragen bunte Kostüme und werfen den Zuschauern Blumen und Bonbons zu.

In der (deutschen) Schweiz und in Österreich sagt man nicht Karneval, sondern Fasnacht. Man feiert Fasnacht am Montag nach Aschermittwoch.

Das Oktoberfest

In München feiert man Ende September/Anfang Oktober das sogenannte Oktoberfest. Viele Touristen fahren dahin, und es wird viel Bier getrunken. Zu dieser Zeit gibt es in vielen Städten am Rhein auch Weinfeste.

Der erste Schultag

Der erste Schultag ist ein großes Ereignis für die Schulanfänger. An diesem Tag bekommen sie eine Schultüte, die mit Süßigkeiten und ein paar kleinen Geschenken gefüllt ist.

Mit der Schultüte im Arm versammeln sich alle Erstklässler mit ihren Eltern in der Aula, wo sie vom Rektor der Schule mit einer Rede begrüßt werden. Es folgt dann ein kleines Unterhaltungsprogramm. Die älteren Schüler spielen und tanzen oder singen etwas vor.

6 An die Arbeit

CHULZENTRUM
YMNASIUM ERNESTINUM
EALSCHULE BURGSTRASSE
RIENTIERUNGSSTUFE

 Was hältst du von der Schule?

Lies folgende Texte und hör zu.
Was halten die Jugendlichen von der Schule?
Dann mach die Übungen A bis C unten.

Levent

Ich gehe gern in die Schule. Es macht mir echt Spaß, und ich komme gut mit den Lehrern und mit meinen Klassenkameraden aus. Wir verstehen uns alle sehr gut.

Sarinda

In der Schule haben wir immer sehr viel auf, aber das mag ich gern. Die meisten Lehrer sind nett, und ich habe viele Freunde. Meine Lieblingsfächer sind Erdkunde und Musik. Ich interessiere mich nicht so sehr für Englisch, aber ich habe eine englische Brieffreundin.

Jens

Die Lehrer sind O.K., aber ich gehe nicht gern in die Schule. Einige Klassenkameraden wollen überhaupt nichts lernen. Im Unterricht ist es oft zu laut. Ich habe keine Lieblingsfächer.

Claudia

Mir geht's gut in der Schule. Die Lehrer gefallen mir gut, und mein Klassenlehrer ist besonders nett. Er kümmert sich um alle, und auch in der Freizeit unternimmt er was mit uns. Glücklicherweise ist die Schule auch für Rollstuhlfahrer geeignet.

Katja

Meine Klassenkameraden sind alle noch so kindisch und haben andere Interessen als ich. Ich melde mich nicht sehr oft. Es gefällt mir überhaupt nicht in dieser Schule.

Lutz

Wir sind meistens sehr glücklich in unserer Klasse. Wir kennen uns seit vier Jahren. Wir verstehen uns gut, und es gibt überhaupt keinen Streit in der Klasse. Unsere Klassenlehrerin ist sehr jung, und sie unterrichtet gern. Darum haben wir auch Spaß an ihrem Unterricht.

Saadet

Ich gehe nicht gerne zur Schule. Mit meinen Klassenkameraden komme ich nicht so gut aus. Meine Lieblingsfächer sind Sport und Deutsch, aber ich langweile mich in den meisten Fächern.

Michael

Die Schule macht mir viel Spaß. Meine Lieblingsfächer sind Physik und Mathe. Ich gehe aber in sechs Wochen von der Schule ab. Ich freue mich schon auf meine Lehrstelle als Mechaniker.

A Positiv oder negativ?

Lies die Bemerkungen oben. Ist das positiv oder negativ?
Schreib die Namen auf und kreuz die Tabelle in deinem Heft an.

	Name	positiv (für die Schule)	negativ (gegen die Schule)
1	Levent	✗	
2	Sarinda		
3	Jens		

B Wer spricht?

Hör zu und sieh dir die Texte oben an.
Wer ist das? **Beispiel: 1** *Michael*

C Stimmt das?

Lies folgende Sätze und schreib ‚richtig' oder ‚falsch'.

1. Jens geht gern in die Schule, aber die meisten Lehrer nerven ihn.
2. Saadet findet die meisten Fächer interessant.
3. Die Schule gefällt Levent.
4. Michael langweilt sich im Unterricht.
5. Katja meldet sich selten und findet die anderen Schüler blöd.
6. Lutz geht sehr gern in die Schule.
7. Er versteht sich gut mit seinen Klassenkamaraden.
8. Claudias Klassenlehrer ist ihr Lieblingslehrer.
9. Er kümmert sich nur um Rollstuhlfahrer.
10. Sarinda interessiert sich nicht besonders für Erdkunde und Musik.

Tipp des Tages

Ich langweile Ich interessiere Ich verstehe Ich freue	mich	im Unterricht. für Deutsch. gut mit meinen Lehrern. auf meine Lehrstelle.

Mein(e) Lehrer(in) kümmert Katja meldet	sich	um alle. selten.
Meine Klassenkameraden melden	sich	nicht oft.
Wir verstehen	uns	gut.

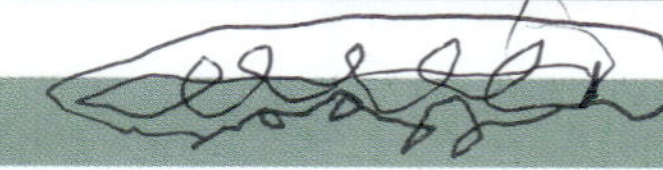

Partnerarbeit. Schülerrätsel

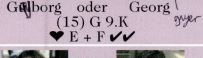

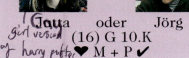

 Anne oder Andreas (15) GS 9.K ❤ D + G ✔✔	 Brittan oder Bernd (16) R 10.K ❤ M + P ✔	  Christian oder Christoph (15) GS 9.K ❤ E + F ✔✔
 Dagmar oder Dieter (16) R 10.K ❤ M + P ✗	  Elsa oder Ergun (15) G 9.K ❤ E + F ✗	 Fatma oder Frank (16) R 9.K ❤ E + F ✗
  Gudborg oder Georg (15) G 9.K ❤ E + F ✔✔	 Hannelore oder Hans (16) G 10.K ❤ D + G ✔	 Iris oder Ivana (15) GS 9.K ❤ D + G ✗
Jutta oder Jörg (16) G 10.K ❤ M + P ✔	  Katja oder Knut (15) GS 9.K ❤ D + G ✔	  Laura oder Lutz (16) R 10.K ❤ M + P ✔✔

Schlüssel

(15) (16)	Alter	❤	Lieblingsfächer	✔✔	geht gern in die Schule
9.K/10.K	neunte/zehnte Klasse	D/G	(Deutsch, Geschichte,	✔	findet die Schule O.K.
GS/R/G	Schultyp (Gesamtschule,	M/P	Mathe, Physik	✗	geht nicht gern zur
	Realschule, Gymnasium)	E/F	Englisch, Französisch)		Schule

Wähl ein Kästchen – das ist dein Brieffreund oder deine Brieffreundin. Dein(e) Partner(in) muss Fragen stellen, um den Namen deines Brieffreunds/deiner Brieffreundin herauszufinden.

Hier sind die Fragen:

1 Hast du einen Brieffreund oder eine Brieffreundin gewählt?
2 Wie alt ist er/sie?
3 In welche Klasse geht er/sie?
4 Besucht er/sie eine Gesamtschule, eine Realschule oder ein Gymnasium?
5 Was sind seine/ihre Lieblingsfächer?
6 Geht er/sie gern zur Schule?

Beispiel

A – Ich habe gewählt.
B – Hast du einen Brieffreund oder eine Brieffreundin gewählt?
A – Eine Brieffreundin.
B – Wie alt ist sie?
A – Fünfzehn.
B – In welche Klasse geht sie?
A – Sie geht in die neunte Klasse.
B – Besucht sie eine Gesamtschule, eine Realschule oder ein Gymnasium?
A – Eine Gesamtschule.
B – Was sind ihre Lieblingsfächer?
A – Deutsch und Geschichte.
B – Wie findet sie die Schule?
A – Sie geht gern zur Schule.
B – Heißt deine Brieffreundin Anne?
A – Richtig!

Arme Jutta!

Sieh dir Juttas Zeugnis an. Ist das ein gutes Zeugnis?

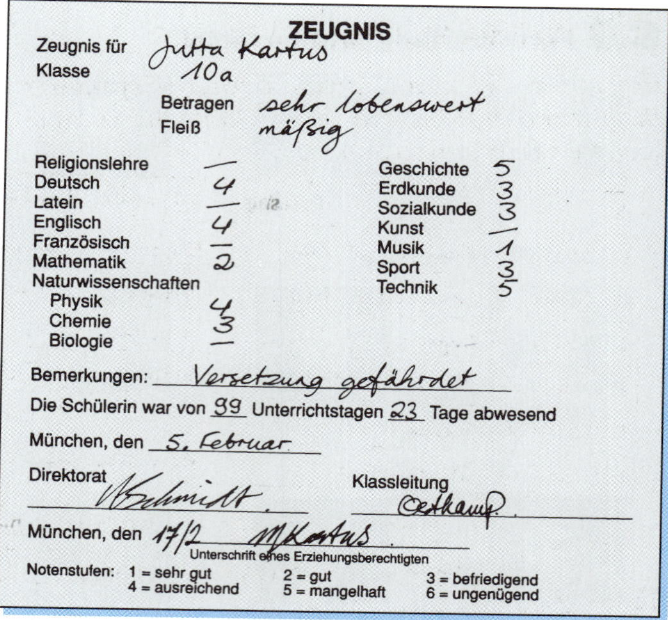

ZEUGNIS

Zeugnis für Jutta Kartus
Klasse 10a

Betragen sehr lobenswert
Fleiß mäßig

Fach	Note	Fach	Note
Religionslehre	—	Geschichte	5
Deutsch	4	Erdkunde	3
Latein	—	Sozialkunde	3
Englisch	4	Kunst	—
Französisch	—	Musik	1
Mathematik	2	Sport	3
Naturwissenschaften		Technik	5
Physik	4		
Chemie	3		
Biologie	—		

Bemerkungen: Versetzung gefährdet

Die Schülerin war von 99 Unterrichtstagen 23 Tage abwesend

München, den 5. Februar

Direktorat Schmidt   Klassleitung Oelhaup

München, den 17/2 M Kartus
Unterschrift eines Erziehungsberechtigten

Notenstufen: 1 = sehr gut 2 = gut 3 = befriedigend 4 = ausreichend 5 = mangelhaft 6 = ungenügend

Verstehst du das deutsche System?

Lies den Text.

In Deutschland gibt es sehr wenige Prüfungen. Es gibt aber viele Klassenarbeiten. Diese Tests müssen die Schüler sehr oft schreiben. Wenn sie eine Klassenarbeit schreiben, bekommen sie eine Note (oder eine Zensur) zwischen Eins und Sechs. Was bedeuten diese Noten?

Eins ist die beste Note.
Zwei ist auch gut.
Drei ist O.K.
Vier ist genug, aber nicht gut.
Fünf ist sehr schwach.
Sechs ist überhaupt nicht gut genug.

Wenn man Eins bis Vier bekommt, gibt es keine Probleme. Wenn man aber zu viele Fünfen und Sechsen in seinem Zeugnis bekommt, ist es schlimm. Vielleicht muss man dann sitzen bleiben. ‚Versetzung gefährdet' bedeutet: ‚Vielleicht kommt diese Schülerin nicht in die nächste Klasse. Sie muss die zehnte Klasse wiederholen, weil ihre Noten so schlecht sind'. Arme Jutta!

Beantworte folgende Fragen:

1 Wo wohnt Jutta?
2 In welchem Fach hatte sie ihre beste Note?
3 In welchen Fächern hatte sie ihre schlechteste Note?
4 Wie viele Fremdsprachen lernt sie?
5 Wie benimmt sie sich in der Schule?

Sitzenbleiben

Was für ein Gefühl ist es, wenn man sitzen bleibt? Hör gut zu und lies folgende Meinungen von zwei Sitzenbleibern und einem Lehrer. Sind sie dafür oder dagegen?

Maria

Vielleicht war ich faul in der Klasse. Ich war auch oft krank, aber ich finde das Sitzenbleiben ganz doof und unfair. Alle meine Freunde sind in der nächsten Klasse – ich bin älter als meine Klassenkameraden, und ich habe andere Interessen als sie. Das finde ich furchtbar!

Stefan

Ich finde, dass es eine gute Idee ist. Ich wollte nicht sitzen bleiben, aber ich hatte Schwierigkeiten in Deutsch, Englisch und Biologie. Jetzt verstehe ich alles besser, weil ich das ganze Jahr dieselbe Klasse wiederholt habe.

Klaus Schiller, Lehrer

Es ist doch Unsinn, alle Fächer zu wiederholen. Das ist ein blödes System. Für alle Sitzenbleiber ist das ein furchtbarer Schock. Ich meine, man sollte das Sitzenbleiben abschaffen.

Kannst du diese Sätze vervollständigen?

Stefan hat ein … wiederholt und hat bessere … bekommen.
Das … gefällt Maria nicht.
Es ist schwer, wenn alle deine … in die nächste … kommen und du nicht.

Wie ist das System in deiner Schule?

Was für Noten bekommst du? Was ist gut und was ist schlecht?
Gibt es Sitzenbleiben? Was passiert, wenn man schlechte Noten bekommt?

Tipp des Tages

Sie kommt nicht in **die** nächste Klasse.
Verstehst du **das** deutsche System?

Alle meine Freunde sind in **der** nächsten Klasse.
So ist es in **dem** deutschen System.

Welcher Stundenplan ist das?

Hör gut zu. Vier Austauschpartner besprechen ihre Stundenpläne mit ihren Gastgebern. Aber welcher Stundenplan ist das?

A

Zeit	Montag	Dienstag	Mittwoch	Donnerstag	Freitag
1 7.30-8.15	Deutsch	Bio	Englisch	Kunst	Mathe
2 8.20-9.05	Erdkunde	Geschi	Franz	Kunst	Erdkunde
3 9.20-10.05	Englisch	Technik	Mathe	Mathe	Deutsch
4 10.10-10.55	Mathe	Physik	Sozialkunde	Sport	Chemie
5 11.05-11.50	Franz	–	–	Sport	Geschi
6 11.55-12.40	Musik	–	Deutsch	Physik	Bio

B

Zeit	Montag	Dienstag	Mittwoch	Donnerstag	Freitag
1 7.30-8.15	Chemie	Deutsch	Mathe	Geschichte	Chemie
2 8.20-9.05	Erdkunde	Mathe	Musik	Sozialkunde	Physik
3 9.20-10.05	Englisch	Franz.	Kunst	Technik	Erdkunde
4 10.10-10.55	Deutsch	—			Deutsch
5 11.05-11.50	Physik	Geschichte	Englisch	Biologie	Franz.
6 11.55-12.40	Sport	—	Deutsch	—	Mathe

C

Zeit	Montag	Dienstag	Mittwoch	Donnerstag	Freitag
1 7.30-8.15	Gesch.	Franz.	Phys.	Erd.	Dt.
2 8.20-9.05	Tech.	Dt.	Gesch.	Eng.	Ma.
3 9.20-10.05	Tech.	Eng.	Dt.	Bio.	Mus.
4 10.10-10.55	Ma.	Ma.	~	Dt.	Erd.
5 11.05-11.50	Bio.	Phys.	Ch.	Kunst	Franz.
6 11.55-12.40	Sport	~	Ma.	Kunst	Sozi.

D

Zeit	Montag	Dienstag	Mittwoch	Donnerstag	Freitag
1 7.30-8.15	Kunst	Phys.	Ges.	Dt.	Fr.
2 8.20-9.05		Maschinen-schreiben	Dt.	Ma.	Ma.
3 9.20-10.05	Fr.	Eng.	Ma.	Ges.	Bio.
4 10.10-10.55	Dt.	Technik	=	Mus.	Phys.
5 11.05-11.50	Eng.	Dt.	Kunst	Sport	Eng.
6 11.55-12.40	Ma.	Sozi.		=	=

Steffi und Freunde

Bitte, was heißt das?
Das heißt, dass du deutlicher schreiben musst.

Ja, David?
Man hat mich zum Lehrerzimmer geschickt, weil ich geraucht habe.
LEHRER ZIMMER

Blablablablabalbla.........
RUHE PRÜFUNG

Ich habe nichts dagegen, dass die Lehrer eine doppelte Moral haben. Was ich nicht einsehe, ist, dass wir nicht auch eine haben dürfen.

Traumlehrer

Das Jugendmagazin »treff« hat eine Umfrage über Lehrer unter 100 Schülern und Schülerinnen in Bonn gemacht.

Die Frage: Kannst du deinen Traumlehrer oder deine Traumlehrerin beschreiben? Hier sind einige typische Antworten.

Der Traumlehrer/Die Traumlehrerin sollte …

- viel Humor haben
- geduldig sein, wenn wir etwas nicht verstehen
- jede Frage so beantworten, dass es alle verstehen
- sein/ihr Fach so unterrichten, dass es die meisten Schüler interessant oder nicht zu schwierig finden
- nicht zu streng sein
- nett und verständnisvoll sein
- verstehen, dass wir mit ihm/ihr auch über unsere Probleme reden wollen
- alle Schüler wie normale Menschen und nicht wie Babys behandeln

- keine Lieblinge in der Klasse haben
- nicht zum Polizisten werden
- lustig sein, auch wenn wir was Ernstes machen
- nicht parteiisch sein
- Strafen nur verteilen, wenn es wirklich nötig ist
- gerechte Noten geben
- Ausflüge organisieren, wenn es zum Unterricht passt
- Respekt vor uns haben, auch wenn er/sie Strafen verteilen muss
- Schüler so behandeln, dass sie Respekt vor ihm/ihr haben

Was passt wozu? Schreib die Bemerkungen in die passenden Spalten.

Humor:
Interessanter Unterricht:
Gutes Verhältnis zu den Schülern:
Fairplay und Gerechtigkeit:

Was scheint ihnen am wichtigsten zu sein? Humor? Unterricht? Verhältnis zu den Schülern oder Fairplay und Gerechtigkeit?

Schreib mal wieder

Schreib eine Antwort auf diese Fragen.

Gehst du gern zur Schule? Warum (nicht)? Was für eine Schule besuchst du, und in welche Klasse gehst du? Was sind deine Lieblingsfächer? Wie verstehst du dich mit deinen Lehrern und mit deinen Klassenkameraden? In welchen Fächern meldest du dich am meisten? Beschreib deinen Traumlehrer oder deine Traumlehrerin!

Tipp des Tages

Ein guter Lehrer	sollte	geduldig sein, lustig sein, nicht launisch sein, nicht zu streng sein,	**wenn**	Schüler nicht verstehen. er/sie unterrichtet. es Probleme gibt. es nicht nötig ist.
Eine gute Lehrerin		verstehen, jede Frage so beantworten, Schüle so behandeln,	**dass**	wir über unsere Probleme reden wollen. es alle verstehen. sie Respekt vor ihm/ihr haben.

Mein Job

Hör zu und sieh dir die Listen unten an. Was wird in jedem Interview gesagt? Schreib **1** *A3, B6 usw.*

A Was für einen Job machst du?

1 Ich helfe bei einer Frau in der Nachbarschaft.
2 Ich arbeite in einem Café.
3 Ich arbeite in einer Boutique.
4 Ich habe einen Job als Babysitterin.
5 Ich gebe Nachhilfeunterricht.
6 Ich repariere Kassettenrekorder und CD-Spieler.
7 Ich trage Zeitungen aus.

B Wann arbeitest du?

1 Ich arbeite jeden Mittag direkt nach der Schule.
2 Ich arbeite nachmittags von drei bis sechs Uhr.
3 Ich arbeite abends für zwei oder drei Stunden.
4 Ich arbeite an drei Tagen.
5 Ich arbeite nur ab und zu – wenn es was zu reparieren gibt.
6 Samstags arbeite ich mindestens fünf Stunden.
7 Alle zwei Tage gehe ich etwa eine Stunde einkaufen.

C Wie viel Geld verdienst du?

1 Ich kriege pro Stunde 8 DM.
2 Ich bekomme pro Stunde 15 DM.
3 Ich bekomme 9,50 DM die Stunde.
4 Ich kriege 12,50 DM die Stunde.
5 Ich bekomme zwischen 30 DM und 50 DM für eine Reparatur.
6 Ich verdiene 80 DM die Woche.
7 Ich bekomme die Stunde 7 DM.

D Wie findest du deinen Job?

1 Die Arbeit macht schon Spaß.
2 Die Arbeit gefällt mir nicht so gut, weil sie langweilig ist.
3 Manchmal nervt mich die Arbeit, aber ich kriege eine Menge Geld dafür.
4 Es macht mir sehr viel Spaß.
5 Mir macht das sehr viel Spaß, weil es immer was anderes ist.
6 Ich habe keine Schwierigkeiten mit dem Job.
7 Ich arbeite nicht so gern im Café.

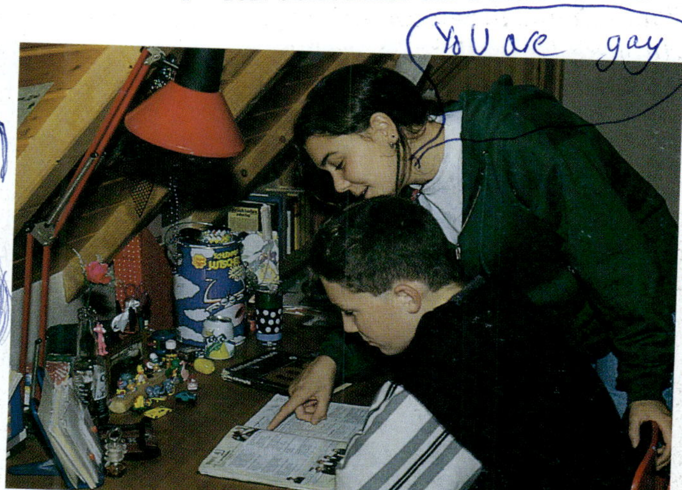

E Wofür gibst du dein Geld aus?

1 Das meiste Geld gebe ich für Kino, Diskos und Konzerte aus.
2 Im Moment spare ich für die Ferien.
3 Ich kaufe mir die allerneuesten CDs.
4 Ich gebe für das Reiten das meiste Geld aus.
5 Ich gebe mein Geld meistens für Kleidung, CDs und Make-up aus.
6 Ich möchte mir mein eigenes Auto kaufen.
7 Ich kaufe mir unheimlich viele Comics – ich habe eine richtige Sammlung davon.

Ich möchte …

Ich möchte …
- viel Geld verdienen.
- was Interessantes machen.
- draußen arbeiten.
- viele Leute kennen lernen.
- Tiere pflegen.
- in einem Team arbeiten.
- reisen.
- lange Ferien und kurze Arbeitstage haben.
- mit Kindern oder jungen Leuten arbeiten.

Ich möchte nicht …
- arbeitslos sein.
- in einer Fabrik arbeiten.
- schmutzige Arbeit machen.
- langweilige Arbeit machen.
- Schichtarbeit machen.
- alleine arbeiten müssen.
- gefährliche Arbeit machen.
- schlecht bezahlt werden.
- immer unterwegs sein.
- in einem Büro arbeiten.

Hör jetzt zu. Einige Leute sagen, was sie an einem Beruf gut oder schlecht finden würden. Was möchten sie machen? Was möchten sie nicht machen? Schreib zwei Listen.

Beispiel

	Möchte …	**Möchte nicht …**
1	viel Geld verdienen reisen	draußen arbeiten in einem Büro arbeiten

Was könnten sie werden?

Mach Vorschläge – welche Berufe oder Jobs passen am besten?

Beispiel

Möchte …

1 viel Geld verdienen
reisen
nicht in einem Büro arbeiten
nicht draußen arbeiten

Er/Sie könnte Steward(ess) werden.

Architekt/in
Arzt/Ärztin
BÄCKER/IN
Bank-angestellte(r)
Bauarbeiter/in
Bauer/Bäuerin
Briefträger/in
Büro-angestellte(r)
FABRIKARBEITER/IN
Steward/ess
Polizist/in
Ingenieur/in
Journalist/in
Kellner/in
Sozialarbeiter/in
Frisör/Frisörin
Krankenpfleger
Koch/Köchin
Fußballer/in
Krankenschwester
Lehrer/in
Sekretär/in
Verkäufer/in
Tierarzt/Tierärztin
Mechaniker/in
Zoohüter/in
Zahnarzt/Zahnärztin
Schauspieler/in

Partnerarbeit

Sag deinem Partner/deiner Partnerin, was du an einem Job gut oder schlecht findest. Er/Sie muss dir einen passenden Job finden. Euer Dialog kann auch lustig sein!

Beispiel

A – Ich möchte viel Geld verdienen und draußen arbeiten. Ich möchte nicht alleine arbeiten.
B – Du könntest Fußballer/Fußballerin werden.
A – Was!?! Du spinnst! Ich hasse Fußball!

Tipp des Tages

Was möchtest du machen?			
Ich möchte Du könntest Er möchte Sie möchte	(nicht)	alleine draußen in einem Büro in einer Fabrik mit Kindern	arbeiten.

Am liebsten wär' ich …

Hast du dir mal überlegt, was du später werden möchtest? Fernfahrer oder Tierärztin, Physiker oder Fußballstar, Reiseleiterin oder Astronautin? Lies folgende Steckbriefe aus einem Jugendmagazin.

Ich möchte gern Astronaut werden oder Pilot in einem Düsenflugzeug. Astronaut find' ich toll, weil man dann Experimente mit der Schwerelosigkeit macht. Kapitän auf einem großen Schiff wäre auch nicht schlecht. Hauptsache, ich bewege mich!
Stefan M.

Ich möchte Floristin werden, weil ich Blumen gern habe und weil ich gern Gestecke mache. Ich pflanze auch gerne Blumen, und ich möchte alles über Pflanzen und Blumen lernen, wenn es geht.
Christina K.

Ich will einmal Fußballer werden und sehr berühmt sein. Ich will in Bayern, Neapel, Barcelona spielen. Auch in der Nationalelf. Warum? Weil ich dann im Fernsehen zu sehen bin. Geld kriege ich dann auch genug und Ruhm.
Gerd T.

Ich möchte gern an einer Grundschule Lehrerin werden, weil ich Kinder sehr gerne mag. Und weil ich auch gut mit Kindern umgehen kann. Ich möchte auch gern Kindern viel beibringen und ihnen die Angst vor der Schule nehmen.
Sandra B.

Ich möchte in Australien Fernfahrer werden oder auch in Deutschland, weil ich dann international immer unterwegs sein kann. Und weil ich auch nach Schweden oder nach Afrika fahren kann. Mein Vater ist auch Fernfahrer, und ich darf in den Ferien manchmal mitfahren.
Sven K.

HUND
KATZ
HAMST
GOLDFI

Ich möchte gern Tierärztin werden, weil ich dann Tieren helfen kann. Und weil ich Tiere sehr mag.
Kathrin A.

Ich möchte gerne Erfolg als Rocksängerin haben. Ich würde auch sehr gerne in einer Band spielen. Heiraten möchte ich auch gerne.
Merle T.

Ich würde gern Reiseleiterin werden, weil man da in viele Länder kommt und Gruppen betreuen kann. Ich finde es toll, in so vielen großen Städten zu sein. Mal in Paris, London, Rio, New York und San Franzisko. Und dann vielleicht noch in schönen Hotels: das wäre ein tolles Leben. Aber wenn ich 25 bin, würde ich auch gerne Kinder haben. Das wäre dann natürlich nicht so gut mit der Reiseleiterin.
Nicole M.

Ich möchte gerne Krankenpfleger werden. Ich will lernen, Leuten zu helfen. Ich weiß, dass es ein schwerer Beruf ist, aber ich will ihn trotzdem ergreifen, weil ich Menschen mag.
Franz Ö.

Wer ist das?

Schreib die Namen auf.

Er/Sie will …

A … viel reisen.
B … mit Kindern arbeiten.
C … mit Tieren zu tun haben.
D … im Beruf mit Pflanzen zu tun haben.
E … Profisportler werden.
F … Menschen helfen.
G … viel Geld verdienen.
H … heiraten und Kinder haben.
I … Popsängerin werden.

Schreib mal wieder

Schreib eine Antwort auf diese Fragen.

Hast du einen Job? Was für einen? Gefällt er dir? Wann arbeitest du? Was machst du mit dem Geld? Weißt du, was du werden willst? Möchtest du lieber alleine oder mit anderen Leuten arbeiten, draußen oder drinnen? Was ist für dich das Wichtigste an einem Job?

Tipp des Tages

Was möchtest du werden?		
Ich möchte gern	Fernfahrer Lehrerin Reiseleiterin Florist Ingenieur	werden. sein.

Warum?		
Weil	ich	gern Experimente **mache.** in viele Länder reisen **möchte.** Kinder sehr **mag.** mit Blumen sehr gerne **arbeite.** viel Geld verdienen **will.**

Mein Beruf

Hör zu und lies die Texte.
Wer ist das? Die Briefträgerin?
Der Klempner?

B

Grafikdesignerin

Kellner

Fleischer

Bauarbeiterin

Zahnarzt

Mechaniker

Bäckerin

Briefträgerin

Soldat

Tischlerin

√36

Lehrerin

Klempner

Sekretärin

Verkäufer

1 Ich arbeite in einer modernen Werkstatt, aber nicht alle Autos, die ich reparieren muss, sind modern!

2 Die Arbeit ist anstrengend, aber es macht im Sommer besonders Spaß, wenn die Sonne scheint und man draußen ist.

3 Oft haben die Patienten Angst, wenn sie zu mir kommen. Die Kinder brauchen aber keine Angst zu haben, weil sie meistens sehr gesunde Zähne haben.

4 Ich finde es schön, wenn man draußen arbeiten kann. Mir gefällt es nur nicht, wenn das Wetter sehr schlecht ist.

5 Ich bin seit sechs Monaten bei der Bundeswehr. Das ist eigentlich kein Beruf, weil es in Deutschland leider Wehrdienstpflicht gibt.

6 Es ist erstaunlich, dass so viele junge Leute diesen Beruf ergreifen wollen. Den ganzen Tag Wasserrohre löten kann ganz schön anstrengend sein.

7 Das ist ja kein Beruf für einen Vegetarier!

8 Es gefällt mir sehr in der Bäckerei, auch wenn ich früh aufstehen muss.

9 Ich komme mit den Kollegen im Büro wirklich gut aus. Das Tippen ist vielleicht langweilig, aber ich spreche gern mit verschiedenen Leuten am Telefon.

10 Ich arbeite gern mit Holz, und ich stelle besonders gern Tische, Stühle und Möbelstücke her.

11 Ich finde es nur anstrengend, wenn viele Kunden zur gleichen Zeit hier ins Kaufhaus kommen.

12 Das Hin- und Herlaufen von Tisch zu Tisch ist natürlich anstrengend, aber die Atmosphäre im Restaurant ist toll!

13 Ich arbeite gern auf der Realschule hier, weil ich finde, dass die meisten Schüler gern lernen, fleißig und interessiert sind.

14 Ich mache im Moment eine Ausbildung bei einer Grafikfirma in Berlin. Ich finde diesen Beruf sehr kreativ.

Umfrage

Was hältst du von diesen Berufen? Welchen Beruf möchtest du ergreifen, wenn du einen wählen müsstest? Und deine Klassenkameraden? Welcher Beruf ist am populärsten?

Tipp des Tages

Das ist **ein** schwer**er** Beruf.
Das ist **eine** gut**e** Idee.
Das wäre **ein** toll**es** Leben.

Er muss dir **einen** passend**en** Job finden.
Ich arbeite in **einer** modern**en** Werkstatt.
Ich möchte auf **einem** groß**en** Boot arbeiten.

Telefonieren

Persönliche Anrufe

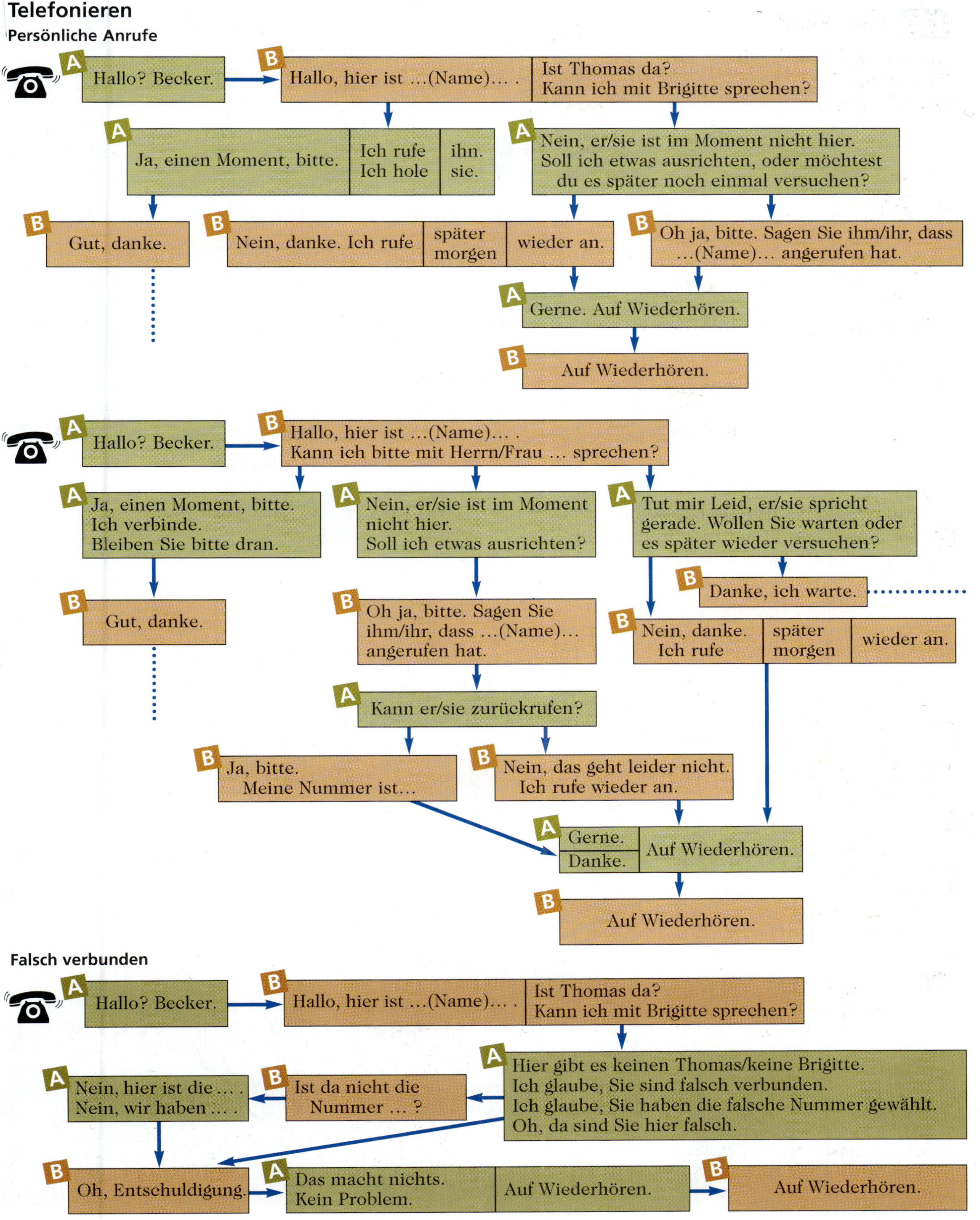
A Hallo? Becker.
B Hallo, hier ist …(Name)… .
Ist Thomas da?
Kann ich mit Brigitte sprechen?
A Ja, einen Moment, bitte.
Ich rufe
Ich hole
ihn.
sie.
A Nein, er/sie ist im Moment nicht hier.
Soll ich etwas ausrichten, oder möchtest du es später noch einmal versuchen?
B Gut, danke.
B Nein, danke. Ich rufe
später
morgen
wieder an.
B Oh ja, bitte. Sagen Sie ihm/ihr, dass …(Name)… angerufen hat.
A Gerne. Auf Wiederhören.
B Auf Wiederhören.
A Hallo? Becker.
B Hallo, hier ist …(Name)… .
Kann ich bitte mit Herrn/Frau … sprechen?
A Ja, einen Moment, bitte.
Ich verbinde.
Bleiben Sie bitte dran.
A Nein, er/sie ist im Moment nicht hier.
Soll ich etwas ausrichten?
A Tut mir Leid, er/sie spricht gerade. Wollen Sie warten oder es später wieder versuchen?
B Danke, ich warte.
B Gut, danke.
B Oh ja, bitte. Sagen Sie ihm/ihr, dass …(Name)… angerufen hat.
B Nein, danke. Ich rufe
später
morgen
wieder an.
A Kann er/sie zurückrufen?
B Ja, bitte.
Meine Nummer ist…
B Nein, das geht leider nicht.
Ich rufe wieder an.
A Gerne.
Danke.
Auf Wiederhören.
B Auf Wiederhören.
Falsch verbunden
A Hallo? Becker.
B Hallo, hier ist …(Name)… .
Ist Thomas da?
Kann ich mit Brigitte sprechen?
A Hier gibt es keinen Thomas/keine Brigitte.
Ich glaube, Sie sind falsch verbunden.
Ich glaube, Sie haben die falsche Nummer gewählt.
Oh, da sind Sie hier falsch.
B Ist da nicht die Nummer … ?
A Nein, hier ist die … .
Nein, wir haben … .
B Oh, Entschuldigung.
A Das macht nichts.
Kein Problem.
Auf Wiederhören.
B Auf Wiederhören.

Dies und das

Putzen im Ausland

Ich mache im nächsten Jahr meinen Realschulabschluss. Bevor ich eine Ausbildung anfange, würde ich gerne für ein Jahr als Au-pair-Mädchen in die USA gehen. Wie sieht denn so ein Au-pair-Aufenthalt aus, und wie komme ich an eine Stelle ran?

Nicole (16), Mannheim

MARCO-TIPP

Ein Au-pair-Aufenthalt ist nicht das reine Zuckerschlecken: In der Regel erwartet deine Gastfamilie von dir, dass du den ganzen Tag im Haushalt mithilfst – das ganze fünfeinhalb Tage pro Woche. Für dich springt dabei ein Taschengeld von 100 Dollar die Woche raus, Zimmer und Verpflegung sind frei. Die Gastfamilie sorgt auch für deine Krankenversicherung. Außerdem stehen dir zwei Wochen bezahlter Urlaub zu. Achtung: Für einen Au-pair-Aufenthalt in den USA musst du mindestens 18 Jahre alt sein.

Infos darüber gibt's bei der Zentralstelle für Arbeitsvermittlung, Feuerbachstraße 42-46 in 60325 Frankfurt.

SV – Schülervertretung

In Deutschland wählt jede Klasse einen Klassensprecher und hat regelmäßig eine SV-Stunde. In der SV-Stunde leitet der Klassensprecher die Diskussion. Die Klasse diskutiert Hausaufgaben, Schularbeiten, Noten, Probleme im Unterricht oder plant Diskoabende und Klassenfahrten. Alle zwei Monate treffen sich alle Klassensprecher mit den Lehrern, um wichtige Schulprobleme zu diskutieren. Die Schulvertretung hat viele Rechte. Sie kann der Schulleitung Vorschläge machen, und sie muss gehört werden, wenn es um Strafen geht.

SV-BRETT

Humor

FREU DICH, LIEBSTER! UNSER JUNGE KOMMT INS BUCH DER REKORDE! ER GEHT ZUM FÜNFTEN MAL IN DIE ERSTE KLASSE!
ZEUGNIS

DEIN VATER WIRD GRAUE HAARE KRIEGEN, WENN ER DAS ZEUGNIS SIEHT.
DA WIRD ER SICH FREUEN. ER HAT NÄMLICH SEIT 10 JAHREN EINE GLATZE!

FÜR SO EIN SCHLECHTES ZEUGNIS MÜSSTE ES EIGENTLICH ORDENTLICH PRÜGEL GEBEN!
GUT! ICH WEIß, WO DER LEHRER WOHNT!

Bildgeschichte

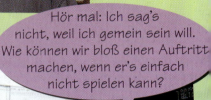

Bei Uli zu Hause

1
Wenn's so weitergeht, bleibst du bestimmt sitzen. Weißt du das? Warum kriegst du überhaupt so schlechte Noten?
FILA

2
Ich sag' dir warum! Weil du die ganze Zeit nur an deine blöde Gruppe denkst! Du interessierst dich nur für Popmusik!

Bei der nächsten Probe

3
Nein, nein! Das geht nicht. Es ist doch Mist, was du da spielst, Holger.

4
Ärger' dich doch nicht so! Das ist wirklich gemein.
Hör mal: Ich sag's nicht, weil ich gemein sein will. Wie können wir bloß einen Auftritt machen, wenn er's einfach nicht spielen kann?

5
Aber es wird doch besser. Du hast selber gesagt, dass er nicht mehr so viele falsche Töne spielt.
Ach was! Wenn's nicht die Töne sind, ist es der Takt.

6
Am besten spielt er einfach nicht mit.
O.K. Dann hör ich auf.
Oh, lass ihn doch in Ruhe!

7
Wenn Holger nicht mitspielt, singe ich auch nicht!

8
CHRISTIAN ANDERS singt für dich
Aber unser Auftritt!

sb Selbstbedienung

/elches Fach?

die Fotos an und schreib die Schulfächer auf.

2 

3 

5 

6 

: Fächer und schreib deine Meinung dazu.
Das Verb kommt ans Ende des Satzes.

:ssiere mich für Sport, weil der Lehrer so :tisch ist.

Ich interessiere mich für … , weil der Lehrer/der Unterricht …
Ich finde, dass … ganz … ist, weil …
Erdkunde gefällt mir (nicht), weil …

:sende Berufe

passenden Paare id schreib Sätze mit oder ,möchte nicht', ,will nicht'.

Koch werden, aber nicht **K**öchin werden.

lens	Franz	Thomas
Asla	Kai	Gerd
Knut	Ali	Ralf
Tania	Bernd	Fatima
Kerstin	Sven	Renate

Architektin
Journalist
Tierärztin
Briefträger
Frisör
Koch
Journalistin
Tierarzt
Grafikdesignerin
Klempner
Architekt
Frisörin
Klempnerin
Stewardess
Köchin
Grafikdesigner
Reiseleiter
Briefträgerin
Steward
Reiseleiterin

: passt nicht?

eder Liste das Wort, das nicht passt.

glisch	b Erdkunde	c Lehrer	d Musik
undenplan	b Job	c Zeugnis	d Klassenarbeit
isse	b Gesamtschule	c Gymnasium	d Realschule
eressant	b mangelhaft	c ausreichend	d ungenügend
sörin	b Tischlerin	c Sekretärin	d Ingenieur
otheke	b Buchhandlung	c Biologie	d Konditorei
rtoffeln	b Käse	c Kuchen	d Kühlschrank
inig	b vierzig	c windig	d neblig

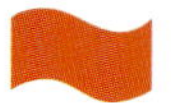

Ende gut alles gut

Finde die passenden Satzteile heraus.

1	Ich interessiere	A	dass das Sitzenbleiben unfair ist.
2	Findest du nicht, dass es	B	im Unterricht.
3	Deutsch ist mein Lieblingsfach, weil	C	mich für Erdkunde.
4	Verstehst du	D	melden sich im Unterricht.
5	Wofür interessierst du	E	sich um uns.
6	Ich langweile mich	F	gut.
7	Die meisten Lehrer kümmern	G	dich gut mit deinen Klassenkameraden?
8	Die meisten Schüler	H	es Spaß macht.
9	Ich finde,	I	dich?
10	Wir verstehen uns	J	zu laut im Unterricht ist?

Stellenmarkt

Stellenangebote	Stellengesuche	Unterricht	Ferienarbeit
Suche Jg. Babysitter für meinen Sohn, 4 Mon. alt Tel. 306078	Frau sucht Büro- oder Hausarbeit, Tel 31 58 87	Lehrerin gibt Nachhilfe in Deutsch für Grund- und Hauptschüler Tel 741634	Dolmetschstudentin Franz., Span., Engl., sucht Ferienarbeit f. Juli Tel 64 68 35

Sieh dir die elf Kleinanzeigen unten an. In welche Spalten in der Zeitung kommen sie? Schreib die Nummern auf.

Beispiel

1 *Stellenangebote*

1 APARTHOTEL SCHÖNWALD SEEFELD, TIROL sucht ab sofort Serviererin bis ca 20. September Tel 12 23 47

2 Realschülerin sucht Ausbildungsstelle als Frisörin Telefon 57 27 88

3 Koch- und Kellnerlehrling Stelle frei Tel. 56 23 47

4 Gymnasiastin, 13 Kl., gibt Nachhilfe in Engl., Dtsch., Latein. Tel. 72 49 50

5 Salzburger Sportstudent su. Ferienarbeit Juli/August. Tel 68 23 21

6 Suche Privatlehrer für Flötenunterricht in Wedel. Tel. 88 65 51 ab 19 Uhr zu erreichen

7 Sind Sie zur Zeit arbeitslos? Wir suchen dringend TAXIFAHRER. Anfänger werden in unserem Betrieb ausgebildet. Bitte rufen Sie uns unter 46 35 29 von 14-19 Uhr an. TAXI-WEINGÄRTNER

8 Gartenarbeit: Wer hilft mir einmal im Monat, den Garten gepflegt zu halten? Stunde 15 DM für diese leichte Arbeit Tel: 44 45 33

9 Abiturientin erteilt Schularbeitenhilfe und Nachhilfe in Mathematik. Tel. 72 44 26

10 Aushilfsfahrlehrer in Pinneberg gesucht. Telefon 72 37 81

11 Übernehme Schreibarbeiten. Tel. 72 43 78

Stell dir vor, du bist Arbeitgeber oder du suchst einen Job. Schreib noch eine Kleinanzeige für die Zeitung.

Kann man? Muss man?

Wähl einige Berufe und schreib, was man da machen kann oder muss.

Wenn man ... ist,	muss kann	man ...en.

Beispiel

Wenn man Bauarbeiter ist, muss man oft draußen arbeiten.
Wenn man Fußballer ist, kann man viel Geld verdienen.

EUROPA

sb Selbstbedienung

Weil, wenn, dass

Lies folgende Satzpaare, dann schreib sie mit ‚weil', ‚wenn' oder ‚dass' richtig auf.

Beispiel

1 *Ich langweile mich im Unterricht, weil ich alle Fächer schwer und langweilig finde.*

1 Ich langweile mich im Unterricht.
Ich finde alle Fächer schwer und langweilig.
2 Ich bin ganz sicher.
Die meisten Lehrer kümmern sich um ihre Schüler.
3 Was passiert?
Man bekommt schlechte Noten im Zeugnis.
4 Claudia meldet sich oft in Französisch.
Es ist ihr Lieblingsfach.
5 Es stimmt.
Es gibt zu viel Streit in der Klasse.
6 Ich könnte ohne Problem Fernfahrer werden.
Ich arbeite ganz gerne allein.
7 Ein Lehrer muss geduldig sein.
Seine Schüler sind nicht so fleißig.

Brief an ...

Stell dir vor, du hast diesen Brief an deine britische Gastfamilie geschrieben.

Ulm, den 25. Oktober

Hallo Freunde!

Wie geht's euch? Mir geht's eigentlich ganz gut im Moment, weil wir Schulferien haben! Das heißt, dass ich mir viel Geld in meinem Job verdienen kann. Nicht dass die Schule mir missfällt - im Gegenteil, ich finde die meisten Lehrer super, und der Unterricht macht meistens Spaß. Meine Lieblingsfächer sind Englisch (natürlich!) und Erdkunde. Vielleicht möchte ich später Reiseleiterin werden, wer weiß?! Ich besuche nämlich die Heinrich-Heine-Gesamtschule, die am Stadtrand liegt. Wie gesagt, komme ich mit den meisten Lehrern gut aus, und ich verstehe mich gut mit meinen Klassenkameraden. Es gefällt mir nur nicht so sehr, wenn es im Unterricht zu laut ist. In der Klasse haben wir nämlich vier Sitzenbleiber. Die Armen! Das finde ich furchtbar, dass man ein ganzes Jahr wiederholen muss. Trotzdem nervt es, wenn diese Sitzenbleiber den Unterricht immer wieder stören.

Ich habe einen tollen Job. Abends und am Wochenende arbeite ich in einem Café in der Stadtmitte. Es kommen jede Menge junge Leute ins Café, auch meine Freunde. Im Moment darf ich auch nachmittags im Café arbeiten, weil wir Ferien haben. Toll, nicht? Ich kriege 10 DM die Stunde und arbeite bis zu acht Stunden pro Tag. Das finde ich nicht schlecht. Ich spare das meiste Geld, weil ich mir ein eigenes Auto kaufen möchte - vielleicht nächstes Jahr, wenn ich den Führerschein bekomme ... hoffentlich!

Viele liebe Grüße

Eure

Christa

A Beantworte folgende Fragen

1 Warum gehst du im Moment nicht zur Schule?
2 Was für eine Schule besuchst du?
3 Wie findest du die Schule?
4 Was für einen Beruf könntest du vielleicht haben?
5 Wann gibt es Probleme bei dir in der Schule?
6 In Großbritannien gibt es kein Sitzenbleiben. Was meinst du dazu? Bist du dafür oder dagegen? Warum?
7 Wie verdienst du dir Geld?
8 Findest du, dass du schlecht bezahlt wirst?

B Worüber spricht Christa, wenn sie Folgendes sagt?

Was wird hier diskutiert?

Beispiel: **1** *die Schule*

1 ‚Ich interessiere mich für die meisten Fächer.'
2 ‚Das ist ein blödes System!'
3 ‚Wir verstehen uns gut.'
4 ‚Es ist gar nicht anstrengend', und ich bekomme viel Geld.'
5 ‚Vielleicht kaufe ich es mir nächstes Jahr.'

C Jetzt bist du dran

Beantworte diesen Brief oder schreib einen ähnlichen Brief an deinen Brieffreund/deine Brieffreundin in Deutschland. Beschreib, was du im Moment machst, und sag, was du davon hältst.

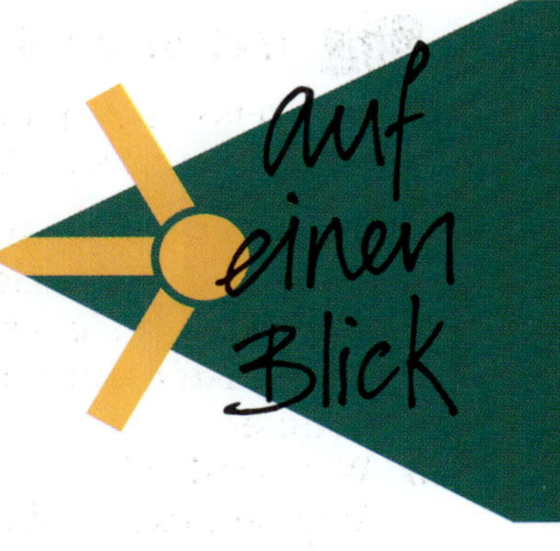
auf
einen
Blick

1 Reflexive verbs

Ich verstehe mich gut mit meinen Lehrern. Ich langweile mich im Unterricht. Ich interessiere mich für Deutsch.	*I get on well with my teachers.* *I'm bored in lessons.* *I'm interested in German.*
Wofür interessierst du dich? Freust du dich darauf?	*What are you interested in?* *Are you looking forward to it?*
Er kümmert sich um alle. Sie versteht sich gut mit ihnen.	*He puts himself out for everyone.* *She gets on well with them.*
Wir verstehen uns gut.	*We get on well together.*
Langweilt ihr euch in den Ferien?	*Do you get bored in the holidays?*
Meine Klassenkameraden melden sich nicht oft.	*The people in my class don't put their hands up very often.*

2 Modal verbs + infinitives: would like, could, should.

Was möchtest du machen? Ich möchte (nicht) draußen arbeiten. Ich könnte viel Geld verdienen. Du könntest Lehrer werden. Ein Lehrer sollte nicht zu streng sein.	*What would you like to do?* *I would (not) like to work outside.* *I could earn lots of money.* *You could become a teacher.* *A teacher shouldn't be too strict.*

3 Wenn, dass and weil: sending the verb to the end of the clause

Ein Lehrer sollte nur Strafen verteilen, wenn es wirklich nötig ist. Ich weiß, dass es ein schwerer Beruf ist. Ich möchte Lehrerin werden, weil ich Kinder gern mag. Wenn's so weitergeht, bleibst du bestimmt sitzen.	*A teacher should only give out punishments when it's really necessary.* *I know (that) it's a difficult job.* *I'd like to be a teacher because I like children.* *If this carries on, you'll definitely have to stay down.*

4 Wenn, dass and weil + modal verb + infinitive

Es ist schön, wenn man draußen arbeiten kann. Ein Lehrer sollte verstehen, dass Schüler über ihre Probleme reden wollen. Es ist erstaunlich, dass so viele junge Leute diesen Beruf ergreifen wollen. Es gefällt mir, auch wenn ich früh aufstehen muss.	*It's nice when/if you can work outside.* *A teacher ought to understand that students want to talk about their problems.* *It's astonishing that so many young people want to do this job.* *I like it, even if I have to get up early.*

5 Agreement of adjectives

Sie kommt nicht in die nächste Klasse. Verstehst du das deutsche System?	*She's not going up into the next class.* *Do you understand the German system?*
Alle meine Freunde sind in der nächsten Klasse. So ist es in dem deutschen System.	*All my friends are in the next class.* *That's what it's like in the German system.*
Das ist ein schwerer Beruf. Das ist eine gute Idee. Das wäre ein tolles Leben.	*That's a hard job.* *That's a good idea.* *That would be a fantastic life.*
Er muss dir einen passenden Job finden. Ich arbeite in einer modernen Werkstatt. Ich möchte auf einem großen Schiff arbeiten.	*He has to find a suitable job for you.* *I work in a modern workshop.* *I'd like to work on a big ship.*

7 In der Gegend

Martin

Ich wohne in einem Vorort von Köln. Es gefällt mir hier ganz gut, nur ist für uns das Haus ein bisschen zu klein.

Cyndi

Ich wohne mitten im Stadtzentrum. Im Großen und Ganzen gefällt's mir ziemlich gut – da ist immer viel los.

Ich lebe in einem kleinen Dorf auf dem Land. Ich wohne gern dort – mir gefällt's gut, besonders die Ruhe und die Tiere.

Inka

Ich wohne in einem kleinen Dorf, und ich hasse es. Es gibt nichts für junge Leute dort.

Uta

Ich wohne im Stadtzentrum in einem Hochhaus, aber mir gefällt das überhaupt nicht. Es ist zu laut und schmutzig. Ich würde lieber auf dem Land wohnen.

Katja

Ich wohne in einem Vorort. Hier draußen bei uns läuft überhaupt nichts. Und es kostet auch viel Geld, wenn ich in die Stadt fahren muss.

Axel

Ich wohne auf dem Land, und mir gefällt es dort gut. Ich habe seit kurzem ein Mofa, und es ist wirklich überhaupt kein Problem, meine Freunde zu treffen.

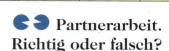

Knut

Ich wohne ganz gern hier in der Stadt. Alle meine Freunde wohnen direkt in der Nähe, und es ist nie ein Problem, wenn ich jemanden sehen will.

Lars

Wo ich wohne

A *Diese jungen Leute sagen, wo sie wohnen. Wie gefällt es ihnen jeweils dort? Gut, ziemlich gut oder gar nicht?*

B *Hör gut zu. Wer spricht?*

Beispiel

1 Inka

Partnerarbeit. Die Clique

Sieh dir diese Tabelle an. Sie zeigt, wo neun junge Leute wohnen und wie es ihnen dort gefällt.

Vorname	Haus	Wohnung	Stadtmitte	Vorort	Land	Wohnst du gern dort? ja	nein
Helga	●		●			●	
Karl	●			●			●
Kerstin	●				●	●	
Peter		●	●				●
Rüdiger	●		●				●
Heike		●		●		●	
Gabi	●			●		●	
Jochen	●				●		●
Annette		●	●			●	

Partner(in) A ist eine von diesen Personen. Partner(in) B stellt Fragen, um herauszufinden, wer er/sie ist.

Beispiel

A – Wohnst du in einem Haus oder in einer Wohnung?
B – In einem Haus.
A – Wohnst du in der Stadtmitte?
B – Ja.
A – Gefällt es dir dort?
B – Ja, sehr.
A – Du bist Helga.
B – Ja, richtig. Jetzt bist du dran.

Partnerarbeit. Richtig oder falsch?

Erfinde einen Satz über eine von diesen Personen. Dein(e) Partner(in) muss sagen, ob er stimmt oder nicht.

Beispiel

A – Peter wohnt gern in der Stadtmitte.
B – Das stimmt nicht. Er wohnt nicht gern dort.

Wo würdest du am liebsten leben?

Welcher Text passt zu welchem Bild?

Beispiel

Renate – F

Renate

Am liebsten würde ich auf einer einsamen Insel leben, irgendwo im Pazifik, wo es das ganze Jahr über viel wärmer ist und es keine Umweltverschmutzung gibt.

Brigitte

Der ideale Ort zum Leben ist für mich New York, im 50. Stock eines Wolkenkratzers. Ich könnte vierundzwanzig Stunden am Tag den Autos und Menschen zuschauen. Es wäre vielleicht lauter und schmutziger als hier, aber es wäre auch aufregender und lebendiger.

Dieter

Ich würde sehr gerne in einem Skigebiet hoch oben auf einem Berg wohnen. Ich fahre leidenschaftlich gern Ski! Es wäre natürlich kälter als hier, aber dafür viel gesünder.

Wolf

Mein Traum-Zuhause wäre mitten auf dem Land. Ich würde gerne in einem kleinen Steinhäuschen auf einem Hügel wohnen, mit einem Fluss in der Nähe. Das Leben wäre ruhiger und einfacher als hier.

Karin

Ich wollte schon immer in Afrika leben. Ich liebe wilde Tiere! Das Leben wäre einfacher und auch billiger, aber vielleicht auch ein bisschen gefährlicher.

Frank

Mein Traum ist es, auf einer Weltraumstation zu leben. Das Leben wäre weniger hektisch als hier, alles wäre schwerelos, und die Umwelt wäre sauberer.

Dorothea

Ich würde wirklich am liebsten unter Wasser leben. Ich bin eine richtige Wasserratte und tauche wahnsinnig gern! Es wäre interessanter und aufregender und auch viel ruhiger als normal.

Werner

Wenn es möglich wäre, würde ich gerne mit allen meinen Freunden zusammen wohnen. Es wäre auch egal wo – wir könnten uns gegenseitig helfen, und wir könnten oft zusammen etwas unternehmen. Es wäre lustiger, als alleine zu wohnen.

Tina

Mein idealer Ort zum Leben wäre in einem Baumhaus in einer großen alten Eiche am Waldrand. Ich könnte die Tiere beobachten. Es wäre friedlicher, aber auch weniger komfortabel als da, wo ich jetzt wohne.

Tipp des Tages

Am liebsten würde ich	auf	einer	Insel	leben.
	in	einem	Wolkenkratzer Haus auf dem Land	
		einer	Weltraumstation Skihütte	

Es wäre	lebendiger sauberer einfacher lustiger ruhiger aufregender kälter gesünder	als	hier. da, wo ich jetzt wohne. alleine zu wohnen.

Und du? Wo möchtest du leben? Warum?

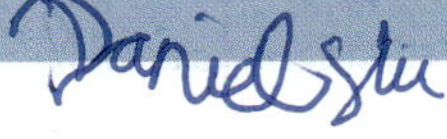

Der Junge aus dem Paradies

Lies den Text und beantworte die Fragen.

Orion ist ein amerikanischer Junge, 11 Jahre alt. Er lebt mit seinen Eltern in Costa Rica, in Mittelamerika. Dort lebt er mitten im Urwald – weit weg von Straßen und Städten, aber nahe am weißen Sandstrand mit Palmen und blauem Himmel, mitten im Paradies. Hier ist eine Reportage:

Orion erzählt mir von seinem Leben: ‚Jeden Mittag trinken wir das Wasser von Kokosnüssen, das hat so viele Vitamine.' Orions sechsjähriger Bruder Saty setzt sich zu uns und sagt: ‚Heute war es einfach, die Kokosnüsse von den Palmen zu holen, weil kaum Wind war. Aber manchmal muss man sich wie ein Affe an den Baum anklammern, so stark schwingt die Palme.'

Ich sehe die 10 bis 15 Meter hohen Palmen und frage erstaunt: ‚Wo habt ihr das gelernt?' Orion lächelt: ‚Das ist einfach. Wir leben hier schon zehn Jahre, und die Kinder von hier haben uns das gezeigt. Wir sind Freunde.'

Seine Eltern, die Hards, die hier leben, sind reiche Leute. Doch eines Tages hatten sie genug vom Luxusleben. Sie verkauften alles in den USA und kauften diesen Dschungel hier in Costa Rica.

250 Hektar Dschungel gehören den Hards. Was macht man damit? Orion erklärt: ‚Wir bewohnen einen halben Hektar. Dort steht das Buschhaus, da ist der Garten, und da sind die Felder. Den Rest haben wir zu einem Nationalpark gemacht.'

Jetzt ist noch Brain, Orions neunjähriger Bruder, zu uns gekommen. Er sagt: ‚Die Arbeit auf dem Feld ist viel einfacher als im Dschungel. Im Dschungel fressen dich die Moskitos fast auf.' Und Orion fügt hinzu: ‚Früher hat man hier kilometerlange Regenwälder abgeholzt, um immer mehr Weideland für Rinder zu machen. Dann war der Rindfleischboom zu Ende. Meine Eltern und wir, wir forsten hier alles auf. Wir pflanzen Bäume, wo früher Weidenland für Rinder war. Im letzten Jahr haben wir 800 Orchideen und 300 Bäume gepflanzt.'

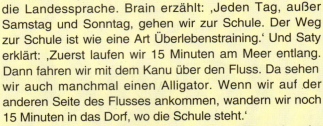

Natürlich sprechen Orion und seine Brüder Spanisch, die Landessprache. Brain erzählt: ‚Jeden Tag, außer Samstag und Sonntag, gehen wir zur Schule. Der Weg zur Schule ist wie eine Art Überlebenstraining.' Und Saty erklärt: ‚Zuerst laufen wir 15 Minuten am Meer entlang. Dann fahren wir mit dem Kanu über den Fluss. Da sehen wir auch manchmal einen Alligator. Wenn wir auf der anderen Seite des Flusses ankommen, wandern wir noch 15 Minuten in das Dorf, wo die Schule steht.'

Die Schule beginnt täglich um 10.30 Uhr und endet gegen 15.00 Uhr. In der Schule gibt es auch eine Küche. Fast jeden Tag gibt es Bohnen und Reis, manchmal Hühnchen, Fisch, Eier oder Gemüse. Hausaufgaben gibt es nicht, dafür gibt es aber andere Aktivitäten: Die Dorfstraße reinigen, Sportnachmittage, einen Garten im Dorf pflegen oder praktischen Unterricht, zum Beispiel einen Gemüsegarten anlegen.

Sonntags gehen Orion und seine Brüder den ganzen Tag durch den Dschungel. Sie beobachten die Affen, Vögel und Schlangen. Sie kennen jede Stelle im Regenwald. Und sie wissen, was nicht alle Erwachsenen wissen – dass man die Natur schützen muss und nicht zerstören darf.

1 Wie alt sind Orion und seine zwei Brüder?
2 Wo haben sie gelernt, die Kokosnüsse von den Palmen zu holen?
3 Warum sind ihre Eltern nach Costa Rica gekommen?
4 Was haben sie mit ihrem halben Hektar Dschungel gemacht?
5 Was machen sie mit dem Weideland?
6 Wie lange ungefähr ist Orions Schulweg?
7 Wann ist für ihn die Schule aus?
8 Was für Aktivitäten machen die Schüler statt Hausaufgaben?
9 Was machen Orion und seine Brüder sonntags?
10 Was hältst du von ihrem Leben dort? Möchtest du auch so leben? Warum (oder warum nicht)?

Früher lebte ich ...

Hör gut zu, lies die Texte und beantworte die Fragen.

Beispiel

1 Henrike

Max Vor fünf Jahren wohnten wir in einer kleinen Wohnung in der Stadtmitte von München. Jetzt wohnen wir in einem kleinen Haus am Stadtrand. Wir haben jetzt einen Garten. Es ist hier viel ruhiger, und die Nachbarn sind auch viel freundlicher. Aber es ist nicht viel los hier, und man muss mit dem Bus oder der Straßenbahn in die Stadt fahren.

Henrike Wir lebten früher auf dem Land, so etwa 20 Kilometer von Salzburg entfernt. Mein Vater bekam aber einen neuen Arbeitsplatz, und wir mussten nach Wien umziehen. Hier ist immer was los, aber es gibt viele Menschen und Autos und Lärm.

Ruth Ich wohne jetzt in einem Dorf, aber vorher lebte ich in Berlin. Hier ist wirklich nichts los, und ich würde lieber wieder in Berlin wohnen.

Moni Als wir in Luxemburg lebten, ging ich abends gewöhnlich mit meinen Freunden aus. Wir gingen in Cafés oder spazierten einfach ein bisschen herum. Seit wir in Stuttgart wohnen, lassen mir meine Eltern weniger Freiheit. Ich muss jetzt viel früher nach Hause kommen und darf auch nicht mehr so oft ausgehen.

Patrick Als ich klein war, lebte ich in Griechenland. Meine Eltern waren Lehrer an einer deutschen Schule. Das Wetter und das Essen waren fantastisch, aber ich sah meine Kusinen und Großeltern fast nie. Letztes Jahr beschlossen wir, wieder nach Deutschland zu ziehen. Wir wohnen jetzt in einem Dorf.

Viktor Wir lebten früher auf einem Bauernhof in der Schweiz. Aber vor zwei Jahren starb mein Vater, und jetzt leben wir in einem Wohnblock in Berlin. Ich war es gewöhnt, viel Platz und ein eigenes Zimmer zu haben. Das hat sich jetzt alles geändert. Jetzt muss ich mein Zimmer mit meinem Bruder teilen, und wir haben natürlich keinen Garten.

Hatice Früher lebten wir in Frankfurt. Wir zogen aufs Land, um nicht so weit weg von meinen Großeltern zu sein. Sie sind schon ziemlich alt. In Frankfurt war immer eine Menge los. Hier ist es sehr langweilig, aber dafür sicherer und billiger.

1 Wer lebte früher auf dem Land und wohnt jetzt in der Hauptstadt von Österreich?
2 Wer lebte früher in einer Großstadt und wohnt jetzt auf dem Land?
3 Wer wohnte früher im Stadtzentrum und wohnt jetzt in einem Vorort?
4 Wer lebte früher auf dem Land aber hat jetzt doch keinen Garten?
5 Wer lebte früher in einer Wohnung, aber wohnt jetzt in einem Haus?
6 Wer wohnte früher in der Hauptstadt von Deutschland und wohnt jetzt in einem Dorf?
7 Wer lebte früher nicht in Deutschland, aber wohnt jetzt in einer deutschen Großstadt?
8 Wer lebte früher nicht in Deutschland, aber wohnt jetzt in einem deutschen Dorf?

Schreib mal wieder!

Schreib eine Antwort auf diese Fragen von deinem Brieffreund/deiner Brieffreundin.

Ich habe deine Adresse, aber ich kann mir nicht richtig vorstellen, wo du wohnst. Kannst du es mir beschreiben? Gefällt es dir da? Wo lebtest du vorher? Oder lebst du schon immer dort?
Ich möchte so gerne mitten in einer Großstadt wohnen! Und du? Was wäre dein idealer Wohnort?

Tipp des Tages

Ich	wohnte lebte	früher	in	der Hauptstadt. in der Stadtmitte.	
Wir	wohnten lebten	vorher		einem	Haus. Dorf.

Jetzt	wohne lebe	ich	in	einer Wohnung. der Nähe von München.
	wohnen leben	wir	auf	dem Land.
			am	Stadtrand.

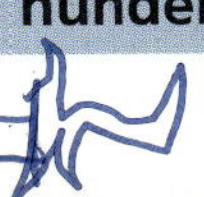

 Partnerarbeit. Damals und jetzt

Hier sind zwei Bilder. Das erste Bild zeigt eine typische deutsche Stadt im Jahre 1900. Im zweiten Bild sieht man dieselbe Stadt heute. Beschreib die Unterschiede.

Beispiel
A – Im Jahre 1900 gab es viele Bäume.
B – Heutzutage gibt es einen Parkplatz.

1900

Gasthof zum Adler
SCHULE
THEATER
KONDITOREI
Bäckerei
BUCHHANDLUNG

Heutzutage

RATHAUS
PIZZERIA
KINO
McDonald's
ALTGLAS
Computer Welt

Im Jahre 1900 gab es …

Heutzutage gibt es …

Kutschen und Pferde. Autos viele Bäume. viele Blumen. Häuser. moderne Fenster. Parabolantennen. Straßenlampen.	eine Buchhandlung. eine Schule. eine Konditorei. eine Pizzeria. eine Bäckerei. eine Telefonzelle.
einen Gasthof. einen Supermarkt. einen Parkplatz. einen Wohnblock. einen Brunnen. einen Container für Altglas. einen Park.	ein Computergeschäft. ein Fastfood-Restaurant. ein Rathaus. ein Kino. ein Theater.

Früher war es …

Jetzt ist es …

- ruhiger.
- schöner.
- lauter.
- hässlicher.
- langweiliger.
- interessanter.
- hektischer.

Pro und kontra

Lies diese Meinungen. Worüber sprechen die Leute jeweils?

Beispiel

1 Private Fahrzeuge

Es gibt jeweils ein Argument ‚für' (1–7) und ein Argument ‚gegen' (A–G). Finde die zwei Meinungen zu jedem Thema.

Beispiel

1B

1 Es ist praktisch, dass man zu jeder Zeit überall hinfahren kann.
2 Maschinen verrichten schmutzige und gefährliche Arbeit.
3 Das Fernsehen bringt Nachrichten und Unterhaltung ins Wohnzimmer.
4 Die Elektrizität bewirkt, dass wir zu jeder Zeit Licht im Zimmer haben und dass Telefon, Computer und Heizung funktionieren.
5 Fertiggerichte sind schnell und sehr praktisch für ältere und berufstätige Menschen.
6 Die moderne Medizin hilft, das Leben zu verlängern und die Lebensqualität zu verbessern.
7 Es ist fantastisch, dass wir jetzt so viel mehr über den Weltraum wissen.

A Sie sind teuer und voll von Farb- und Konservierungsstoffen, und die Leute nehmen sich oft nur fünf Minuten, um sie zu essen.
B Autos und Motorräder verschmutzen die Luft.
C Es gibt mehr Arbeitslosigkeit.
D Es entstehen komplizierte ethische Fragen.
E Die Leute sind passiv geworden – sie sehen stundenlang fern.
F Die Raumfahrt ist eine reine Geldverschwendung, wenn es auf der Erde noch so viel Armut gibt.
G In der Herstellung werden viele fossile Brennstoffe, zum Beispiel Kohle und Öl verbraucht.

Was meinst du zu den einzelnen Themen?

Steffi und Freunde

Tut mir Leid. Ich kann heute Abend nicht ausgehen. Ich arbeite für die Schule.
Aber Mensch! Es ist doch Projektwoche! Da gibt's doch gar keine Hausaufgaben!
Du, ich mache ein Projekt über die Umwelt und so und find' es wahnsinnig interessant.
Schade – ich wette, es wird eine echt gute Party geben.
Dann geh doch ohne mich!

Und außerdem möchte ich dir sagen, dass du mit deinem blöden Motorrad die ganze Luft verschmutzt!!

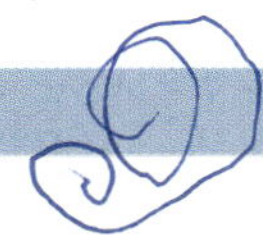

Was tust du persönlich für die Umwelt?

Diese Frage haben wir acht jungen Leuten gestellt. Lies ihre Antworten und füll die Lücken mit den Wörtern unten aus. Hör dann zu. Hattest du Recht?

Sabine

In der Nähe meiner Wohnung gibt es eine _____ für Glasflaschen. Jedes Wochenende gebe ich dort einen Korb leerer _____ ab.

Inge

In unserem Ort stehen zwei _____. Dort kann man das _____ hinbringen.

Frank

Bei uns haben wir gelbe Säcke für _____ und _____ und eine normale Mülltonne für den anderen Müll.

DB

Dieter

Ich fahre mit dem _____ zur Arbeit und mit dem _____ in die Stadt. Das Auto benutze ich nur, wenn es unbedingt sein muss.

Katja

Ich benutze keine _____ mit Treibgas. Um meine Haare zu frisieren, verwende ich _____.

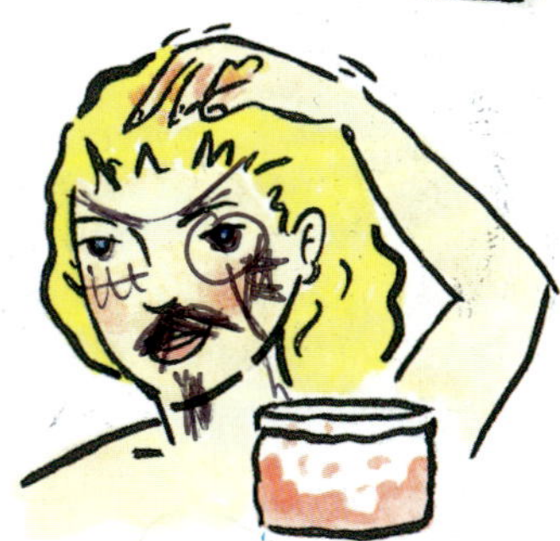

Dominik

Umweltprobleme sollten die _____ lösen. Wir können nichts dafür. Ich persönlich tue nichts _____ für die Umwelt.

Philip

Wir haben unser Haus auf _____ umgestellt. Mit Öl oder _____ heizen wir überhaupt nicht mehr.

Rebecca

Ich kaufe Produkte mit möglichst wenig _____, oder ich lasse die Verpackung im _____.

Altpapier	Besonderes
Dosen	Fahrrad
Flaschen	Gas
Gel	Geschäft
Papiercontainer	Plastik
Politiker	Sammelstelle
Spraydosen	Sonnenenergie
Verpackung	Zug

Schreib jetzt deine eigene Antwort auf die Frage.

Tipp des Tages

<table>
<tr><td rowspan="3">Ich</td><td colspan="2">sortiere meinen Müll.
fahre mit dem Rad.</td></tr>
<tr><td>kaufe</td><td>umweltfreundliche Produkte.
Pfandflaschen.
Produkte mit möglichst wenig Verpackung.</td></tr>
<tr><td colspan="2">verwende recycelte Schreibwaren.
spare Wasser beim Duschen.
rauche nicht.
benutze keine Spraydosen mit Treibgas.</td></tr>
</table>

Umweltfreundlich

Sieh dir die Fotos an. Warum ist das umweltfreundlich?

Beispiel
Foto Nummer eins. Eine Fußgängerzone ist umweltfreundlich, weil das für Fußgänger sicherer ist.

1 
Lieferverkehr
in Längsaufstellung
21 - 11 h erlaubt
eine Fußgängerzone

2 
ein Radweg

3 
ein Windgenerator

4 

eine Straßenbahn

5 
30
ZONE
Wohngebiet
eine verkehrsberuhigte Zone

6 
Reformhaus
Goeze
ein Reformhaus

7 
Glas
ein Recyclingcontainer

8 
eine Busspur

- das ist für Fußgänger sicherer
- Energie wird gespart
- Staus werden verhindert
- fossile Brennstoffe werden gespart
- Produkte werden ohne Chemikalien produziert
- es ist nicht so gefährlich
- der Verkehr in der Stadtmitte wird reduziert
- das Tempo des Verkehrs wird reduziert

Die größte Gefahr

Diese sechs Jugendlichen sagen, welches Umweltproblem sie am schlimmsten finden. Mit wem stimmst du überein?

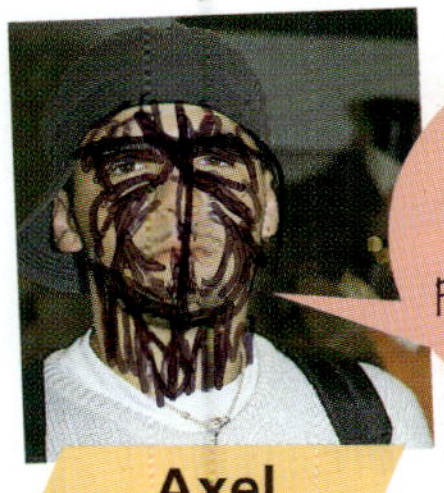
Die größte Gefahr für die Welt ist das Problem mit dem Atommüll.
Axel

Es gibt viele Probleme, aber am schlimmsten ist die Zerstörung des Regenwaldes.
Konrad

Es gibt viele Arten von Verschmutzung, aber die schlimmste ist die Ölverschmutzung.
Angelika

Gefährdete Tiere sind meiner Meinung nach das größte Problem.
Miriam

Was mich am meisten ärgert, ist der Treibhauseffekt.
Ralf

Die größte Gefahr, denke ich, ist der saure Regen.
Jutta

Mach jetzt eine Umfrage in der Klasse. Die Frage: Was ist für dich die größte Gefahr für die Welt? Vergleich, wenn möglich, deine Ergebnisse mit denen von anderen Klassen.

Tipp des Tages

Die größte Gefahr Das schlimmste Problem Am schlimmsten	ist	die Ölverschmutzung. der Treibhauseffekt. das Problem mit dem Atommüll.

Dies und das

Der ‚Seebus'

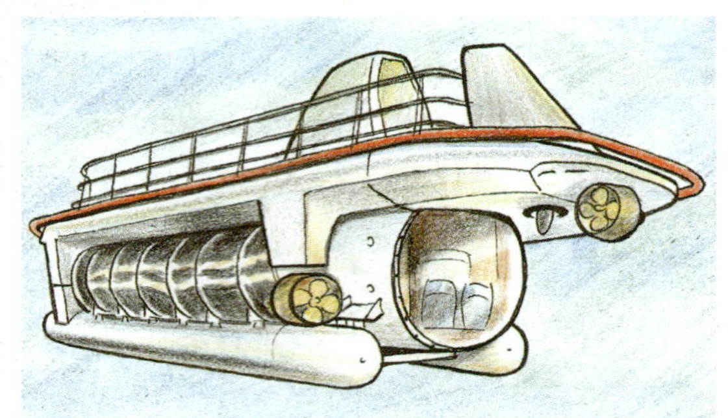

Hier ist der erste Unterseebus für Touristen in Europa. Er ist 20 Meter lang und kann 45 Passagiere 40 Meter unter dem Meeresspiegel transportieren.

Er verschmutzt nicht, denn seine Motoren sind elektrisch. Vorne ist er völlig aus Plexiglas und bietet eine schöne Aussicht.

Wenn du mit diesem ‚Seebus' fahren willst, musst du nach Monaco fahren! Es kostet ungefähr 100 Mark für 45 Minuten. Gute Reise!

Achtung, Helme auf!

Was passiert, wenn Kometen aus dem Weltraum fallen?

Größe des Himmelskörpers	Was passiert?	Wie oft?	Gefahren auf der Erde
Bis 10 Zentimeter	Verbrennt in der Atmosphäre	Tausende im Jahr	Keine
10 Zentimeter bis 1 Meter	Zerfällt in kleine Stücke und verbrennt	Etwa 10 im Jahr	Sehr wenig
1 bis 10 Meter	Berührt den Boden in Stücken	Einmal im Jahr	Lokale Schäden
10 bis 100 Meter	Macht einen großen Krater	Alle 500 Jahre	Schäden über eine ganze Region
100 Meter bis 1 Kilometer	Macht einen Krater größer als 1 km	Alle 5 000 bis 10 000 Jahre	Schäden über einen ganzen Kontinent
Mehr als 1 Kilometer (wie Toutatis)	Macht einen Krater 15 mal so groß wie er selbst	Alle paar Millionen Jahre	Ende einer Zivilisation?

SÜDEN

Wie orientiert man sich ohne einen Kompass?

- Halt deine Armbanduhr vor dir.
- Richte den Stundenzeiger auf die Sonne.
- Die Linie, die den Winkel zwischen dem Stundenzeiger und 12 Uhr in zwei Hälften teilt, zeigt auf den Süden.

Bildgeschichte

Bei Uli zu Hause

1

Wieso lungerst du immer nur herum? Könntest du nicht Gitarre üben, oder so?
Mit der Gruppe ist Schluss!

2

Gut. Dann kannst du endlich ein bisschen fleißiger für die Schule arbeiten!
KÖLN

3

Schade, dass es nicht etwas länger geklappt hat.

Ach, so schlimm ist es nicht.

4

Als es das erste Mal mit Thorsten Streit gab, hatte ich das Gefühl, dass es vorbei war.

Das Wichtigste ist: Wir haben uns kennen gelernt ... so, gib mal die Flaschen her.

Vor dem Altglascontainer treffen sie Christiane.

5

Hallo Navina! Hallo Holger!
FINKE

6

Hört mal ... ihr wisst, dass es in zwei Wochen einen Tag für die Umwelt gibt. Also, wir wollen dafür ein Konzert organisieren ...
Weißglas

7

... und ich wollte euch fragen: Könnte eure Gruppe da spielen? Es wäre wirklich toll!

8

Im Postwagen
BISTRO
Weißglas

sb Selbstbedienung

Ich wohne in einem Hochhaus

Sieh dir die Symbole an und lies die Texte. Wer sagt das?

Beispiel
Moni B

Moni
Thomas
Mamoud
Dirk
Tulai
Tobias

A Ich wohne in einem Vorort in einem Hochhaus. Hier draußen gibt's nichts für Jugendliche. Es gefällt mir nicht.

B Ich wohne in einem Hochhaus am Stadtrand. Mir gefällt's gut da.

C Ich wohne in einem Hochhaus in der Stadtmitte. Mir gefällt's da ganz gut. Es ist immer viel los.

D Ich wohne in einem kleinen Haus in einem Dorf. Es gefällt mir sehr gut. Es ist sehr ruhig da.

E Ich wohne in einem großen Haus auf dem Land. Es gefällt mir überhaupt nicht. Es ist zu langweilig.

F Ich wohne in einem Vorort. Wir leben in einem Einfamilienhaus. Es gefällt mir gut. Meine Freunde wohnen alle in der Nähe.

Meiner Meinung nach

Vervollständige die Sätze – du hast die Wahl!

Ich bin ein Jahr älter als ...
Ich finde Deutsch interessanter als ...
Mein Lieblingsradiosender ist ...
Mein bester Freund/Meine beste Freundin ist ...er als ich.
Die langweiligste Person, die ich kenne, ist ...
Der hässlichste Wagen ist ein ...
Die schlechteste Gruppe ist ...
Die schönste Sängerin ist ...
Der dümmste Prominente im Fernsehen ist ...
Der größte Sportler ist ...
Die größte Sportlerin ist ...
Das schwierigste Fach ist ...

Oma und Opa

Schreib den Text auf und wähl jeweils das richtige Verb.

Beispiel
*Als meine Großeltern klein **waren**, ...*

Als meine Großeltern klein **war/waren**, **gab/gaben** es kein Fernsehen. Sie **lebte/lebten** auf dem Land. Meine Großmutter **hatte/hatten** sieben Geschwister, und mein Großvater sechs! Jetzt **wohnten/wohnen** sie in einem Vorort von Marburg. Es **gefällt/gefallen** ihnen gut da. 1935 **war/waren** das Leben viel ruhiger, aber sie **ist/sind** beide sehr glücklich, dass es jetzt Fernsehen **gibt/gab**.

Vier Freundinnen

Jutta ist größer als Petra.
Petra ist kleiner als Eva.
Angela ist größer als Eva.
Jutta ist nicht am größten.

Wer ist am größten?

Jutta ist älter als Angela.
Angela ist jünger als Eva.
Petra ist am jüngsten.
Jutta ist nicht am ältesten.

Wer ist am ältesten?

Wo wohnst du?

Stell dir vor, du lebst hier.

Früher lebtest du hier.

Du möchtest aber hier wohnen.

Wie beantwortest du diese Fragen?

Wo wohnst du?

Wo wohntest du früher?

Wo möchtest du am liebsten wohnen?

Es ist schwer, unweltfreundlich zu sein!

Bring die Satzhälften zusammen und schreib sie richtig auf.

Autos verschmutzen die Luft, aber …
Man sollte Altpapier nicht wegwerfen, aber …
Ich weiß, dass es nicht sehr gesund ist, aber …
Rauchen ist umweltfeindlich, aber …
Ich versuche, keine Energie zu verschwenden, aber …
Es gibt einen Altglascontainer nicht weit von uns, aber …
Ich weiß, was man für die Umwelt tun sollte, aber …

ich esse wahnsinnig gern Fastfood.
ich fahre nicht gern Rad.
ich bringe die leeren Flaschen nicht immer dahin.
manchmal vergesse ich, das Licht auszumachen.
ich tue persönlich sehr wenig dafür.
es macht mir Spaß.
es gibt keinen Container in der Nähe.

sb Selbstbedienung

Probleme

Welches Beispiel passt zu welchem Problem?

1 Es gibt nicht genügend öffentliche Verkehrsmittel.
2 Es gibt keine Unterhaltung für junge Leute.
3 Umweltverschmutzung ist ein großes Problem.
4 Viele Tierarten sind gefährdet.
5 Es gibt sehr beschränkte Wohnmöglichkeiten.

Beispiele

A Wir leben in einem sehr kleinen Haus.
B Koalabären sterben allmählich aus.
C Es gibt nur einen einzigen Bus am Tag.
D Die Autos verpesten die Luft.
E Es gibt keine einzige Disko im Dorf.

Denk dir jetzt weitere Beispiele aus.

Hallo Michael!

Lies den Brief und beantworte die Fragen.

Hallo Michael!

Wie geht's? Hoffentlich gut. Du wolltest wissen, ob wir schon immer in Bonn wohnen. Nein! Früher lebten wir in einem großen Bauernhaus auf dem Land in der Nähe von München. Das Haus gehörte meinen Großeltern. Vor zehn Jahren bekam meine Mutter einen neuen Arbeitsplatz als Reporterin für den Westdeutschen Rundfunk. Deshalb mussten wir nach Bonn umziehen. Hier gefällt's mir ganz gut. Unser Haus ist zwar ziemlich klein, und wir haben fast keinen Garten, aber es ist immer unheimlich viel los. Hoffentlich kommst du uns mal besuchen.

Viele Grüße!

Dein Raphael

1 Wo wohnt Raphael jetzt?
2 Wo wohnte er früher?
3 Bei wem lebte seine Familie früher?
4 Warum musste er nach Bonn umziehen?
5 Wie gefällt's ihm in Bonn? Warum?

Eine andere Perspektive

Stell dir vor, du stellst diesen Tieren die Frage: ‚Was ist für dich die größte Umweltgefahr?' Erfinde ihre Antworten!

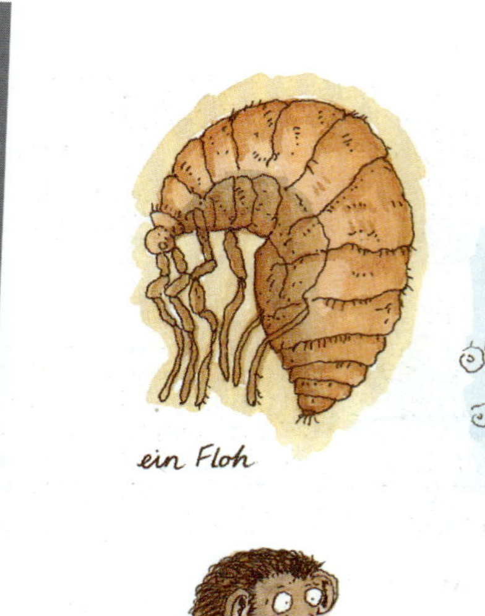

ein Floh

ein Thunfisch

ein Schimpanse

ein Igel

ein Panda

eine Möwe

auf
einen
Blick

1 Saying where you live

Ich	wohne lebe	auf dem Land. im Stadtzentrum. am Stadtrand. in der Nähe von München. in einem Einfamilienhaus.	*I live in the country.* *I live in the town centre.* *We live on the outskirts of town.* *We live near Munich.* *We live in a detached house.*
Wir	wohnen leben		

2 Saying where you would most like to live and why (comparative adjectives)

Am liebsten würde ich	auf einer	Insel	leben.	*I would most like to live on an island*
	in einem	Haus auf dem Land		*I would most like to live in a house in the country.*
	in einer	Weltraumstation		*I would most like to live in a space station.*

Es wäre	ruhiger aufregender	als	da, wo ich jetzt wohne. hier.	*It would be quieter than where I live now.* *It would be more exciting than here.*

3 Saying where you used to live

Ich	wohnte lebte	früher vorher	in	der Hauptstadt.		*Before, I used to live in the capital.*
				einem	Dorf. Vorort.	*Before, I used to live in a village.* *Before, we used to live in a suburb.*
Wir	wohnten lebten			einer Wohnung.		*Before, we used to live in a flat.*

4 Describing how things used to be

(Im Jahre) 1900 Früher	gab es	eine Schule. ein Theater.	*In 1900 there was a school.* *There used to be a theatre.*
In Frankfurt	war	immer eine Menge los.	*In Frankfurt there was always lots going on.*
Meine Eltern	waren	Lehrer.	*My parents were (used to be) teachers.*

5 *Als* (when) with the past tense

Als	ich	klein war,	lebte ich in Griechenland.	*When I was small I lived in Greece.*
		in Hamburg wohnte,	hatten wir keinen Garten.	*When I lived in Hamburg we had no garden.*
	wir	in Luxemburg lebten,	ging ich abends gewöhnlich aus.	*When we lived in Luxemburg, I usually went out in the evening.*

6 Superlatives

Die größte Gefahr Das schlimmste Problem Am schlimmsten	ist	die Ölverschmutzung. der Atommüll. der Treibhauseffekt. die Zerstörung des Regenwaldes.	*The greatest danger is oil pollution.* *The worst problem is atomic waste.* *The worst problem is the greenhouse effect.* *The most dreadful thing of all is the destruction of the rain forests.*
Karin ist am größten.			*Karin is the tallest.*

7 The passive

Energie	wird	gespart.	*It saves energy (literally: energy is saved).*
Der Verkehr		reduziert.	*It reduces the traffic (literally: the traffic is reduced).*
Staus	werden	verhindert.	*It avoids traffic jams (literally: traffic jams are avoided).*
Fossile Brennstoffe		gespart.	*It saves fossil fuels (literally: fossil fuels are saved).*

GREENPEACE

Greenpeace ist die wichtigste Umweltorganisation der Welt. Sie wurde 1971 in Vancouver, Kanada von kanadischen und amerikanischen Pazifisten gegründet, die gegen amerikanische Atomversuche in Alaska protestierten. Heute ist der Sitz der Organisation in Amsterdam. *Greenpeace* hat Büros in über 30 Ländern, fast eine Million Angestellte und einige Schiffe. In Deutschland, wo die öffentliche Meinung sehr sensibel auf Umweltfragen reagiert, sind die *Greenpeace*-Aktivisten besonders engagiert.

GREENPEACE

Symbol für engagierten Umweltschutz: Die Schiffe mit dem Greenpeace-Regenbogen

KADEMATIC

Maike Hülsmann

Die Öko-Warrior

Immer wieder machen die Aktionen von *Greenpeace*-Mitarbeitern Schlagzeilen in der Presse. Hier stellen wir euch zwei deutsche Umwelt-Aktivisten vor:

Maike Hülsmann (29) ist eines von acht Mitgliedern der ‚Action Crew'. Täglich riskiert sie ihr Leben für die Umwelt. Und das für 4 500 Mark im Monat. Oft bekommt sie bei ihren Aktionen auch blaue Flecken. Als Maike einmal norwegische Walfänger dabei störte, einen Wal zu töten, wurden diese Männer so wütend, dass sie Maike verprügelten. Maike durfte sich nicht wehren, denn Gewalt ist bei *Greenpeace* verboten. Als ein großer Ölkonzern die Bohrinsel ‚Brent Spar' auf hoher See versenken wollte, war Maike auch aktiv. Sie kletterte einfach hinauf und verhinderte so, dass die Giftinsel versenkt wurde. Von Beruf ist Maike Maschinenbauerin. Kein Wunder also, dass sie auch eine sehr gute Handwerkerin ist.

‚Die Maike ersetzt zwei Kerle,' sagt Peter Küster, 48, der auch zur ‚Action Crew' gehört. Er arbeitete früher als Kapitän für die chemische Industrie und fuhr Chemietanker durch die ganze Welt. Eines Tages sagte seine Frau: ‚Du hast einen Sohn. Denkst du nie an seine Zukunft?' Danach ging er zu *Greenpeace* und wurde zum Umwelt-Aktivisten. Seine früheren Arbeitgeber in der chemischen Industrie sind heute seine Feinde. ‚Ich weiß genau, was auf diesen Tankern los ist. Oft wird das Gift auf hoher See einfach ins Meer geschüttet,' sagt Peter. Genau wie Maike sitzt er bei *Greenpeace*-Aktionen viele Stunden im Schlauchboot. Das ist ein harter Job: ‚Eisiger Wind, nasse Klamotten und wenn du Pech hast, bekommst du eine auf die Nase,' sagt Peter ohne Illusionen. Doch für die Umwelt lohnt es sich, meint er.

GREENPEACE
NO
PING
ERO
ARG
Peter Küster: Früher fuhr er selbst Chemietanker, heute kämpft er gegen sie

GREENPEACE

Kein Gift ins Meer!
GREENPEACE

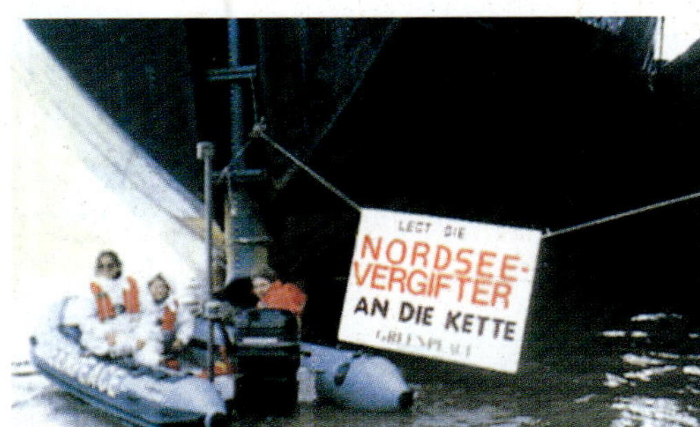
NORDSEE-
VERGIFTER
AN DIE KETTE
Mutige Aktion: Peter & Co. legen einen Gift-Tanker an die Kette

8 Meinetwegen

Hast du Probleme?

Alle haben Probleme – auch Jugendliche! Was für welche? Sieh dir die Bilder und Texte an. Was passt wozu? Wer sagt was?

Beispiel

1 Fatma

Dirk

Sabine

SCHULE
Kasimir

Kirsten

Fatma
Thomas

Jutta

Ralf

1 Meine Eltern verstehen mich nicht.
2 Mein Freund hat eine andere.
3 Ich bin immer gleich sauer. Alles nervt mich.
4 Was meine Eltern verlangen, schaffe ich nie. Ich tue mein Bestes in der Schule, aber das hilft nichts.
5 Der Stress in der Schule ist zu viel für mich.
6 Bei Mädchen krieg' ich keinen Ton raus. Ich bin einfach zu scheu.
7 In unserer Clique bin ich immer das fünfte Rad am Wagen. Meine Freunde machen nie das, was mich interessiert.
8 Ich habe Probleme mit meiner Freundin.

Jetzt hör zu. Wer spricht jeweils? Was sagen die acht Jugendlichen noch über ihre Probleme?

Ich hab' alles satt!

Sieh dir die Texte an. Ein Junge und ein Mädchen sprechen über ihre Probleme. In welche Kategorie passt jedes Problem: Schule, Geld, Familie oder Freunde?

Ich habe Probleme mit meinem Freund.

Meine ältere Schwester ist immer so gemein zu mir.

Meine beste Freundin nimmt Drogen. Ich habe wirklich Angst!

Ich finde, ich muss zu viel im Haushalt helfen, und mein Bruder macht nie was.

Ich hasse die Schule. Die Arbeit kann ich nicht ausstehen.

Ich hab' keinen Job, und ich bekomme fast kein Taschengeld von meinen Eltern.

Ich hab' alles satt! Meine Freundin hat einen anderen.

Mein bester Freund will nichts mehr mit mir zu tun haben. Ich versteh' es einfach nicht.

Ich hab' in einer Disko ein tolles Mädchen kennen gelernt, aber ich weiß nicht, wo sie wohnt.

Mein Vater sagt, ich muss einen Job finden, aber ich will nicht. Ich brauche das Geld auch nicht.

Unsere Deutschlehrerin interessiert sich nur für die guten Schüler. Das nervt mich!

Was meinst du? Welche von diesen Problemen haben viele Leute?

Welche Probleme sind sehr ernst? Welche sind hauptsächlich Teenagerprobleme?

Verstehst du dich gut mit deiner Familie?

Lies die Texte, hör zu, dann wähl a, b oder c.

1 Stefan ...
a hat keinen Kontakt mehr zu seinen Eltern.
b versteht sich gut mit seinem Bruder.
c kommt mit seinen Eltern sehr gut aus.

3 Cornelia ...
a hat viel gemeinsam mit ihrer Kusine.
b findet ihre Kusine doof.
c hat keine Kusine.

5 Sven hat ein enges Verhältnis zu seiner Tante, weil ...
a er sich nicht gut mit seinen Eltern versteht.
b sie klug und interessant ist.
c sie so alt ist.

Tipp des Tages

Ich	habe	Probleme	mit	Geld. der Schule.
	verstehe mich gut verstehe mich nicht gut			meinem Bruder. meinem Freund. meiner Schwester. meiner Kusine. meinen Freunden. meinen Eltern.

Er	kommt	mit	seinem	Bruder Vater	sehr gut ganz gut nicht gut	aus.
			seiner	Tante Mutter		
Sie			ihrem	Onkel		
			ihrer	Schwester		

2 Andrea ...
a hat viel Kontakt zu ihren Eltern.
b versteht sich nicht mit ihren Eltern.
c kommt mit der ganzen Familie gut aus.

4 Emin ...
a versteht sich überhaupt nicht mit seinen Eltern.
b will wieder bei seinen Eltern wohnen.
c kommt mit seinem Bruder und auch mit seinen Eltern gut aus.

6 Comischa ...
a findet ihre kleine Schwester dumm.
b kommt mit ihrer kleinen Schwester gut aus.
c spielt viel mit ihrer Schwester.

7 Britta ...
a kommt mit ihrem kleinen Bruder gut aus.
b versteht sich gut mit ihrer kleinen Schwester.
c findet ihren älteren Bruder ganz toll.

Welche Probleme kommen am häufigsten vor?

Arbeitet in Gruppen. Wählt 5-8 Kategorien, zum Beispiel: Geld, Kleider, Freunde, Eltern usw. und macht eine Tabelle. Dann macht eine Umfrage in der Klasse. Stellt die Frage: ‚Welche Probleme kommen bei dir am häufigsten vor?' Entscheidet, wie ihr die Ergebnisse am besten präsentieren könnt.

Charakterquiz

Was für ein Mensch bist du? Sieh dir die fünf Kästchen A bis E an. In jedem Kästchen sind drei Situationen zu finden. Welche Situation stört dich am meisten?

A
1 Wenn du vergisst, etwas Wichtiges in den Urlaub mitzunehmen.
2 Wenn du eine halbe Stunde zu spät zu einer Verabredung kommst.
3 Wenn du bei Freunden Kaffee auf den Teppich gießt.

B
1 Wenn du in den falschen Bus steigst und deine Freunde eine halbe Stunde auf dich warten müssen.
2 Wenn du eine Mark in einem Automaten verlierst.
3 Wenn dein Freund/deine Freundin etwas Wichtiges für eine Party vergisst.

C
1 Wenn du zu deinem Geburtstag ein Geschenk bekommst, das dir nicht gefällt.
2 Wenn dir dein Freund/deine Freundin eine CD kaputt macht.
3 Wenn du nicht genug Geld dabei hast, um in einem Café zu bezahlen.

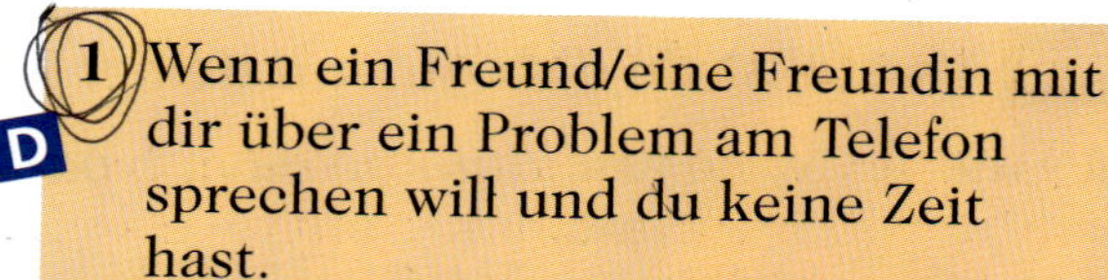

D
1 Wenn ein Freund/eine Freundin mit dir über ein Problem am Telefon sprechen will und du keine Zeit hast.
2 Wenn du vergisst, eine wichtige Nachricht weiterzugeben.
3 Wenn du zu spät zu einer Party kommst und es nichts mehr zu essen gibt.

E
1 Wenn du bei Freunden zum Essen eingeladen bist, aber keinen Hunger hast.
2 Wenn dir in der Stadt jemand den falschen Weg sagt und du folglich zehn Minuten verlierst.
3 Wenn etwas in deinem Schlafzimmer runterfällt und nicht mehr funktioniert.

Lieschen

MANCHMAL MÖCHTE ICH EHER EIN JUNGE SEIN!

DANN DENKE ICH IMMER: JUNGS SIND STÄRKER, INTELLIGENTER UND HABEN ES SPÄTER EINMAL LEICHTER.

IN SOLCHEN MOMENTEN MUSS ICH IMMER AN DICH DENKEN.

DANACH WEISS ICH WIEDER, DASS ES DOCH VIEL BESSER IST, EIN MÄDCHEN ZU SEIN!

Charakterquiz: Auswertung

Addiere die Punkte für die fünf Situationen, die du gewählt hast. Dann sieh dir die Endsumme an. Was für ein Mensch bist du?

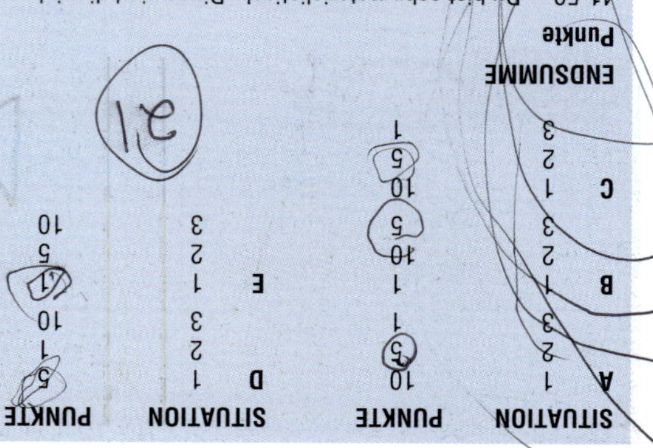

SITUATION		PUNKTE	SITUATION		PUNKTE
A	1	10	D	1	5
	2	5		2	1
	3	1		3	10
B	1	1	E	1	1
	2	10		2	5
	3	5		3	10
C	1	10			
	2	5			
	3	1			

ENDSUMME

Punkte	
41-50	Du bist sehr materialistisch. Dinge sind dir viel wichtiger als Menschen. Du interessierst dich nicht sehr für die Gefühle von anderen Leuten.
31-40	Du bist ziemlich materialistisch. Du bist nicht sehr tolerant gegenüber anderen Leuten, wenn sie einen Fehler machen.
21-30	Du erwartest viel von anderen Leuten. Es ärgert dich, wenn jemand anders einen Fehler macht – aber bist du selber so perfekt?
11-20	Du denkst mehr an Menschen als Dinge. Insofern bist du sympathisch, aber du kannst auch manchmal ziemlich intolerant sein.
5-10	Recht sympathisch bist du. Die Gefühle von anderen Leuten sind dir wichtiger als deine eigenen Gefühle. Aber Vorsicht – die meisten Leute auf der Welt sind nicht so rücksichtsvoll wie du!

Was geht dir auf die Nerven?

Sieh dir die Texte an. Acht Teenager beantworten hier die Frage: ‚Was geht dir auf die Nerven?' Hör zu. Wer spricht jeweils?

Beispiel
1 Karin

Karin

Leute, die mich nicht ernst nehmen.

Jungen oder Mädchen, die einander nie treu sind.

Leute, die andauernd über Umweltprobleme reden.

Thomas

Meckernde Eltern, die ihre Kinder nie in Ruhe lassen.

Ersun

Susanne

Bastian

Leute, die junge Leute immer wie Kinder behandeln.

Tanja

Jugendliche, die todernst sind und keinen Spaß verstehen.

Lehrer, die uns zu viele Hausaufgaben geben.

Die Straßen und Autobahnen, die so stark befahren sind.

Halima

Peter

Ich will nicht klagen

Hör zu und lies das Gedicht.

Leute, die nie Schlange stehen,
Nachbarn, die den Rasen mähen.

Lehrer, die nur Fünfen geben,
Schüler, die für die Schule leben.

Traurige Gesichter, die nie lachen,
Faule Freunde, die nichts machen.

Eltern, die keinen Spaß verstehen
Und zu früh nach Hause gehen.

Was mich nervt, ist leicht zu sagen,
Aber nicht so schlimm – ich will nicht klagen!

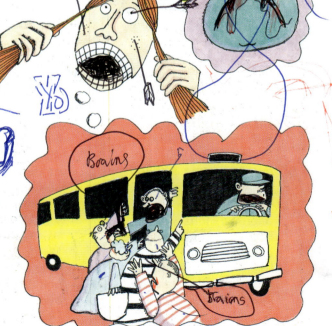

Tipp des Tages

Was geht dir auf die Nerven?		
Leute,	die	mich nicht ernst nehmen.
Jugendliche,		keinen Spaß verstehen.
Eltern,		ihre Kinder nie in Ruhe lassen.
Lehrer,		uns zu viele Hausaufgaben geben.

Sorgenbriefe

Hier sind vier Sorgenbriefe und vier Titel, die durcheinander sind. Welcher Titel passt zu welchem Brief?

Auf einer Fete lernte ich ein hübsches Mädchen kennen. Sie gefiel mir sehr gut. Wir trafen uns fast jeden Tag, und nach einiger Zeit kannten wir uns schon sehr gut. Als wir bei einem Freund auf einer Fete eingeladen wurden, fragte ich sie, ob sie mit mir dort hingehen wollte. Aber sie sagte ‚nein', denn sie mochte zu der Zeit keinen Freund haben. An einem anderen Tag sah ich sie aber mit einem anderen Jungen, und sie küssten sich. Warum wollte sie dann nicht mit mir gehen, obwohl sie doch gesagt hat, sie findet mich toll?

Bernd (15) aus Seevetal.

Seit drei Monaten habe ich eine Freundin. Jetzt hat sie mir gesagt, dass ich mir neue Kleider kaufen soll, weil ich nicht genügend modische Sachen habe. Sie will mit mir Schluss machen, wenn ich das nicht tun will. Ich will mein Geld aber nicht für neue Klamotten ausgeben. Meine Eltern halten es auch nicht für nötig. Da ich aber meine Freundin liebe und sie nicht verlieren möchte, möchte ich wissen, was ich machen soll.
Bitte helfen Sie mir!

Peter (16) aus Marburg.

Mein Problem klingt vielleicht lächerlich. Ich habe Mundgeruch, obwohl ich mir dreimal am Tag die Zähne putze. Dadurch habe ich auch schon viele Freundinnen verloren, weil ich mich nicht getraut habe, sie zu küssen. Merkt man überhaupt beim Küssen, ob der Partner Mundgeruch hat?
Bitte raten Sie mir!

Karsten (15) aus Tübingen.

Keiner macht den Anfang!

Welchen Rat würdest du geben?

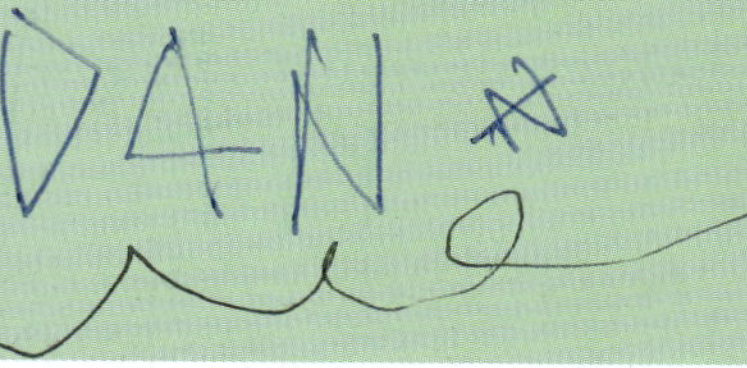

Hier sind Ratschläge für die Sorgenbriefe. Stell dir vor, du musst einen Rat geben.
Wähl A, B oder C für jeden Sorgenbrief. Aber Vorsicht! Das sind keine richtigen Antworten. Das sind nur Meinungen. Was meinst du?

Bernds Problem

A Vergiss sie! Sie interessiert sich nicht für dich. Am besten suchst du dir eine andere Freundin.

B Du solltest das Problem mit deiner Freundin besprechen. Vielleicht hat sie das nur gemacht, um dir etwas zu sagen!

C Deine Freundin weiß offenbar nicht, was sie fühlt. Sei nett zu ihr, lade sie wieder irgendwohin ein, dann hast du vielleicht mehr Glück!

Peters Problem

A Wenn deine Freundin dich nicht so will, wie du bist, kann sie dich nicht sehr lieben. Vielleicht bist du einfach nicht ihr Typ!

B Deiner Freundin ist Kleidung sehr wichtig. Wahrscheinlich sieht sie auch sehr gut aus. Könntest du dir nicht auch ab und zu ein modernes Kleidungsstück kaufen? Deine ganzen Ersparnisse würde es dich doch nicht kosten!

C Was ist dir wichtiger: deine Kleider oder deine Freundin? Trag, was ihr gefällt, und du behältst sie. Oder bleib, wie du bist, und du verlierst sie sicher. Deine Wahl!

Karstens Problem

A Schlechten Atem bemerkt deine Partnerin beim Küssen schon. Lass dich so bald wie möglich vom Arzt und Zahnarzt untersuchen.

B Mundgeruch ist natürlich ein Problem, aber du kannst etwas dagegen machen. Trink jeden Tag Salbeitee. Es gibt auch einen speziellen Kaugummi, der gegen Mundgeruch wirksam ist.

C Mach dir keine Sorgen! Die nettesten Leute können Mundgeruch haben. Wenn dich ein Mädchen deswegen nicht küssen will, ist sie sowieso nicht der Mühe wert.

Merkt der Partner beim Küssen, ob man Mundgeruch hat?

Meine Freundin küsste einen anderen

Wir kennen zwei Jungen, die gerne mit uns gehen wollen. Beide sind aber ein Jahr jünger als wir. Sehr schüchtern sind sie auch noch. Wir finden sie sehr süß, wollen aber nicht den Anfang machen. Was sollen wir tun? Sind sie vielleicht so schüchtern, weil sie jünger sind als wir? Vor drei Woche haben wir eine Party veranstaltet. Aber es geschah nichts. Sie saßen nur blöd herum und schielten ab und zu mal verlegen rüber!

Claudia und Petra (16 und 15) aus Wuppertal.

Wann kommst du denn heute Abend wieder nach Hause?

Ich komm' nach Hause, wann es mir gefällt

Meine Freundin nörgelt an meinen Klamotten rum

Na gut, aber keine Minute später...

Claudias und Petras Problem

A Die beiden sind zu jung für euch. Wenn ihr nicht ewig warten wollt, sucht lieber Jungen, die nicht so schüchtern sind.

B Ihr schreibt, dass ihr diese Jungen ‚süß' findet. Vielleicht ist das nur so, weil sie so schüchtern sind. Seid ihr sicher, dass ihr sie noch so interessant findet, wenn ihr euch mal besser kennt? Vorsicht!

C Warum wollt ihr nicht den Anfang machen? Weil ihr Mädchen seid? Das ist doch kein Grund! Versucht's mal! Vielleicht wissen die gar nicht, dass ihr sie so gern mögt!

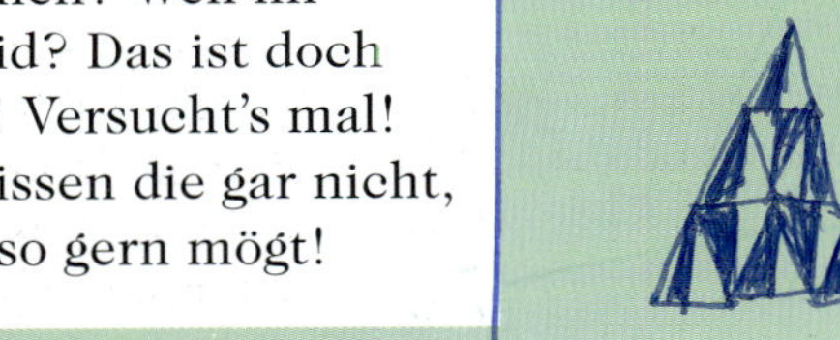

Tipp des Tages

Ich	lernte ein Mädchen kennen. sah sie mit einem anderen.
Sie	gefiel mir gut. wollte nicht mit mir gehen.
Wir	trafen uns jeden Tag. kannten uns sehr gut.
Sie	küssten sich. saßen nur blöd herum.

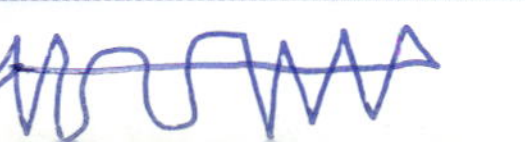

Klamotten-Einkauf

Worauf achten diese Teenager, wenn sie Klamotten kaufen? Auf den Preis? Auf den Stil? Auf die Marke? Lies die Texte.

Mir macht es Spaß, nach Hamburg zu fahren, um nach Klamotten zu gucken. Aber ich finde es ziemlich nervig, wenn die Verkäuferin auf mich zustürzt, bevor ich mich überhaupt umgucken kann. Wenn ich aber etwas Schönes gefunden habe, freue ich mich schon darauf, es direkt am Abend oder am nächsten Tag anzuziehen.
Catrin Bellmann, 17 Jahre

Ich gehe wahnsinnig gern einkaufen. Die Klamotten, die ich kaufe, müssen zu meinem Stil passen, von guter Qualität sein und auch nicht zu teuer sein. Nur leider ist es so, immer wenn ich mir etwas Besonderes kaufen möchte, habe ich kein Geld in der Tasche. Millionär müsste man sein!
Nina Löber, 16 Jahre

Da mir das Einkaufen Spaß macht, verbringe ich ab und zu ganze Tage in Hamburg. Dabei gehe ich neben ziemlich teueren Boutiquen auch in Second-Hand-Shops. Ich kleide mich gern modisch – aber nichts Ausgeflipptes.
Christian Lodert, 16 Jahre.

Wenn ich mir Klamotten kaufe, achte ich nie auf die Marke. Es sollten aber dann auch keine billigen Klamotten sein. Ich kaufe mir am liebsten locker sitzende Sachen, die vielleicht nicht mal mehr in Mode sind.
Alexander Sekulio, 16 Jahre

Ich kaufe eigentlich nie Klamotten, weil sie modern sind oder weil sie einen besonderen Namen haben. Wenn ich mir Klamotten kaufe, dann sind es solche, die mir gefallen – etwas Bequemes und nicht zu Teueres. Billige T-Shirts und Jeans zum Beispiel.
Yvonne Krieger, 16 Jahre

Beim Kauf von Klamotten kommt es darauf an, dass sie cool aussehen. Der Preis spielt dabei keine große Rolle.
Mark Ilsemann, 17 Jahre

Ich bevorzuge kleine Boutiquen, denn ich versuche schon möglichst modisch gekleidet zu sein. Ich will nicht genau so rumlaufen wie jeder andere – ich will die Klamotten als eine der Ersten haben.
Franziska Kadee, 17 Jahre

Wie sagt man auf Deutsch?

Finde das Deutsche in den Texten oben.

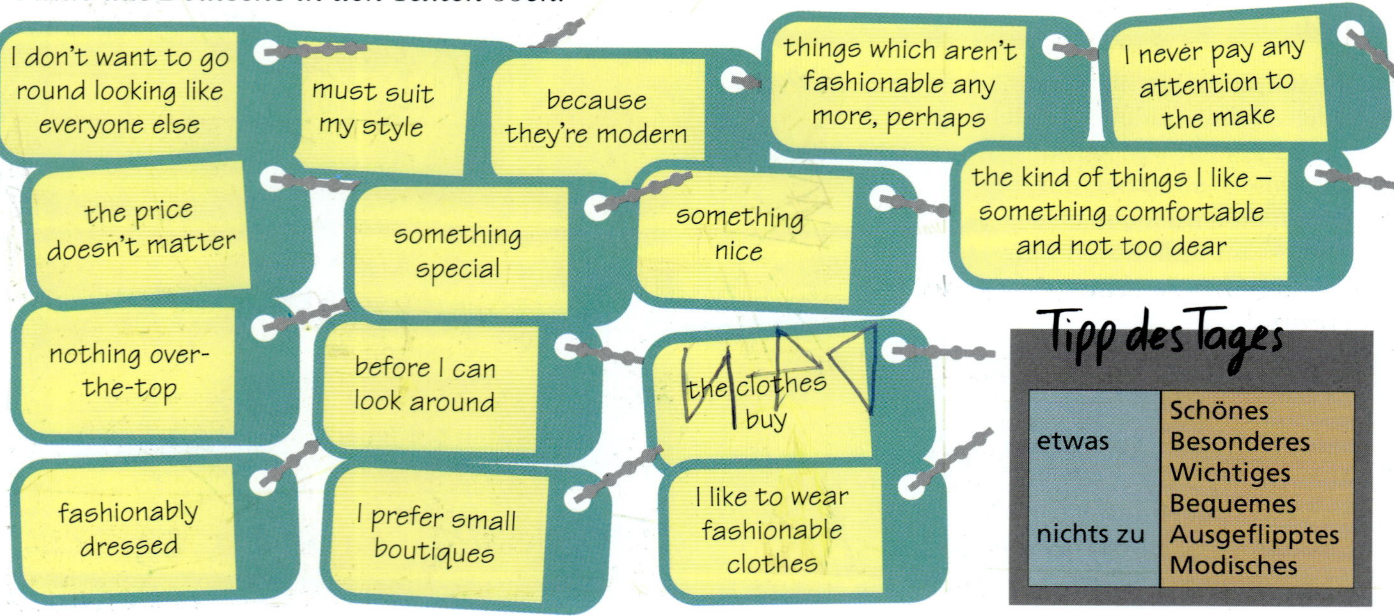

I don't want to go round looking like everyone else
must suit my style
because they're modern
things which aren't fashionable any more, perhaps
I never pay any attention to the make
the price doesn't matter
something special
something nice
the kind of things I like – something comfortable and not too dear
nothing over-the-top
before I can look around
the clothes I buy
fashionably dressed
I prefer small boutiques
I like to wear fashionable clothes

Tipp des Tages

etwas nichts zu	Schönes Besonderes Wichtiges Bequemes Ausgeflipptes Modisches

Partnerarbeit. Ist die Mode wichtig?

Kleider, Mode und Image. Wie wichtig sind sie? Was ist dir am wichtigsten?

Was hältst du von anderen, die Modesachen wichtig finden? Stellt einander die Fragen.

A Wie wichtig ist dir dein Image?

B
- Sehr wichtig.
- Ganz wichtig.
- Das ist mir egal.

A Und die Mode? Was hältst du davon?

B
- Ich interessiere mich gar nicht für Kleidung.
- Toll! Ich kleide mich immer modisch.
- Das ist alles schön und gut, aber es kostet zu viel!

A Was ist dir am wichtigsten, wenn du dir Klamotten kaufst? Der Preis? Die Marke? Der Stil? Oder was?

B
- Der Preis – zum Beispiel kaufe ich billigeT-Shirts und Jeans.
- Ich achte immer auf die Marke. Ich will nämlich cool aussehen.
- Ich kaufe nur Klamotten, die mir gefallen und bequem sind.

A Gibst du viel Geld für Klamotten aus?

B
- Ja, mein ganzes Geld. Mein Aussehen ist mir am wichtigsten.
- Ziemlich viel, aber nur, weil Klamotten so teuer sind.
- Nein, nicht viel. Ich trage lieber alte bequeme Klamotten.

A Ist es dir auch wichtig, wie andere Leute aussehen?

B
- Ja, sicher. Ich finde, man sollte immer versuchen, sich schön und cool zu kleiden.
- Alles, was Image und Mode betrifft, ist lauter Quatsch! Die Mode geht mir auf die Nerven!
- Das ist mir egal. Andere Leute können tragen, was sie wollen.

Stimmt das?

Lies die Meinungen.

- Image ist wichtiger für Mädchen als für Jungen.
- Die meisten Teenager haben Streit mit ihren Eltern.
- Teenager haben Gefühle und Probleme, aber keine Rechte.
- Die meisten Lehrer wollen nichts über andere Fächer hören – für sie ist ihr Fach das wichtigste in der ganzen Schule.
- Jungen wollen nie über ihre Probleme miteinander reden – Mädchen sind offener und sensibler als Jungen.
- Die meisten Eltern verstehen die Probleme nicht, die viele Teenager haben.

Wie reagierst du darauf? Gib deine Meinung!

- Ja, das stimmt. Das meine ich auch.
- Findest du? Ich nicht!
- Es kann sein – das ist mir egal!
- Meinst du wirklich?
- Nein, das stimmt (überhaupt) nicht.
- Lauter Quatsch!

Lieschen

VORHIN HAT PETER, „BLÖDE KUH" ZU MIR GESAGT!

GESTERN HAT ER MIR SEINEN KAUGUMMI AUF DEN STUHL GEKLEBT!

UND VORGESTERN HAT ER MEINE MÜTZE IN DEN DRECK GEWORFEN!

WAHRSCHEINLICH IST ER IN MICH VERLIEBT!

Das größte Problem für die Jugend von heute

Nicht nur Teenager haben Probleme – und nicht alle Probleme sind Teenagerprobleme. Lies die Meinungen von sechs Jugendlichen, die diese Frage beantworten:

‚Was ist das größte Problem für die Jugend von heute?'
Welche Probleme erwähnen sie? Mach eine Liste davon.

Für mich ist das größte Problem die Angst vor der Atombombe. Sonst finde ich die Arbeitslosigkeit noch sehr schlimm. Außerdem ist die Umweltverschmutzung ein großes Problem, das uns alle angeht.

Emin (15)

Die Unsicherheit, was in der Zukunft passiert. Damit sind die Arbeitslosigkeit und ein Atomkrieg gemeint. Ich habe auch Angst vor lebensgefährlichen Krankheiten wie Krebs.

Uda (17)

Ich meine, die zwei größten Probleme für die Jugend sind die Arbeitslosigkeit und die Umweltzerstörung.

Holger (16)

»WIR MACHEN DRUCK«
WETTBEWERB FÜR SCHÜLER
STOP!
SOZIALABBAU
OBDACHLOSIGKEIT
ARBEITSLOSIGKEIT
GEWALT UND FREMDENHASS
WOHNUNGSNOT
NEUE ARMUT...
SO KANN DAS DOCH NICHT WEITERGEHEN

Drogen: Träume zerplatzen.

Ich weiß nicht genau, aber ich glaube, AIDS ist das größte Problem, weil es so viele betrifft und man noch zu wenig darüber weiß. Und viele denken: AIDS ist ja schlimm, aber es betrifft mich nicht. Ich glaube, es ist gefährlich, AIDS zu ignorieren.

Marcel (16)

Ich denke, die größten Probleme sind Umweltverschmutzung und die Atomwaffen. Mit Drogen und AIDS muss jeder allein fertig werden. Aber gegen die Bombe kann ich fast gar nichts tun.

Barbara (17)

Der Krieg macht mir am meisten Angst.

Olaf (18)

Mach eine Umfrage in deiner Klasse. Stell dieselbe Frage: ‚Was ist das größte Problem für die Jugend von heute?'

Steffi und Freunde

Ja, aber, das ist das ganze Problem – die Leute sind einfach zu materialistisch..

Dann denken sie nicht genug an andere Leute, die dabei isoliert werden, und daraus ergeben sich dann eine ganze Menge andere Probleme – nämlich Drogen, Kriminalität, Alkoholismus blablablablabla ...

Weißt du, was ich im Moment für das größte Problem halte?

Nein, was?

Dass du vor zwei Stationen deine Haltestelle verpasst hast.

Oh verdammt!!!

Die Arbeitslosigkeit

Denkst du an Arbeitslosigkeit?
Lies die Texte und beantworte die Fragen.

Dann wähl zwei oder drei Sätze, die deine Meinungen darüber ausdrücken.

Michaela

Ja, ich denke daran, wenn auch noch nicht so oft, da ich erst in zwei Jahren von der Schule abgehe. Aber bereits jetzt sind Klassenkameraden vor mir abgegangen, und ich hab' schon mitgekriegt, wie schwierig es war, eine Lehrstelle zu bekommen.

Jessica

Natürlich hat man Angst, wie ein Penner auf der Straße zu sitzen. Ich glaube nicht, daß ich schnell eine Arbeit finde. Dafür braucht man sehr gute Noten und viel Glück.

Julia

Als meine Mutter arbeitslos war, hatte ich Angst. Als sie dann wieder Arbeit hatte, habe ich nicht mehr daran gedacht.

Timo

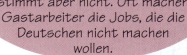

Oft werden junge ausländische Arbeiter von arbeitslosen Jugendlichen verprügelt. Sie glauben, die Ausländer nehmen ihnen die Arbeitsplätze weg. Das stimmt aber nicht. Oft machen Gastarbeiter die Jobs, die die Deutschen nicht machen wollen.

Petra

Meiner Meinung nach kann jeder, der wirklich arbeiten will, eine Arbeitsstelle finden, auch wenn es nur als Kellner in einer Bar ist.

Marcel

Ich finde es schlimm, dass es so viele Arbeitslose gibt. Ich glaube, das Computerzeitalter macht uns alle kaputt.

Wer hat das wohl gesagt?

Lies die Texte oben noch einmal, und lies diese Bemerkungen. Wer hat das wohl gesagt? Schreib die Namen auf.

1. Maschinen sind billiger als Arbeiter.
2. Als sie eine neue Stelle fand, dachte ich mir, dann brauche ich keine Angst mehr vor der Arbeitslosigkeit zu haben.
3. Im Moment habe ich keine große Angst davor, aber ich weiß, dass das schon ein Problem ist.

4. Ich mache mir Sorgen, dass es für mich in der Schule schief geht – nicht nur Glück braucht man, um eine Arbeit zu finden.
5. Man kann nicht darüber klagen, dass man keinen Job hat, wenn es noch Arbeitsplätze gibt, die man nicht machen will.

6. Es gibt doch genug Arbeit für alle, die wirklich arbeiten wollen.

Schreib mal wieder!

Stell dir vor, du hast folgenden Brief erhalten. Lies den Brief und beantworte die Fragen, die dir dein(e) Brieffreund(in) stellt.

Hallo!

„Hast du Probleme?" ,hat man mich in einer Umfrage gefragt. Habe ich Probleme?! Na und wie! Guck mal, ich lege dir die Fragen bei:

Was für Probleme hast du in der Schule?
Und mit deinen Freunden?
Was geht dir zu Hause auf die Nerven?
Wie verstehst du dich mit deiner Familie?
Welche Leute nerven dich am meisten?
Was ist das größte Problem für die heutige Jugend?
Und das zweitgrößte?

Mein Problem sind Leute, die dumme Umfragen machen und mir doofe Fragen stellen! Wie würdest du diese Fragen beantworten?

Hilfe!!
Schreib bald wieder!

Dies und das

Verrät die Hand deinen Charakter?

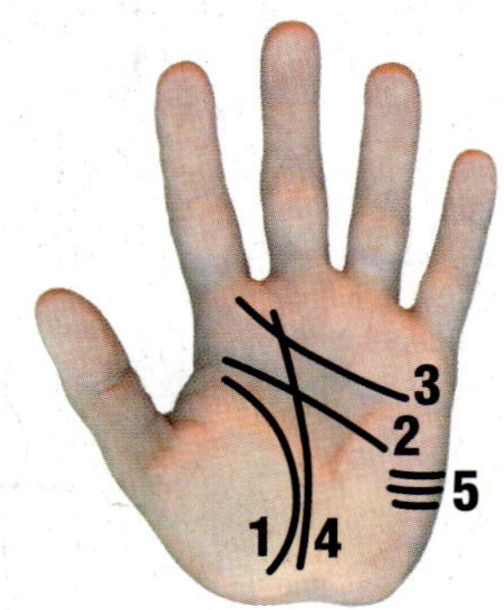

3
2
5
1
4

Was kann man aus einer Hand lesen? Viele Leute glauben, dass die Handlinien schon etwas über Charakter und Eigenarten eines Menschen aussagen. Hier stellen wir euch einen Schnellkurs über die Kunst des Handlesens vor.

In der linken Hand sind unsere Talente und Fähigkeiten festgelegt (bei Linkshändern sieht man sie in der rechten!). In der rechten steht geschrieben, was wir aus unseren Fähigkeiten gemacht haben.

Die Lebenslinie (1)
Es hat nichts damit zu tun, wie lange man lebt. Sie zeigt die Vitaltät und Lebenskraft eines Menschen an.

Die Kopflinie (2)
Eine starke Kopflinie bedeutet Verstand. Ist sie schwach, hat man es mit einem romantischen Typ zu tun. Wenn die Kopflinie über eine kurze Strecke mit der Lebenslinie verbunden ist, so ist das ein gutes Zeichen und verrät Besonnenheit.

Die Herzlinie (3)
Ist sie stark geschwungen, bedeutet das: warmherzig, gefühlvoll. Die gerade Herzlinie deutet auf einen Egoisten. Ist sie mehrfach unterbrochen, hat man es mit einem Typ zu tun, der gerne flirtet und es mit der Treue nicht so genau nimmt.

Die Schicksalslinie (4)
Muss nicht unbedingt bei jedem da sein. Fehlt sie, deutet das auf ein ruhiges Leben hin. Ist sie gerade und ununterbrochen, sagt sie ein Leben ohne Störungen voraus. Wellig bedeutet: Ein unbeständiges Leben.

Die Gefühlslinie (5)
Viele kurze waagerechte Linien an der Handseite sind ein Zeichen dafür, dass es ein Typ ist, der sich stark von Gefühlen leiten lässt.

Nun guckt euch eure eigenen Hände an und die Hände euerer Freunde. Stimmt das alles oder nicht?

ROTFUCHS

Meinst du, dass Susi mit mir gehen würde?
Was fragst du mich? Frag' sie!
Susi, würdest du mit mir gehen?
Mit dir? Ganz bestimmt nicht!
Also wie denn nun, ja oder nein?!
NEIN!
Wenn ein Mädchen "nein" sagt, dann meint sie in Wirklichkeit "vielleicht"...
Das ist vielleicht ein Blödsinn!!
...und wenn sie "vielleicht" sagt, meint sie "ja"!!
Jetzt reicht's mir aber!!!
KLATSCH! BATSCH!
AUA!
Na, hat sie ja gesagt?
Nicht direkt...

Umgangssprache

*Kannst du Umgangssprache? Mach diesen kleinen Test. Sieh dir die zwei Listen an. Links siehst du die ‚normale' Sprache – wie man **schreiben** würde. Rechts siehst du, was junge Leute dazu **sagen** würden, und wie das auf Englisch heißt. Was passt wozu?*

Beispiel
1 schlafen – h pennen (to sleep, kip)

1 schlafen	a Da hab' ich keinen Bock d'rauf. *(I don't feel like it.)*
2 toll	b heulen *(to cry)*
3 Toilette	c doof *(stupid)*
4 furchtbar	d abhauen *(to go away, clear off)*
5 Ich habe keine Lust dazu.	e fies *(awful)*
6 verrückt	f Klo *(toilet, loo)*
7 weinen	g Klamotten *(clothes, gear)*
8 sprechen	h pennen *(to sleep, kip)*
9 weggehen	i bekloppt *(mad, loony)*
10 verstehen	j mitkriegen *(to understand)*
11 Kleidung	k quatschen *(to talk, chat)*
12 dumm	l dufte *(great)*

Bildgeschichte

1
Hör mal. Wir haben eine Freundin, die ein Konzert für den Umwelttag organisiert.
Ah! Bin ich eingeladen?
2
Nicht direkt Sie will wissen, ob wir spielen würden.
Aber wie willst du denn das machen? Holger und ich kommen einfach nicht miteinander aus.

3
Wir könnten es aber noch einmal versuchen.

4
Aber was hast du gegen ihn?
Nichts Besonderes. Er nervt mich, das ist alles.

5
Können wir nicht jemanden anders finden, der Bassgitarre spielt?

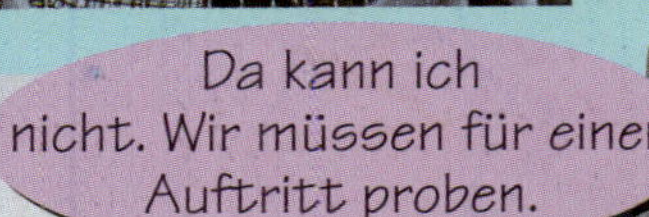
Unmöglich.
6
Ja, meinetwegen. Aber der Thorsten? Der versteht sich gar nicht mit Holger.
Lass mich nur machen.

7
Vielleicht könnten wir dieses Wochenende etwas anderes machen.
Da kann ich nicht. Wir müssen für einen Auftritt proben.

8
Was! Du meinst, mit dieser Gruppe, die sich letzte Woche aufgelöst hat?

sb Selbstbedienung

Wie ist es richtig?

Schreib die Sätze richtig auf.

gut
meinem
komme
aus
Bruder
nicht
ich
mit

meiner
ich
Probleme
Freundin
habe
mit

ist
mich
für
der
zu viel
Schulstress

und
verstehen
meine
Schwester
ich
gut
uns

Wer, wie, was?

Es steckt hier im Rätsel ein Wort – finde es heraus.

Mein erstes ist in **Preis**, aber nicht in **Kleider**.
Mein zweites ist in **sauer**, aber nicht in **scheu**.
Mein drittes ist in **doof**, aber nicht in **dumm**.
Mein viertes ist in **Brief**, aber nicht in **Ferien**.
Mein fünftes ist in **Eltern**, aber nicht in **Freunde**.
Mein sechstes ist in **Stress**, aber nicht in **Spaß**.
Mein siebtes ist in **gemein**, aber nicht in **geeignet**.
Mein letztes ist in **wie**, aber nicht in **wo**.

Mein Ganzes sollte man versuchen, zu lösen!

Schreib selbst ein ähnliches Wörterpuzzle.

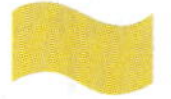

Hilfe!

Hier sind eine Menge Probleme. Aber sind das persönliche Probleme oder weltweite Probleme? Schreib ‚persönlich' oder ‚Welt' für jedes Problem.

Beispiel

1 persönlich

1 Meine Eltern verstehen mich nicht.
2 Der saure Regen zerstört die Wälder.
3 Wir verschmutzen das Meer.
4 Ich habe Mundgeruch.
5 Die Klamotten, die mir gefallen, sind zu teuer.
6 Es gibt so viele Arbeitslose.
7 Millionen von Leuten nehmen Drogen.
8 Mit meinen Lehrern komme ich nicht gut aus.

Zufrieden oder unzufrieden?

Lies folgende Bemerkungen. Sind die Leute zufrieden oder unzufrieden ?

Beispiel
1 zufrieden

1 Ich komme mit meiner Familie sehr gut aus.

2 Ich bin immer gleich sauer.

3 In der Clique bin ich immer das fünfte Rad am Wagen.

4 Meine Lehrer verstehen mich überhaupt nicht.

5 Meistens komme ich mit meinem Bruder gut aus.

6 Ich hasse die Schule – der Stress ist zu viel für mich.

7 Meine Eltern sagen, dass ich mir einen Job suchen soll. Das Geld brauche ich aber nicht.

8 Ich habe wirklich Angst!

9 Ich habe ein enges Verhältnis zu meinen Großeltern, die ich besonders gern habe.

10 Eigentlich habe ich im Moment gar keine Probleme.

11 Mein jüngerer Bruder nervt mich die ganze Zeit, obwohl ich oft mit ihm spiele.

12 Ich kann nicht klagen.

13 Keiner nimmt mich ernst.

14 Bei Mädchen kriege ich keinen Ton raus.

15 Ich mache mir keine Sorgen wegen Arbeitslosigkeit – wenn man arbeiten will, gibt es genug Arbeit für alle.

Ich finde keine Freundin

Lies Axels Brief an ein Jugendmagazin und sieh dir die Bilder an. Wie ist die richtige Reihenfolge?

Hallo Inge!

Ich bin noch nie mit einem Mädchen gegangen. Fast alle aus meiner Klasse haben eine Freundin. Nur ich nicht. Ich glaube, ich bin zu schüchtern.

Ich habe öfter mal in der Stadt oder auf der Straße ein bestimmtes Mädchen gesehen, das ich sehr mochte. Ich kannte nur ihren Vornamen, bekam aber später heraus, wie sie heißt und wo sie wohnt. Ich kaufte ihr Blumen, schrieb ihr einen Brief und legte die Sachen vor ihre Haustür. In den folgenden Tagen bekam ich keine Antwort auf meinen Brief mit der Einladung zum Essen. Eines Morgens bekam ich die Mitteilung von einem ihrer Mitschüler, dass die Antwort ‚nein' heißt.

Ich weiß nicht, was ich machen soll. Vielleicht bin ich auch zu schüchtern. Hinzu kommt, dass ich nicht gerade groß bin oder gut aussehe, vor allem wegen meiner Pickel. Mit so einem Aussehen bekomme ich wohl nie eine feste Freundin.

Ich hoffe, du gibst mir einen geeigneten Rat und hilfst mir. Bitte schreib schnell zurück!

Dein Axel.

A

B

208

C

D

E

F

Schreib eine Antwort an Axel mit einem guten Rat!

sb Selbstbedienung

Im Gegenteil

Was passt wozu?
Finde vier Paare heraus, die gegensätzlich sind, und schreib sie unter den Titeln unten auf.

Beispiel

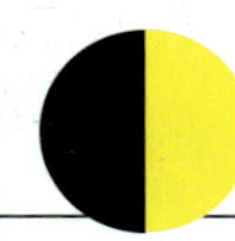

Bemerkung	Im Gegenteil
Umweltverschmutzung ist ein großes Problem, das uns alle angeht.	*Es geht mich nichts an, wenn sich die Leute nicht um die Umwelt kümmern wollen. Das ist mir egal.*

Ich glaube nicht, dass es so schwierig ist, eine Stelle zu finden.

Für mich ist das Aussehen sehr wichtig. Ich will nicht wie alle anderen aussehen, darum achte ich immer auf die Marke, wenn ich mir Klamotten kaufe.

Ich komme überhaupt nicht gut mit meiner Familie aus. Es gibt andauernd Streit. Das kann ich nicht leiden.

Was mein Image betrifft, ist mir völlig egal. Ich kleide mich lieber locker und bequem. Leute, die sich nach der Mode richten, finde ich blöd!

Es geht mich nichts an, wenn sich die Leute nicht um die Umwelt kümmern wollen. Das ist mir egal.

Ich habe Angst vor der Arbeitslosigkeit. Auch wenn man gute Noten bekommt, ist es nicht leicht, eine Stelle zu finden.

Umweltverschmutzung ist ein großes Problem, das uns alle angeht.

Ich habe ein enges Verhältnis zu meinen Eltern. Wir verstehen uns besonders gut.

Gut gesagt

Lies die Texte. Was beschreibt man jeweils?

Beispiel

1 Umgangssprache

1 Das sind Wörter oder Ausdrücke, die man unter Freunden benutzt, die man aber normalerweise nicht schreiben würde.

2 Das ist der Zustand eines Menschen, der in der Schule oder in seiner Arbeit unter Druck steht.

3 So nennt man eine Gruppe von Freunden, die sehr gut miteinander auskommen und alles zusammen unternehmen.

4 Keine Arbeitsstelle zu haben ist ein besonders schweres Problem für Leute, die Geld brauchen, um ihre Familie zu unterstützen.

5 Das ist vielleicht die schlimmste Krankheit des 20. Jahrhunderts, an der jedes Jahr Tausende von Menschen überall auf der Welt sterben.

Das Alphabet der Probleme

Kannst du ein Problem für jeden Buchstaben im Alphabet finden? Mach eine Liste und schreib Sätze.

Beispiele

A Ich habe **ANGST** vor einem **ATOMKRIEG**.
B Mein **BRUDER** nervt mich
C In der **CLIQUE** bin ich immer das fünfte Rad am Wagen.
D …

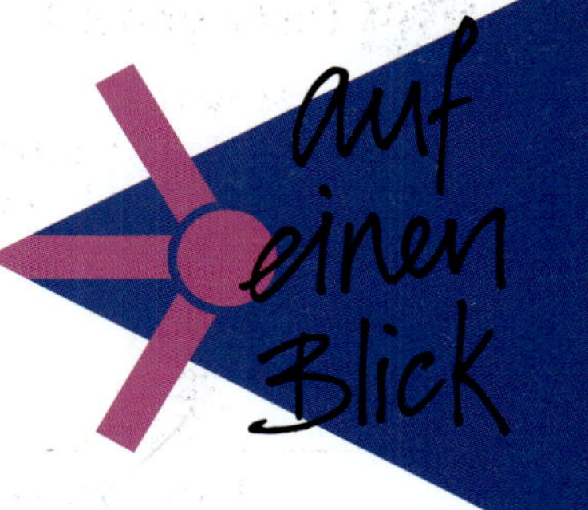
auf einen Blick

1 Asking questions

Was	nervt dich? geht dir auf die Nerven? für ein Mensch bist du?	*What annoys you?* *What gets on your nerves?* *What sort of person are you?*
Wie	kommst du mit deiner Familie aus? verstehst du dich mit deinen Eltern?	*How do you get on with your family?* *How do you get on with your parents?*

2 Expressions using *mit* + the dative

Ich habe Probleme Ich verstehe mich gut	mit	meinem Freund. meiner Freundin. meinen Eltern. meinem Bruder. meiner Schwester.	*I have problems with my (boy)friend.* *I have problems with my (girl)friend.* *I have problems with my parents.* *I get on well with my brother.* *I get on well with my sister.*

Er kommt mit	seinem Vater seiner Mutter	nicht gut sehr gut	aus.	*He doesn't get on well with his father.* *He gets on very well with his mother.*

3 Prepositions: *vor, bei, zu* (+ dative); and *auf* (+ accusative)

Ich habe Angst		vor	der Arbeitslosigkeit. dem Atomkrieg.		*I'm afraid of unemployment.* *I'm afraid of nuclear war.*
Er wohnt		bei	seinen Eltern.		*He lives with his parents.*
Ich habe	keinen Kontakt mehr ein gutes Verhältnis		zu	meinen Eltern. meiner Schwester.	*I have lost touch with my parents.* *I've got a good relationship with my sister.*
Ich achte immer			auf	die Marke.	*I always take notice of the make.*

4 Relative pronouns – who, which, that

Such dir einen Jungen,	der	nicht so schüchtern ist.	*Look for a boy who isn't shy.*
Meine Schwester,	die	doof ist.	*My sister, who is daft.*
Das ist ein Problem,	das	uns alle angeht.	*That is a problem which affects us all.*
Leute,	die	nie Schlange stehen. mich nicht ernst nehmen.	*People who never queue.* *People who don't take me seriously.*
Ich kaufe Klamotten,	die	mir gefallen und die bequem sind.	*I buy clothes which I like and which are comfortable.*

5 More on the imperfect tense

Ich	sah	sie mit einem anderen.	*I saw her with someone else.*
	schrieb	ihr einen Brief.	*I wrote her a letter.*
	bekam	keine Antwort darauf.	*I didn't get an answer to it.*
Sie	gefiel	mir gut.	*I liked her very much.*
	wollte	nicht mit mir gehen.	*She didn't want to go out with me.*
Wir	trafen	uns jeden Tag.	*We met every day.*
Sie	küssten sich.		*They were kissing.*

6 Something and nothing

etwas	Schönes Besonderes Wichtiges Bequemes	*something nice* *something special* *something important* *something comfortable*
nichts	Besonderes Ausgeflipptes	*nothing special* *nothing 'over the top'*
Es gibt viel	Schlimmeres.	*There are much worse things.*

9 Bist du in Form?

Was machst du in deiner Freizeit?

Hör gut zu. Wer spricht jeweils? Welches Bild ist das?

Beispiel
1C (Prem)

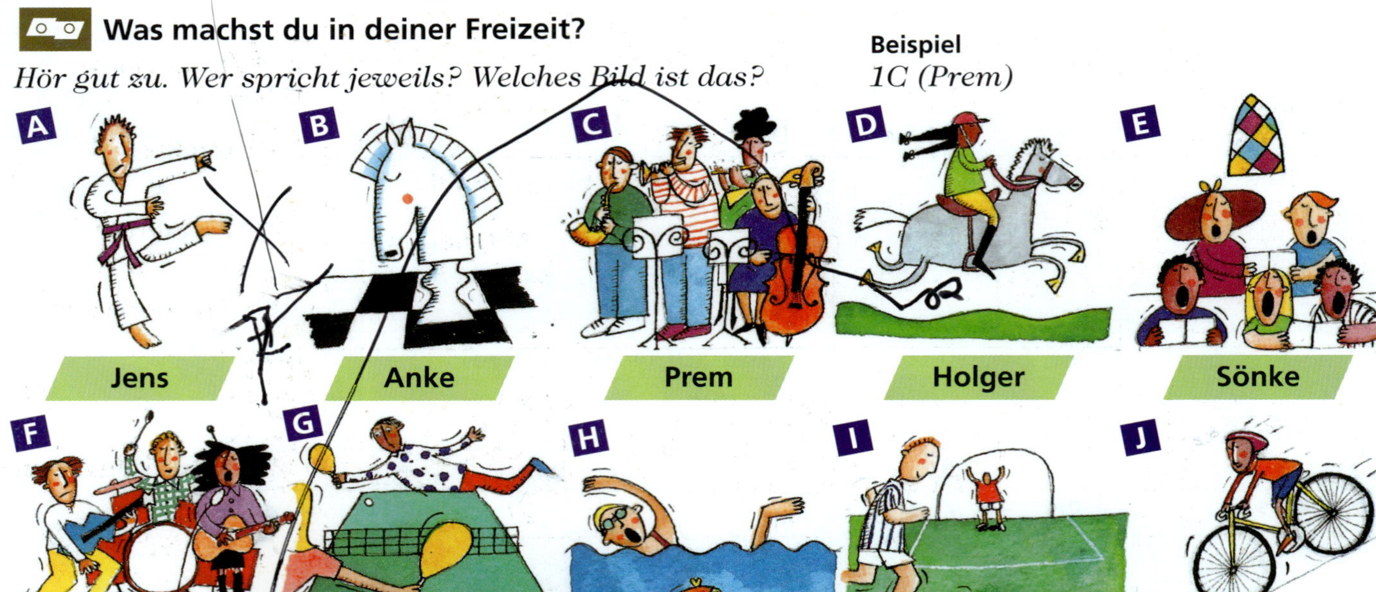

A
Jens
B
Anke
C
Prem
D
Holger
E
Sönke
F
Silvia
G
Ranjit
H
Anne
I
David
J
Michael

Partnerarbeit

Stell und beantworte Fragen.

A – Wer ist Mitglied in einem Judoverein?
B – Jens.

Bist du Mitglied in einem Verein?

Hör gut zu und lies die Texte. Dann beantworte die Fragen.

Jamal

Ja, ich bin seit einem Jahr Mitglied in einem Sportverein. Es macht riesigen Spaß.

Jutta

Nein, ich bin nicht sehr aktiv. Ich spiele lieber mit meinem Computer. Das finde ich viel interessanter als Klubs und Vereine.

Christina

Nein, ich habe zu viel für die Schule auf.

Ja, ich bin seit sechs Monaten Mitglied in einem Jugendklub. Da ist immer viel los ... Diskos, Partys ... Das macht Spaß.

Emira

Nein, ich gehe lieber mit meiner Freundin aus.

Lutz

Ich bin seit zwei Jahren Mitglied in einem Judoverein.

Axel

1. Wie viele interessieren sich für Sport?
2. Wer ist seit längster Zeit Mitglied in einem Klub?
3. Wer geht gern tanzen?
4. Wer arbeitet sehr fleißig?

Und du? Bist du Mitglied in einem Verein? Seit wann?

Tipp des Tages

Ich bin Er ist Sie ist	seit	einem	Jahr	Mitglied	in einem	Judoverein. Schachklub. Reitverein.
		anderthalb zwei drei vier	Jahren Monaten Tagen			

Partnerarbeit. Wer bin ich?

Sandra		Max		Sonja		Patrizia	
1J	2J	3M	4J	1M	2J	1J	2J
Treesje		**Jörg**		**David**		**Paul**	
4J	2J	1J	1J	3J	1J	Mitglied in keinem Verein	
Kerstin		**Ahmed**		**Sven**		**Markus**	
1J	2J	3J	3M	2J	2J	2J	1J
Oliver		**Lisa**		**Jutta**		**Claudia**	
2J	2M	2J	4M	1J	2J	4J	3M

Schlüssel

- Tennisklub
- Orchester
- Reitverein
- Theatergruppe
- Jugendzentrum
- Schwimmverein
- Fußballverein
- Judoverein

Partner(in) B wählt eine Person. Partner(in) A muss erraten, welche Person das ist.

1J = seit einem Jahr
2/3/4J = seit zwei/drei/vier Jahren
1M = seit einem Monat
2/3/4M = seit zwei/drei/vier Monaten

Beispiel

B – Ich habe gewählt.
A – Bist du Mitglied in einem Reitverein?
B – Nein.
A – Bist du Mitglied in einem Schwimmverein?
B – Nein.
A – Bist du Mitglied in einem Tennisklub?
B – Ja.
A – Seit einem Jahr?
B – Ja.
A – Bist du auch Mitglied in einem Fußballverein?
B – Ja.
A – Seit zwei Jahren?
B – Ja.
A – Du bist Sandra.
B – Richtig. Jetzt bist du dran.

Welche Aktivität ist das?

Hör gut zu und lies die Definitionen? Was ist das?

1 Das ist eine Sportart, die vor allem in einer Halle stattfindet. Man braucht einen kleinen, leichten Ball, einen kleinen Schläger und einen Tisch mit einem Netz in der Mitte.

2 Um zu dieser Gruppe zu gehören, muss man ein Instrument spielen können.

3 Hier spielen zwei Mannschaften gegeneinander. Jede Mannschaft hat elf Spieler – einer davon ist der Torwart. Beide Mannschaften versuchen, zu schießen. Man darf den Ball nicht mit der Hand berühren.

4 Diese Sportart treibt man nur im Winter, denn man braucht dafür viel Schnee. Man hat zwei Stöcke in der Hand und Bretter an den Füßen, so kann man schnell einen Berg hinuntersausen.

5 Diesen Sport kann man in einer großen Halle oder draußen ausüben. Man braucht dazu einen Helm, Stiefel – und ein Pferd.

Turn- und Sportverein

Lies den Text.

Fast jedes Dorf und jede Kleinstadt in Deutschland hat einen Turn- und Sportverein. Der TuS ist ein Klub für viele Sportarten, zum Beispiel Tennis, Fußball, Leichtathletik, Judo und Schwimmen. Hier sind Artikel aus dem Jahresbericht des TuS in Hemdingen. Hemdingen ist ein Dorf nördlich von Hamburg.

Leichtathletik

Seit fünf Jahren fahren wir Leichtathleten während der Osterferien nach Montpellier in Südfrankreich. Dort haben wir intensives Training bei schönem Wetter. Zu Ostern ist das Wetter in Südfrankreich wie ein norddeutscher Sommer! Wir freuen uns schon wieder auf unsere nächste Frankreichfahrt im April.

Leichtathletiktraining findet jeden Tag von 15 bis 20 Uhr auf dem Sportplatz statt.

Tennis

Der Tennisboom geht weiter. Daher haben wir im Frühjahr zwei weitere Plätze gebaut. Wir haben jetzt 150 Tennisspieler, darunter 50 Jugendliche. Wir mussten in diesem Jahr auch 40 Interessenten auf die Warteliste setzen.

Wir sind froh über das große Interesse der Jugendlichen am Tennissport, und wir bieten jedem Jugendlichen vor Eintritt in die Abteilung sechs Stunden kostenloses Training bei einem Tennistrainer an, um Interesse und Fähigkeit zu testen.

Training: Jeden Tag von 14-22 Uhr in der Tennishalle.

Judo

Die folgende Anzahl von Judokas haben dieses Jahr erfolgreich ihre Gürtelprüfungen bestanden:

gelb – 15	orange – 10	grün – 6
blau – 2	braun – 1	schwarz – 1

Training: Mittwoch von 18 bis 20 Uhr in der kleinen Sporthalle.

Schwimmen

Schwimmt mit! Es macht fit! Wir trainieren donnerstags von 18 bis 21 Uhr. Vom September bis Juni im Hallenbad. Die Sommersaison im Freibad.

Rollkunstlauf

Wir springen, tanzen und drehen unsere Pirouetten in der Turnhalle oder auf dem Tennisplatz.

Wer Lust hat, kann am Freitagnachmittag vorbeikommen. Wir trainieren von 15 bis 17 Uhr.

Faustball

Sonntagmorgens ab 10 Uhr trifft sich unsere Faustball-Abteilung immer in der großen Turnhalle.

In der Zeit von Anfang Juni bis Ende August machen die Faustballer eine Sommerpause.

Fußball

Die A-Jugend beendete die Saison mit dem Meistertitel. Die Mannschaft hat 10 Spiele gewonnen und 2 Spiele verloren. Ein Spiel war unentschieden.

Training: Jeden Tag von 14 bis 16 Uhr auf dem Sportplatz.

Richtig oder falsch?

1 Leichtathletiktraining kann man an einem Mittwochnachmittag machen.
2 Mit dem Leichtathletikklub kann man ins Ausland fahren.
3 Tennis ist nicht sehr beliebt.
4 Es gibt dieses Jahr zwei neue Tennisplätze.
5 Das Training für Judo ist nur an einem Abend in der Woche.
6 Im Sommer kann man draußen schwimmen.
7 Die Rollkunstläufer trainieren bei gutem Wetter auf dem Tennisplatz.
8 Man kann das ganze Jahr hindurch Faustball spielen.
9 Die Fußballmannschaft hat zwölf Mal gespielt.
10 Es gibt drei Sportarten, die jeden Tag Training haben.

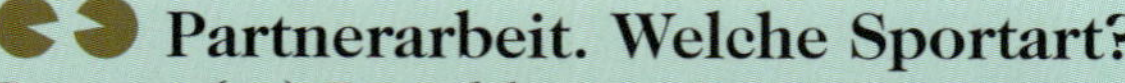

Partnerarbeit. Welche Sportart?

Partner(in) B wählt eine Sportart. Partner(in) B stellt Fragen.

Beispiel

A – Spielt man drinnen?
B – Nein, draußen.
A – Spielt man mit einem Ball?
B – Ja.
A – Ist das Golf?
B – Nein.
A – Spielt man mit einem Schläger?
B – Nein.
A – Spielt man in einer Mannschaft?
B – Ja.
A – Ist das Fußball?
B – Ja. Jetzt bist du dran.

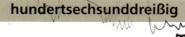

Brieffreunde

Lies die Briefe und beantworte die Fragen.

Hameln, den 11. Juni

Liebe Mora!

Du wolltest mal wissen, was ich in meiner Freizeit mache.

Also, ich bin Mitglied in einem Tischtennisverein. Einmal in der Woche (jeden Freitag) muss ich zum Training in der Turnhalle – von 6 bis 8 Uhr abends. Wir sind viele Mitspieler, und im Verhältnis dazu gibt es ziemlich wenig Tischtennisplatten, das heißt, wir müssen manchmal draußen Volleyball spielen, aber das macht auch Spaß.

An den Wochenenden haben wir oft Turniere, das heißt, wir spielen gegen andere Vereine in der Stadt. Ob wir gewinnen oder nicht, es macht immer viel Spaß.

Und du? Was machst du am liebsten in deiner Freizeit? Lass bald von dir hören!

Dein Lutz

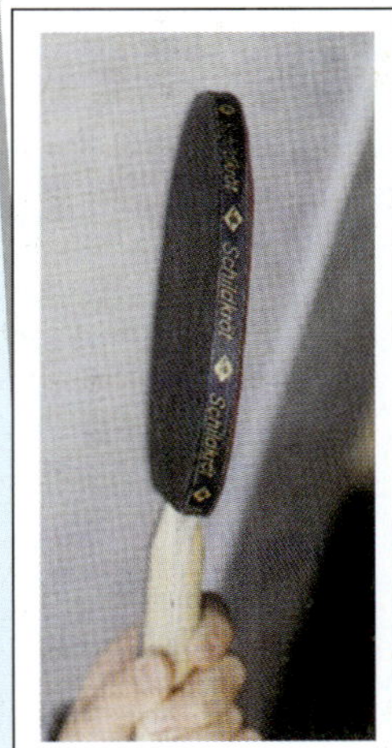

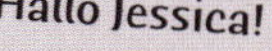

Tübingen, den 17. Juni

Hallo Jessica!

Du hast mich gefragt: Was machst du in deiner Freizeit?

Nun, ich gehe zweimal in der Woche zum Judotraining, und da sind meine Freundin und ich die beiden einzigen Mädchen, der Rest sind so siebzehn oder achtzehn Jungs.

Zuerst machen wir immer eine halbe Stunde Konditionstraining, und das ist ziemlich anstrengend. Wenn wir damit fertig sind, spielen wir meistens Fußball, was natürlich auch sehr lustig ist, und dann fängt das eigentliche Training an. Da üben wir verschiedene Würfe und Griffe, und zum Schluss (so die letzten 20-25 Minuten) wird dann gekämpft. Toll nicht?

Wenn du nach Deutschland kommst, kannst du auch mitmachen, wenn du willst. Das macht riesigen Spaß!

Schreib bald wieder!

Deine Anke

27. August

Lieber Peter!

Es freut mich, dass du gerne reitest. Ich gehöre auch einem Reitverein an. Ich habe mein eigenes Pferd und reite mindestens fünfmal in der Woche.

Ab und zu springe ich auch, aber was mir am allermeisten Spaß macht, ist, ins Gelände zu gehen. Es ist toll, über Felder zu galoppieren.

Das kostet alles ziemlich viel Geld, aber der Sport macht mir unheimlich viel Spaß. Am besten ist das Gefühl von Freiheit und Abenteuer!

Bist du auch Mitglied in einem Verein?

Schreib bald wieder!

Tschüss,
Deine Sabine

1. Was macht Lutz in seiner Freizeit?
2. Wann geht er zum Training? Und wo?
3. Was macht er, wenn keine Tischtennisplatte frei ist?
4. Wann sind die Tischtennisturniere?
5. Wie viele Mädchen machen das Judotraining mit?
6. Wie lange dauert das Konditionstraining?
7. Wie lange kämpfen sie?
8. Wie oft reitet Sabine?
9. Ist es teuer, diesen Sport zu betreiben?
10. Was macht Sabine am liebsten?

Schreib mal wieder!

Schreib eine Antwort auf diese Fragen von deinem Brieffreund/deiner Brieffreundin.

Bist du Mitglied in einem Klub?
Seit wann?
Wie oft gehst du dahin?
Ist es teuer?

Tipp des Tages

Einmal Zweimal Dreimal	in der Woche im Monat	gehe ich	zum Fußballverein. zum Judoverein. zum Training.
Jeden	Tag Freitag		

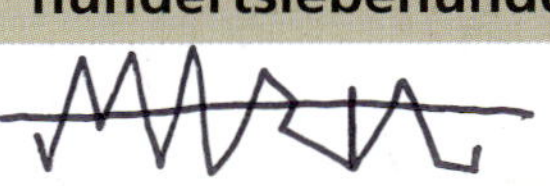

Partnerarbeit. Was hast du?

Mach Dialoge mit einem Partner/einer Partnerin.

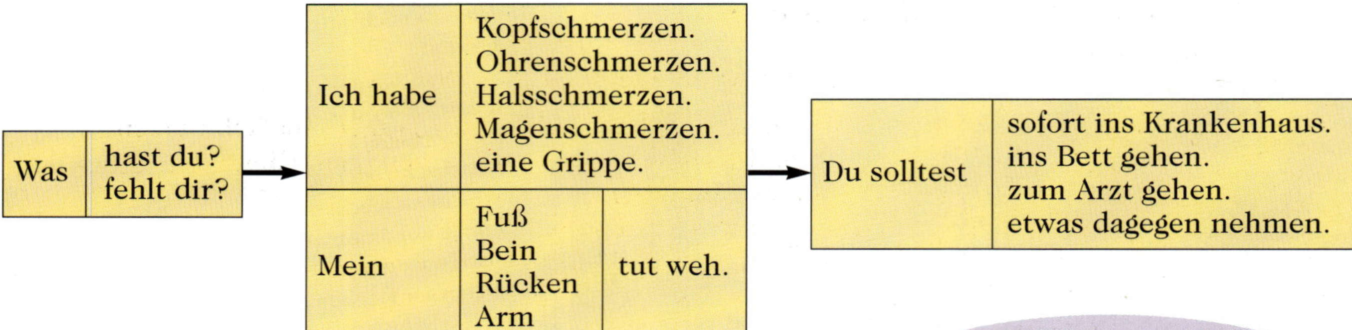

Was	hast du? / fehlt dir?	→ Ich habe	Kopfschmerzen. Ohrenschmerzen. Halsschmerzen. Magenschmerzen. eine Grippe.	→ Du solltest	sofort ins Krankenhaus. ins Bett gehen. zum Arzt gehen. etwas dagegen nehmen.
		Mein	Fuß / Bein / Rücken / Arm — tut weh.		

Gute Ausrede!

Was sagst du jeweils als Ausrede?

Beispiel

Ich kann nicht im Chor singen. Ich bin heiser, und mein Hund hat meine Noten aufgefressen. Meine Brille ist kaputt, und ich habe auch Magenschmerzen.

Du willst nicht →
- im Chor singen.
- spazieren gehen.
- Schach spielen.
- Einkäufe machen.
- dein Zimmer aufräumen.
- deine Hausaufgaben machen.
- im Garten helfen.

Mir ist neulich was passiert

Hör gut zu. Welches Bild passt jeweils?

A
B
C
D

Drei Dialoge

Hier sind drei Dialoge. Hör gut zu und lies den Text. Welche Wörter fehlen? Wähl Wörter aus dem Kästchen aus.

In der Apotheke

– Guten Tag. Ich hätt' gern was gegen Kopfschmerzen.
– Ja. Da kann ich ___ was empfehlen. Hier, ___ ___ diese Tabletten.
– Und was kosten die?
– Ähm, DM 8,80 bitte.
– Gut.

Ich möchte einen Termin

– Guten Tag.
– Guten Tag, hier Kulot. Ich hätt' ganz gern 'n Termin ___ ___.
– Wie war ___ Name noch?
– Kulot.
– Ja, ja, richtig, hier ist die Karte. Bernd, ja?
– Ja, richtig.
– Ja, ähm, worum handelt es sich denn?
– Ähm, ja, ich hab' so komische Magenschmerzen.
– Ja, wir sind im Moment noch sehr voll. ___ ___ vormittags und nachmittags kommen?
– Nachmittags ist mir lieber.
– Nachmittags ist ___ lieber. Wie ist es denn mit morgen, Donnerstag, dem zwölften, um 15 Uhr 20?
– Ja, das geht.

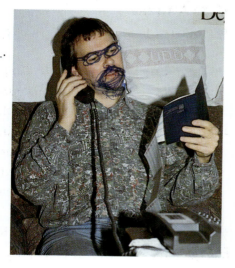

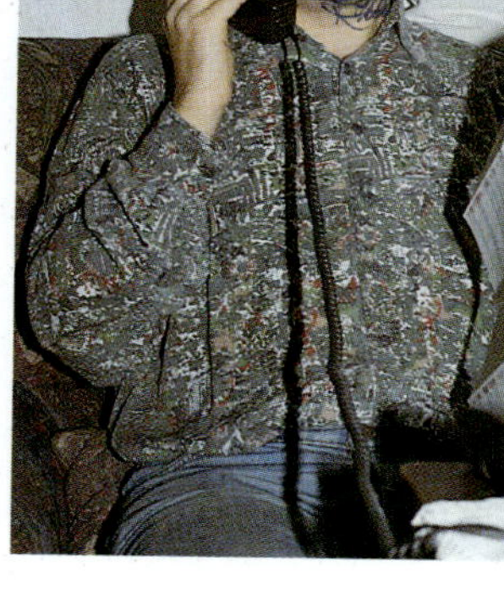

In der Arztpraxis

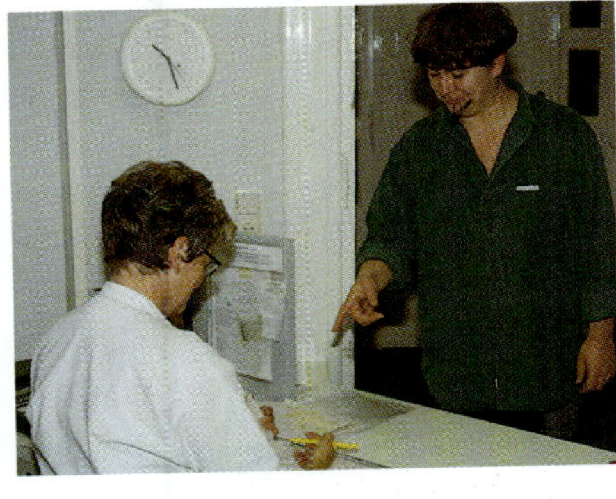

– Frau Menz, ___ ___ sich bitte einen kleinen Moment ins Wartezimmer setzen?
......

– Frau Menz, bitte, in Sprechzimmer Nummer zwei.
......

– Ja, guten Tag. Menz ist mein Name.
– Guten Tag. Was ___ ___ denn für ein Problem?
– Ja, ich habe so komische Magenschmerzen.
– Also, wo tut es weh?
– Hier.
– ... Also, das ist nichts besonders Schlimmes. Ich verschreibe ___ diese Tabletten.

Ihr	Ihnen	würden Sie	Ihnen	haben Sie	nehmen Sie	Ihnen	bei Ihnen	können Sie

‚Du' oder ‚Sie'? Schau im Grammatik: Überblick nach.

Um fit zu bleiben

Hör gut zu und lies den Text. Beantworte dann die Fragen.

Christa

Ich schwimme regelmäßig. Ich gehe zweimal in der Woche ins Hallenbad.

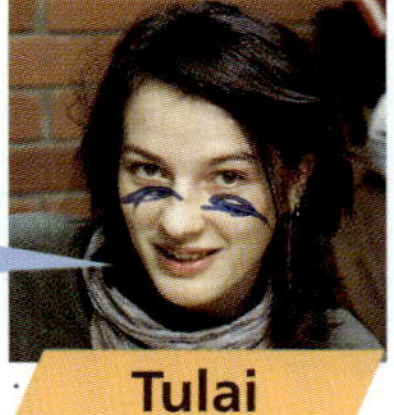

Tulai

Ich habe aufgehört, zu rauchen. Früher habe ich zwanzig Zigaretten pro Tag geraucht.

Uwe

Um fit zu bleiben, fahre ich täglich Rad, und ich trinke keinen Alkohol.

Kathrin

In der Freizeit bin ich immer sehr aktiv. Um gesund zu bleiben, treibe ich viel Sport. Ich gehe jeden Tag zum Sportverein und trainiere zwei bis drei Stunden.

Alexander

Was ich mache, um fit zu bleiben? Also, nichts Besonderes ... aber ich esse nicht zu viel, und ich nehme keine Drogen.

Ralf

Ich fahre oft Rad, und einmal in der Woche mache ich Aerobik.

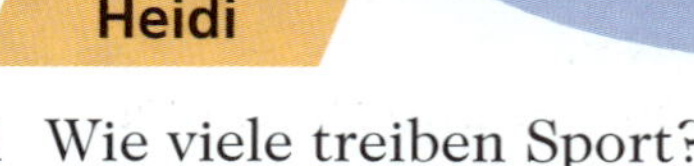

Heidi

Ich habe nicht viel Zeit, um Sport zu treiben, aber ich gehe jeden Tag mit dem Hund spazieren.

1 Wie viele treiben Sport?
2 Wer macht am meisten, um fit zu bleiben?
3 Wer macht am wenigsten deiner Meinung nach?

Tipp des Tages

Um	fit gesund	zu bleiben,	gehe ich zweimal in der Woche schwimmen. fahre ich täglich Rad. treibe ich viel Sport. trainiere ich jeden Tag. esse ich nicht zu viel.

Steffi und Freunde

Einen jüngeren Bruder zu haben, ist nicht schlecht.

Ich bin oben zu dünn und unten zu dick. Was kann ich machen?

Stell dich auf den Kopf.

Einen jüngeren Bruder zu haben, ist nicht schlecht – es ist einfach furchtbar!

Freie Zeit in Sicherheit

Baderegeln

DLRG

DLRG = Deutsche Lebensrettungsgesellschaft

1

Niemals mit vollem oder ganz leerem Magen baden!

2

Meide zu intensive Sonnenbäder!

3

Bei Gewitter ist Baden lebensgefährlich.

4

Kühle dich ab, bevor du ins Wasser gehst, und verlasse das Wasser sofort, wenn du frierst!

5

Nur springen, wenn das Wasser unter dir tief genug und frei ist!

6

Verunreinige das Wasser nicht und verhalte dich hygienisch!

7

Luftmatratzen, Autoreifen und Gummitiere sind im Wasser gefährliches Spielzeug!

8

Als Nichtschwimmer nur bis zur Brust ins Wasser gehen!

9

Überschätze im freien Gewässer nicht Kraft und Können!

10

Rufe nie um Hilfe, wenn du nicht wirklich in Gefahr bist; aber hilf anderen, wenn sie in Not sind.

11

Nimm Rücksicht auf andere Badende, besonders auf Kinder!

12

Ziehe nach dem Baden das Badezeug aus und trockne dich ab!

Was passt wozu?

Beispiel
1G

A Gib acht – pass auf andere Schwimmer, besonders auf Kinder, auf.
B Schreie nicht, wenn du keine Hilfe brauchst, aber hilf anderen, die Hilfe brauchen.
C Dusche dich kalt vor dem Schwimmen und, wenn dir zu kalt ist, komm wieder raus.
D Halte das Wasser und dich selbst sauber.
E Nicht schwimmen, wenn es donnert und blitzt.
F Nach dem Schwimmen nasses Badezeug ausziehen.
G Nicht zu viel oder zu wenig essen vor dem Schwimmen.
H Vorsicht – auch gute Schwimmer können ertrinken. Schwimme nicht zu weit hinaus.
I Vorsicht beim Springen ins Wasser.
J Wenn du schwimmen willst, nicht zu lange in der Sonne liegen.
K Wenn du nicht schwimmen kannst, gehe nicht zu weit ins Wasser.
L Vorsicht beim Spielen mit Luftmatratzen – das kann gefährlich sein.

Bleib gesund!

Was sollte man machen, um gesund zu bleiben? Schreib zehn Ratschläge auf.

Beispiel
Rauch nicht.
Treib …
Iss …

Dies und das

Eisfall-Klettern

In manchen Schluchten der Alpen sinken die Temperaturen bis auf minus 30 Grad Celsius. Die klirrende Kälte lässt dann sogar Wasserfälle gefrieren.

Erfahrene Bergsteiger nutzen dieses Schauspiel der Natur für einen neuen Sport: Eisfall-Klettern. Sie tragen dazu Schuhe mit Spikes, die sich in das Eis bohren und Halt geben.

Im französischen Wintersportort Alpe d'Huez übten sich schon 15 000 Bergsteiger in diesem Sport. Die besten von ihnen versuchen sich am größten gefrorenen Wasserfall der Welt – an der 300 Meter hohen ‚Weeping Wall' im kanadischen Teil der Rocky Mountains.

Gelähmt und stumm – doch das Mädchen hat nicht aufgegeben

Simone Thür – das Mädchen, das nach einem schweren Unfall nicht aufgab, sondern gegen die Behinderung kämpfte.

Simone ist 22, jung, hübsch und selbstbewusst. Und trotzdem ist Simone anders als andere. Vor vier Jahren lag sie stumm und gelähmt in einem Krankenhausbett. Eltern und Ärzte hatten keinerlei Hoffnung, dass sich ihr Zustand jemals ändern wird. Was war passiert?

Die damals 18-Jährige wollte Freunde besuchen. Sie nahm den Sportwagen ihres Vaters und fuhr von ihrem Heimatort aus los. Auf der Rückfahrt passierte es. Simone Thür erzählt: ‚Die Autobahn war glitschig, es hatte lange geregnet. Plötzlich ist mir ein Wagen reingesaust. Mehr weiß ich nicht.'

Zwei Monate lag die Schwerverletzte im Koma. Als Simone aufwachte, war sie gelähmt und hatte eine Hirnverletzung. Sprach- und Bewegungszentrum, so sagten die Ärzte, blieben wohl für immer gestört. Doch Simone wollte das nicht wahrhaben. Sie begann zu kämpfen. Es war eine harte Zeit. Ärzte und Therapeuten halfen dem Mädchen. Und nach wenigen Monaten hatte sie es geschafft. Das Mädchen konnte den Rollstuhl in die Ecke stellen. Als sie die Klinik verließ, war sie zwar noch gehbehindert und sprachgestört, doch lebensfroh und hoffnungsvoll. ‚Seither hat sich mein Leben geändert. Jetzt will ich anderen Menschen helfen', sagt Simone ernst.

In diesem Sommer ging sie für einige Wochen als Betreuerin in ein Ferienlager für behinderte Kinder. Auch ihre beruflichen Pläne hat sie geändert. Anfangs studierte sie Bildhauerei. Jetzt will sie schreiben, Sozialarbeit machen und Philosophie studieren. Sogar Sport treibt die 22-Jährige jetzt wieder. Besonders gerne geht sie schwimmen. Und nebenher macht sie weiter Heilgymnastik und geht zur Sprachtherapie. ‚Ich gebe mir noch fünf Jahre Zeit, dann möchte ich so sein wie alle anderen auch', erklärt sie strahlend.

Bildgeschichte

1
Hab' ich dir nicht gesagt, dass ich alles regeln würde?
Mal abwarten! Wann ist die nächste Probe?
2
Mittwochnachmittag, wenn's Thorsten besser geht.
Wieso? Was ist mit ihm los?
3
Ach, nichts Schlimmes. Er hat eine Grippe oder so was.
Und der Holger? Was meint er dazu?
4
Seit fünf Tagen übt er drei oder vier Stunden am Tag! Er ist entschlossen, dieses Mal keine Fehler mehr zu machen!
Bei Uli zu Hause
5
Es ist für die Umwelt, Liebling. Das ist doch eine gute Sache.
Ja, Vati. Du sagst ja seit Monaten, ich sollte etwas Nützliches tun.
6
Du könntest sogar selbst hinkommen, um uns zu sehen!
Am Mittwoch
7
Es wird sicher Spaß machen, auf einer Open-Air-Bühne zu spielen.
Ja, ich kann es kaum erwarten!
8
Das glaub' ich nicht!
Ach nein!
9
Tut mir furchtbar Leid, Leute. Ich hab' ihn beim Fußballspielen gebrochen.

sb Selbstbedienung

So viele Aktivitäten!

Welche Freizeitaktivitäten kannst du hier sehen?

Beispiel

Judo

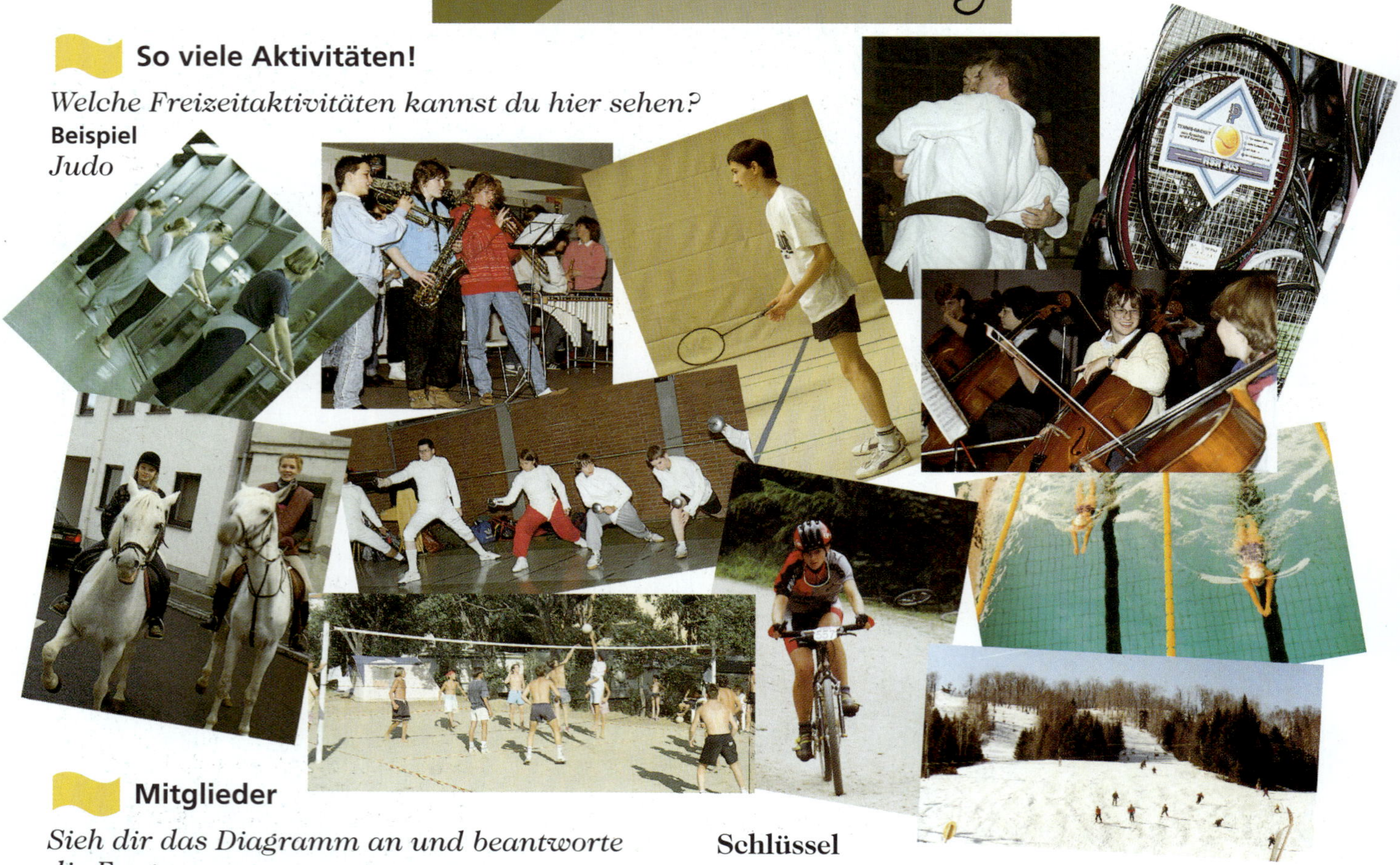

Mitglieder

Sieh dir das Diagramm an und beantworte die Fragen.

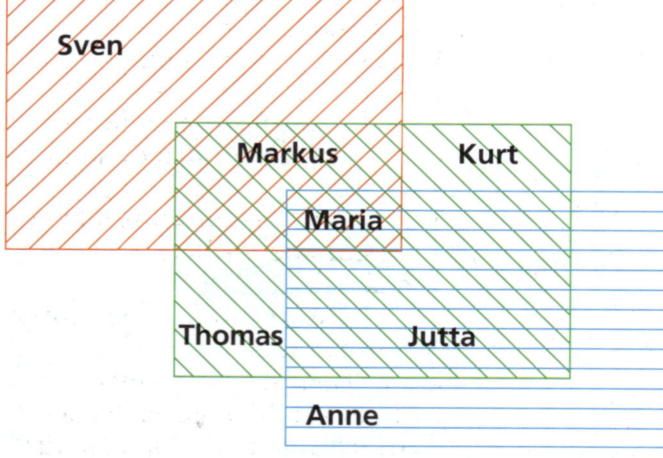
Sven
Markus
Kurt
Maria
Thomas
Jutta
Anne

Schlüssel

- Mitglied in einem Schwimmverein
- Mitglied in einem Jugendklub
- Mitglied in einem Orchester

1. Wer ist Mitglied in einem Schwimmverein und in einem Jugendklub?
2. Wer ist Mitglied in einem Orchester und in einem Jugendklub?
3. Wer ist Mitglied in einem Jugendklub, in einem Schwimmverein und in einem Orchester?
4. Wer ist nur Mitglied in einem Jugendklub?
5. Wer ist nur Mitglied in einem Orchester?
6. Wer ist weder Mitglied in einem Jugendklub noch in einem Orchester?

Ein Name aus Sportarten

Schreib deinen eigenen Vornamen nur aus Sportarten!

Beispiel

RADFAHREN
ATHLETIK
TISCHTENNIS
SCHACH
TENNIS
FUSSBALL

(RACHEL)

Freizeit in Österreich

Die Stadt Wien bietet ein volles Programm für Kinder, Jugendliche und Familien in den Winterferien.

Bowling

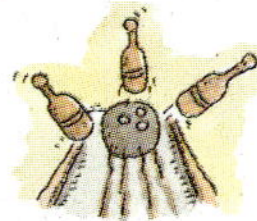

Wann: 28. Dezember bis 6. Jänner jeweils von 10 bis 16 Uhr
Wo: Brunswick Bowling
Eintritt: S 23 (inklusive Schuhe)

Volleyball

Wann: 29. und 30. Dezember von 9 bis 12 Uhr mit einem Spieler der Nationalmannschaft
Wo: 22, Lieblgasse 4

GRATIS

Super-Gewinnspiel

Wenn ihr eine Super-Idee oder einen brandneuen Vorschlag habt für das ‚Jugend in Wien Sommerprogramm' und an

Jugend in Wien
Friedrich-Schmidt Platz 5
1082 Wien

schreibt, winken euch schöne Preise! Wird euer Vorschlag ins Programm aufgenommen, gewinnt ihr Bücher oder CDs, die ihr euch selbst aussuchen könnt!

Juniorfunkquiz

Jeden Montag gibt es um 18.30 Uhr das Junior-Radio zum Mitspielen. GRATIS

Gratis-Badespaß

Für Jugendliche bis 15 Jahre in allen Städtischen Hallenbädern zwischen 9 und 13 Uhr an folgenden Tagen:
30. und 31. Dezember;
2. und 6. Jänner
GRATIS

Disko

In der Disko – speziell für alle 13- bis 15-Jährigen – geht's immer heiß her!
Wann: So. 28. Dezember und So. 4. Jänner, jeweils von 17 bis 20 Uhr
Wo: Jugendzentrum Margareten, 5, Grünwaldgasse 4
Eintritt: S 30

Hallenfußball

Wann: 29. und 30. Dezember 2. und 5. Jänner jeweils von 10 bis 12 Uhr
Wo: 3, Hyegasse 1
Eintritt: S 10

Nicht vergessen!

Schüler bis zum 19. Lebensjahr fahren in den Weihnachtsferien GRATIS mit dem Bus, mit der S-Bahn, mit der U-Bahn und mit der Straßenbahn. (Ausweis mitnehmen!)
GRATIS

Computertreff

Du kannst an Computern üben, Probleme mit Fachleuten besprechen, dich informieren ...
Wann: So. 28. Dezember Mo. 29. Dezember jeweils von 10 bis 16 Uhr
Wo: Wiener Jugendleiterschule, 7, Zieglergasse 49
GRATIS

Stimmt das oder nicht?

1 Die meisten Aktivitäten kosten nichts.
2 Schüler dürfen kostenlos in den Weihnachtsferien mit der U-Bahn fahren.
3 Jeden Tag nach dem Frühstück gibt es ein Radioquiz für Jugendliche.
4 Der Eintritt für das Hallenbad ist S 15.
5 Die Disko im Jugendzentrum ist nur abends bis acht Uhr auf.
6 Der Eintritt im Bowlingcenter kostet S 23.
7 Der Computertreff findet dreimal in den Ferien statt.
8 Wenn man eine gute Idee für das ‚Jugend in Wien Sommerprogramm' hat, kann man einen Preis gewinnen.

Sinn oder Unsinn?

1 Wir können nicht Squash spielen. Es regnet zu viel.
2 Ich will nicht in die Disko kommen. Ich finde Popmusik doof.
3 Ich kann meine Freunde nicht in der Stadt treffen. Ich bin ein Einzelkind.
4 Ich kann nicht Tischtennis spielen. Ich habe meinen Schläger verloren.

sb Selbstbedienung

Rauchen: Was sagen die Kinder dazu?

Zwei Tage lang machte die Deutsche Krebshilfe eine Telefonaktion – Kinder (6- bis 15-Jährige) konnten kostenlos anrufen und sagen, wo es sie stört, wenn geraucht wird.

Fast jeder Anrufer wusste, dass Rauchen gefährlich ist. Fast die Hälfte wusste, dass man davon Lungenkrebs bekommen kann. Die Zahlen geben ihnen Recht: Derzeit sterben in Deutschland jährlich wenigstens 90 000 Menschen an den Folgen des Tabakkonsums, darunter rund 400 durch Passivrauchen. Eine Untersuchung weist nach, dass bei asthmakranken Kindern die Zahl der Anfälle mit dem Zigarettenkonsum ihrer Eltern steigt. Kinder rauchender Mütter haben ein durchschnittlich 200 Gramm niedrigeres Geburtsgewicht als solche nichtrauchender Mütter. Über 50 Prozent aller Kleinkinder sind nach einer Untersuchung Passivraucher, das heißt, mindestens Vater oder Mutter rauchen.

Immer wieder wurde beklagt, dass Raucher in Wohnungen auf Kinder keine Rücksicht nehmen. Geraucht wird zumeist beim geselligen Zusammensein und vor dem Fernseher.

Besonders störend fanden sie Zigarettenqualm im Auto. Häufige Klage am Krebshilfetelefon: ‚Davon wird mir immer schlecht.'

Viele leiden es auch nicht, wenn beim Besuch einer Gaststätte der Tabakqualm von den Nebentischen zu ihnen herüberzieht.

Ein Problemfeld ist auch die Schule. Die kleineren Kinder finden es nicht richtig, dass viele der Größeren auf dem Schulhof oder in den Toiletten rauchen. Sie finden das Rauchen auch bei Lehrern störend, dies auch, wenn Lehrer im Lehrerzimmer zur Zigarette greifen. Denn: ‚Die stinken dann so, wenn sie in die Klasse kommen.'

Knapp 6 Prozent der Kinder, meist die Älteren, riefen an, um zu fragen, wie sie von der Zigarette wieder loskommen können! Einige der 11- bis 15-Jährigen rauchten schon seit Jahren.

90 Prozent waren gegen alle Werbung für Zigaretten.

Beantworte die Fragen.

1 Wie viel Prozent von Kindern wussten, dass man von Rauchen Lungenkrebs bekommen kann?
2 Wie viele Leute sterben davon jedes Jahr in Deutschland?
3 Wie viel Prozent von Kleinkindern sind Passivraucher?
4 Wie viel Prozent haben angerufen, weil sie selbst mit dem Rauchen aufhören wollen?
5 Wie viel Prozent sind für ein Werbeverbot für alle Tabakwaren?
6 Nenne vier Orte, wo junge Leute das Rauchen störend finden.

Ich kann heute nicht

Du kannst folgende Aktivitäten nicht machen. Was sagst du?

Beispiel

Ich kann heute nicht Fußball spielen, weil ich mir den Arm gebrochen habe.

auf einen Blick

1 Talking about membership in clubs/societies

Ich bin seit	einem Jahr	Mitglied in einem	Reitverein.	*I've been a member of a riding club for a year.*
	anderthalb Jahren		Schachklub	*I've been a member of a chess club for a year and a half.*
	drei Monaten		Judoverein.	*I've been a member of a judo club for three months.*

2 Talking about how frequently you train/go to a club

Einmal Zweimal	in der Woche im Monat	gehe ich	zum Training zum Fußballverein. zum Jugendklub. zur Orchesterprobe.	*I go training once a week.* *I go to the football club twice a month.* *I go to the youth club every day.* *I go to orchestra practice every Friday.*
Jeden	Tag Freitag			

3 Saying what you do to keep fit and healthy

Um	fit	zu bleiben,	gehe ich	zweimal in der Woche schwimmen.	*To stay fit I go swimming twice a week.*
			fahre ich	täglich Rad.	*To stay fit I go for a bike ride every day.*
			treibe ich	viel Sport.	*To stay fit I do a lot of sport.*
	gesund		nehme ich	keine Drogen.	*To stay healthy I don't take drugs.*
			rauche ich	nicht.	*To stay helathy I don't smoke.*

4 Talking about illness and injury

Was	hast du? fehlt dir?		*What's wrong?* *What's the matter?*

Ich habe	Kopfschmerzen. Magenschmerzen. eine Grippe.		*I've got a headache.* *I've got a stomach ache.* *I've got flu.*
Mein	Fuß Rücken	tut weh.	*My foot hurts.* *My back hurts.*
Ich habe mir	das Bein gebrochen. die Hand verbrannt.		*I've broken my leg.* *I've burnt my hand.*

5 Giving commands

Nimm Rücksicht auf andere Badende.	*Be considerate to other bathers.*
Hilf anderen, wenn sie in Not sind.	*Help others if they are in trouble.*
Rauch(e) nicht.	*Don't smoke.*
Schwimm(e) nicht zu weit hinaus.	*Don't swim out too far.*

6 Using the polite form for 'you' and 'your': *Sie, Ihnen* and *Ihr*

Nehmen **Sie** diese Tabletten.	*Take these tablets.*
Was haben **Sie** für ein Problem?	*What sort of problem do you have?*
Wie war **Ihr** Name noch?	*What was your name again?*
Wie geht es **Ihnen**?	*How are you?*
Was fehlt **Ihnen**?	*What's wrong (with you)?*

Besser reich

In den entwickelten Ländern lebt man immer besser und Krankheiten, die noch gestern unheilbar waren, sind hier besiegt oder im Verschwinden. Ganz anders die Situation in den armen Ländern. Die Gründe? Der Mangel an Aufklärung und Hygiene, die Unterernährung und das Fehlen von Geld.

Am Vorabend des Jahres 2 000 ist die Ungleichheit zwischen reichen und armen Ländern noch groß ...

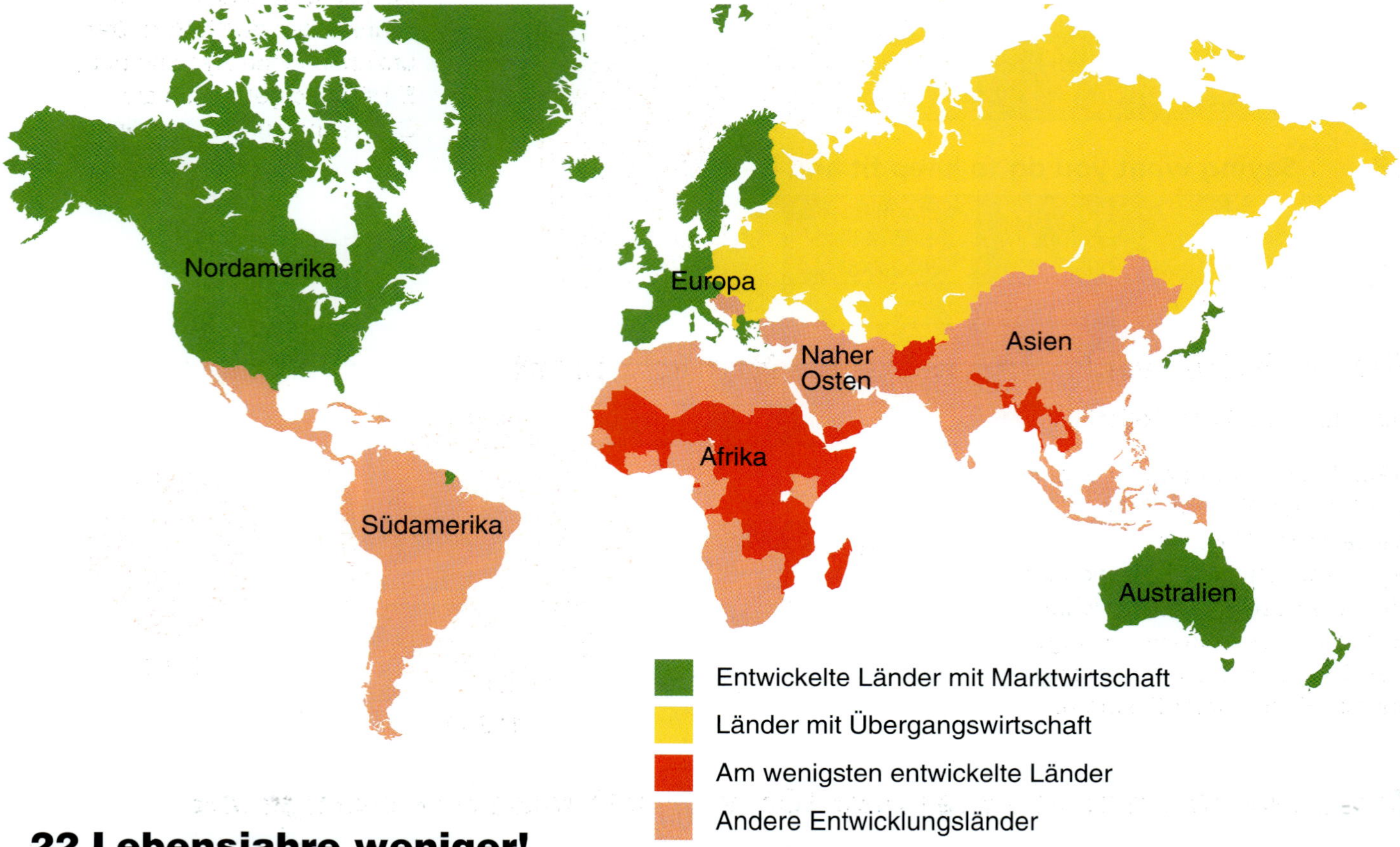

Nordamerika
Europa
Asien
Naher Osten
Afrika
Südamerika
Australien

Entwickelte Länder mit Marktwirtschaft
Länder mit Übergangswirtschaft
Am wenigsten entwickelte Länder
Andere Entwicklungsländer

22 Lebensjahre weniger!

Lebenserwartung bei Geburt (für Manner und Frauen)

76 Jahre
69 Jahre
54 Jahre
63 Jahre

Seit 1990 hat der Weltdurchschnitt sich um ein Jahr verbessert.

und gesund

Am meisten sind die Säuglinge gefährdet

Zahl von Kindern unter 1 Jahr, die sterben, auf 1 000 Lebendgeburten

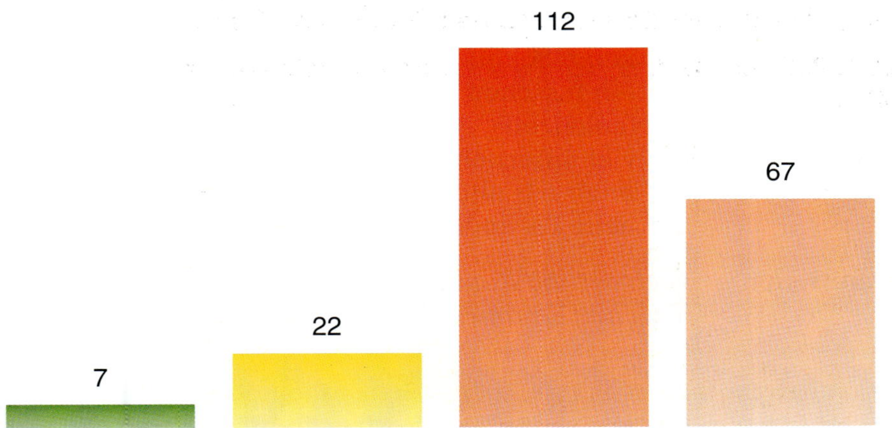
112
67
22
7

In den Entwicklungsländern bleibt noch viel zu tun. Infektionskrankheiten und Krankheiten durch Parasiten, unzureichende Hygiene und Ernährung gefährden die Schwächsten, die Säuglinge.

Wenn Polio noch eine normale Krankheit ist

Jährliche Zahl der Poliofälle

1993 haben 141 Länder auf der Welt keinen Fall von Polio verzeichnet. Nach der Weltgesundheitsorganisation ‚ist das das beste jemals erreichte Ergebnis'. Es ist teilweise wegen der Durchführung von Impfungen für alle Kinder unter 5 Jahren.

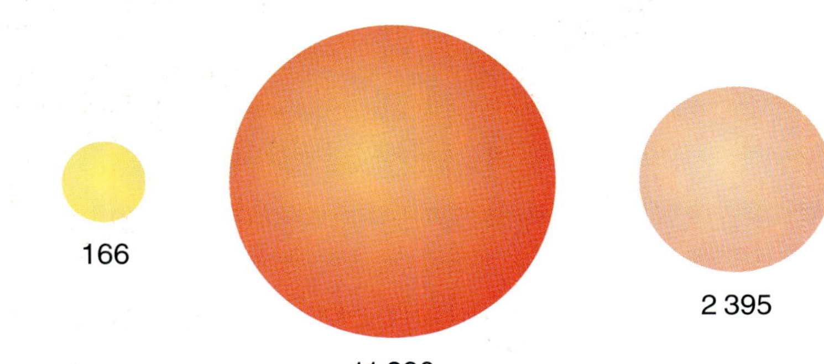
7
166
11 290
2 395

Dort wo Masern am meisten tötet, impft man am wenigsten

Prozentsatz der Säuglinge, die gegen Masern geimpft werden

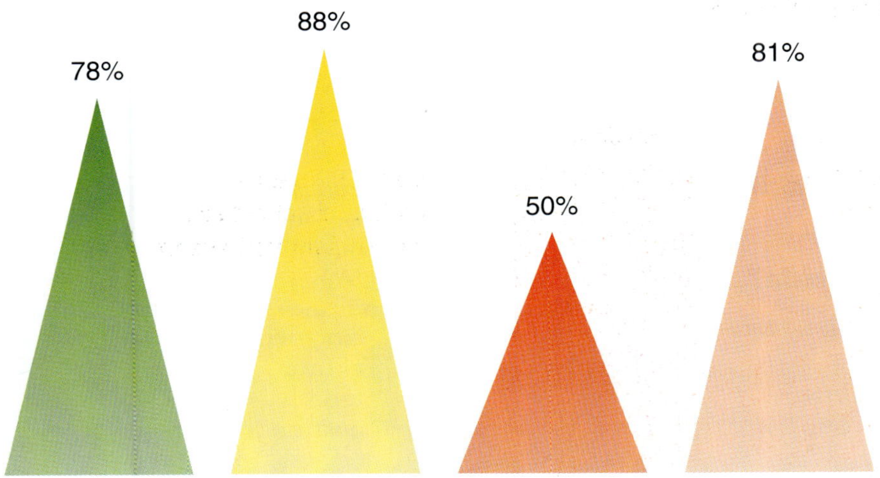
78%
88%
50%
81%

Dank großer Impfprogramme gehen viele Krankheiten zurück. Aber man zählt jedes Jahr immer noch 54 Millionen Fälle von Masern auf der Welt, die für den Tod von einer Million Kindern verantwortlich sind.

10 Alles Gute!

Wie sieht dein Ferienwunschzettel aus?

Was möchtest du in den Ferien machen? Sieh dir die Liste an und wähl fünf passende Bemerkungen. Dann schreib deinen Ferienwunschzettel.

In den Ferien möchte ich ...

1 lange ausschlafen
2 früh aufstehen
3 zu Hause bleiben
4 ganz weit weg fahren
5 kein Fernsehen gucken
6 viel fernsehen
7 einen Job suchen
8 nicht jobben
9 oft allein sein
10 jeden Tag mich mit vielen Freunden treffen
11 nur mich ausruhen
12 viel Sport treiben
13 nichts Neues lernen
14 etwas Neues lernen
15 keine Sekunde an die Schule denken
16 ein bisschen für die Schule tun
17 faulenzen
18 viel unternehmen
19 mich mit alten Freunden treffen
20 neue Freunde finden

Sieh dir die Kommentare unten an (A–C). Welcher Kommentar passt am besten zu dir?

A Du bist ziemlich faul. Du willst nichts machen. Mach doch ab und zu mal etwas Aktives und Interessantes, sonst wirst du nichts in den Ferien unternehmen. Das ist doof!

B Du unternimmst ziemlich viel in den Ferien, aber du könntest auch sonst aktiver sein. Dafür hast du jede Menge Zeit.

C Es ist gut, dass du so viel in den Ferien unternimmst. Du wirst wohl schöne Ferien haben. Vergiss aber nicht, dich ein bisschen auszuruhen, sonst wirst du totmüde sein!

Nun wähl fünf Bemerkungen für deinen Partner/deine Partnerin.

Partnerarbeit

Mach jetzt ein Interview mit deinem Partner/deiner Partnerin. Was möchte er/sie in den Ferien tatsächlich machen? Hattest du Recht?

Beispiel

A – In den Ferien möchte ich lange ausschlafen. Und du?
B – Ich nicht. Ich möchte früh aufstehen und viel unternehmen.
A – Was?! Aktiv? Nee, nur mich ausruhen.
B – Oh, nein, das ist langweilig!

Was ich in den Ferien machen werde?

Hör gut zu. Diese fünf Jugendlichen sagen, was sie in den Ferien machen werden. Ist das interessant? Langweilig? Zu aktiv? Was meinst du? Wähl jeweils den passenden Kommentar (siehe oben).

Tipp des Tages

In den Ferien	möchte / werde	ich	einen Job suchen. etwas Neues lernen. viel fernsehen nur mich ausruhen. früh aufstehen.

Was?! Das ist (zu)	langweilig. aktiv. teuer. anstrengend.

Hauptsache – die Sonne scheint!

Lies die Briefe.

Dieses Jahr möchte ich mit Freunden in Urlaub fahren. Vielleicht machen wir Urlaub auf einem Campingplatz am Meer in Südfrankreich. Dort ist wenigstens was los, und das Wetter ist fantastisch! Ich finde es auch gut, dass meine Eltern nicht bestimmen, dass ich mitfahren muss. Es ist blöd, wenn die Kinder während der 2-3 Wochen den Eltern nur auf die Nerven gehen. Das ist doch kein Urlaub!

Nicole, Wuppertal.

Eigentlich fahren wir fast jedes Jahr in die Türkei, und das macht uns solch einen Spaß, dass wir gar nicht wieder zurückkommen wollen. Die Leute dort sind sehr gastfreundlich, und man ist halt unter sich. Wir wohnen bei meinen Großeltern, und unsere Verwandten sind auch dabei. Manchmal habe ich Schwierigkeiten mit der Sprache, aber im Allgemeinen versteht man mich ganz gut. In der Türkei ist es wirklich voll super, vor allem das Wetter – es sind jeden Tag um 45 Grad!

Ayiun, Koblenz.

Wir haben einen Campingwagen, den nehmen wir immer mit in den Urlaub. Wir fahren meistens nach Italien zu meiner Oma. Mein Vater ist Italiener. Bei meiner Oma in Italien finde ich es langweilig, weil ich die Sprache nicht kann. Der Campingwagen ist aber ganz bequem.

Ruth, Frankfurt.

So richtig in den Urlaub, ich meine so nach Spanien oder so, können wir uns nicht leisten – Ferien im Ausland sind halt zu teuer! Normalerweise bleibe ich hier in der Gegend. Wenn ich zu Hause bleibe, treffe ich mich mit meiner Clique, und wir machen eine Strand-Party, die auch schon mal in die Nacht gehen kann. Jeden Tag unternehmen wir etwas – wir gehen mal ins Museum oder schwimmen, fahren Rad, oder wir fahren in einen Freizeitpark. Ansonsten grillen wir abends im Garten oder gehen ab und zu in die Disko. Alles in allem bin ich ganz zufrieden mit meiner Ferienplanung. Ich möchte eigentlich gar nicht raus aus Deutschland.

Matthias, Puttgarden.

Wenn wir knapp bei Kasse sind, fahren wir nicht in Urlaub. Ich fahre dann für 1-3 Wochen zu meiner Oma. Wenn wir aber fahren, machen wir einen Plan, was wir unternehmen wollen, z.B. wandern, essen gehen, Ausflüge machen, schwimmen usw. Das macht doch Spaß. Es macht mir nichts aus, in Deutschland zu bleiben. Hauptsache – die Sonne scheint!

Stefan, Hameln.

Richtig oder falsch?

1. Nicole wird einen Campingurlaub mit ihren Eltern machen.
2. Auf dem Campingplatz findet sie immer etwas Interessantes zu tun.
3. Stefan fährt zu seiner Oma, weil seine Eltern nicht genug Geld für teuere Ferien haben.
4. Normalerweise plant Stefans Familie nie im Voraus, was sie dort machen werden.
5. Ayiun fährt immer in die Türkei in Urlaub.
6. Wenn er dorthin fährt, wird es wohl ganz heiß sein.
7. Ruth fährt meistens nach Italien, weil ihr Vater Italiener ist.
8. Ihre Großmutter wohnt auf einem Campingplatz.
9. Matthias wird wohl dieses Jahr ins Ausland fahren.
10. Er bleibt gern zu Hause, weil er viel Spaß mit seinen Freunden hat.

Wie findest du diese Ferienpläne? Interessant? Langweilig? Zu teuer? Unbequem? Zu aktiv oder nicht aktiv genug? Zu lang oder zu kurz?

Jetzt bist du dran!

Schreib deinen eigenen Text über deine Ferienwünsche/-pläne. Was wirst du machen? Wird das Spaß machen?

Urlaubspläne

Sieh dir die Informationen an, die Herr Gerecht vom Verkehrsamt bekommt.

1 Naturcamping Isarhorn

E. + Ch. Haaf
82481 Mittenwald
Tel: 08823/5216

Naturcamping Isarhorn
Mittenwald

Ein herrlicher Naturplatz am Fuße des Karwendelgebirges, 3 km vor Mittenwald, 900 m hoch gelegen, lädt zu Sommer- und Wintercamping ein.

Der Platz ist modern ausgestattet mit beheizten Sanitäranlagen, Warmwasser, Waschmaschine und 230 Stromanschlüssen. Auch ein Kiosk steht zur Verfügung.

Der Naturcamping Isarhorn bietet einen idealen Aufenthalt für Wanderer, Bergsteiger und Kanuten.

Alle Wintersportmöglichkeiten sind in unmittelbarer Nähe gegeben.

Plätze für das Winterhalbjahr vom 1.10.-31.3. und für Weihnachten nur auf Vorbestellung.

2 Gästehaus Franz Brandtner

Fam. Franz und
Irmgard Brandtner
Mauthweg 7
82481 Mittenwald
Tel:08823/1650

Gemütliches Haus mit 5 neu eingerichteten Ferienwohnungen für 1-4 Personen in ruhiger und zentraler Lage, 2 bis 5 Gehminuten zum Zentrum und Bahnhof. Komplett eingerichtete Küche mit Mikrowelle, gemütlicher Wohnraum, separates Schlafzimmer, Farb-TV und Telefon. Tischtennisraum, Parkplatz und Garage, Garten mit Liegewiese. Langlaufskischule mit Skiverleih, geprüfter Bergführer und Langlaufskilehrer im Haus.

3 Gästehaus Erlenhof

Maria Menhofer
Weidenweg 8
82481 Mittenwald
Tel: 08823/8472

Gepflegtes, gut eingerichtetes Haus in günstiger Ortsrandlage am Fuße des Karwendels. Nähe Bahnhof, Eisstadion, Karwendelbahn. Zimmer zum Teil mit Du/WC. Parkplatz am Haus. Garage. Gem. Aufenthaltsraum mit Kabel-TV. Garten, Liegewiese, Terrasse. Nichtraucher-Gästehaus.

4 Ferienwohnungen Lorenz

Otto u. Maria Lorenz
Albert-Schott-Str. 25
82481 Mittenwald
Tel: 08823/5317

Schönes, gepflegtes Haus in sonniger, ruhiger Lage, 3 Min. vom Zentrum. Ferienwhg. für 1-4 Pers. mit Balkon oder Terrasse. Gemütl. und liebevoll im bayerischen Stil eingerichtet. Liegewiese, Garagen und Parkpl. vorhanden. Ganzjährig geöffnet, günstige Angebote in der Vor- und Nachsaison.

5 Alpen-Caravanpark Tennsee

Familie Zick
82493 Klais/Krün
Tel: 08825/170
Fax: 17236

Der Alpen-Caravanpark Tennsee ist eine weitläufige Anlage zum Teil auf terrassenartigem Gelände. An zwei Seiten begrenzen ein Bach bzw. der Tennsee den Platz, im Osten steigen die Buckelwiesen an.

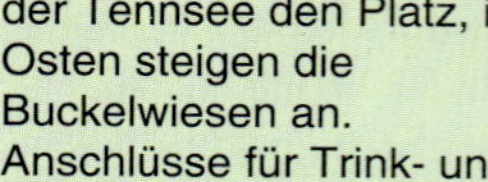

Anschlüsse für Trink- und Abwasser, Gas, Strom, Durchwahltelefon sowie TV- und Radioantenne. Für diese im Alpenbereich einmaligen Anschlüsse müssen Sie nicht extra bezahlen. Dazu bieten wir: Café, Restaurant, Kinderspielplatz, Waschküche und Trockenraum, SB-Laden, Jugendraum, Raum für Wintersportausrüstungen, Auto-Waschplatz, Familienkabinen und auch ein Hundebad! Für Ihre Freunde und Angehörigen: Miet-Appartements für 2 Personen mit Küche, Dusche, Bidet und WC, komplett eingerichtet. In der Nähe: Wander- und Sportmöglichkeiten aller Art. Der Platz ist vom 24.10.-15.12. geschlossen.

6 Ferienappartement Haus am Kurpark

Matthias Hornsteiner
Zirbelkopfweg 3
82481 Mittenwald
Tel: 08823/5559

Ferienappartements für 2-3 Personen, direkt am Kurpark. Im Bauernstil eingerichtete komf. Wohnungen, Wohn- und Schlafraum je nach App. kombiniert oder getrennt, mit Kabel-TV, Radio, Elektroküche, Diele, Du/WC, Balkon mit herrlichem Blick auf das Karwendelgebirge, Liegewiese, hauseigener Parkplatz.

A *Kannst du diesen Leuten helfen? Lies ihre Bemerkungen und hör gut zu, dann finde die Unterkunft (Gästehaus/Wohnung/Appartement bzw. Campingplatz), die für sie am besten geeignet ist. Wo kommen Müllers hin? Und Turners? usw.*

Beispiel
Die Familie Müller – Gästehaus Erlenhof (3)

Wir sind 2 Erwachsene und 2 Kinder (13 und 15 Jahre alt) aus Südwestengland. Wir suchen ein Gästehaus. Wir laufen gern Ski und wollen, dass unsere Söhne das jetzt auch lernen. Wir möchten uns selbst versorgen.

Die Familie Turner

Wir sind 1 Erwachsener und 2 Kinder (von 15 und 16 Jahren) aus Belgien. Wir suchen eine Ferienwohnung mit Wohnraum und Schlafräumen getrennt. Wir möchten auch womöglich Kabel-TV.

Die Familie Berger

Wir sind zwei Erwachsene und 1 Kind (9 Jahre alt) aus der Schweiz. Wir suchen zwei Zimmer (ohne Balkon!) mit Dusche oder Bad. Lieber nicht in zentraler Lage. Meine Frau ist allergisch gegen Zigarettenrauch.

Die Familie Müller

Wir sind 1 Erwachsene und drei Kinder (8, 9 und 12 Jahre alt) aus Norditalien. Wir möchten einen Platz für unseren Wohnwagen. Wir sind alle Naturliebhaber. Meine Kinder treiben gern Sport und schwimmen besonders gern im Freien. Gibt es in der Nähe von Mittenwald einen Campingplatz, der guten Service zu günstigen Preisen bietet?

Die Familie Berlusconi

Wir sind 2 Erwachsene und 2 Kinder (7 und 13 Jahre alt) aus Dänemark. Wir haben nämlich vor, 10 Tage am Anfang Dezember in der Nähe von Mittenwald auf einem Campingplatz zu verbringen. Wir treiben besonders gern Wintersport.

Die Familie Jensen

Die Familie Leclerc

Wir sind 2 Erwachsene und 2 Kinder (von 11 und 14 Jahren) aus Nordfrankreich. Wir suchen eine Ferienwohnung mit Balkon, nicht weit von der Stadtmitte.

B *Sieh dir nochmal die Informationen an und beantworte die Fragen über die Unterkünfte.*

1 Was kosten die Anschlüsse im Alpen-Caravanpark?
2 Welches Gästehaus liegt in der Nähe vom Eisstadion?
3 Wie heißt das berühmte Gebirge in der Nähe von Mittenwald?
4 Gibt es einen Campingplatz, wo auch Zwei-Personen-Appartements zu vermieten sind?
5 Welches Gästehaus bietet eine geprüfte Begleitperson für Bergwanderer?
6 Wo kann man nicht nur jede Menge Aktivitäten unternehmen, sondern auch seinen Wagen und seinen Hund waschen?
7 Wo muss man vorbestellen, wenn man in der Wintersaison dort Urlaub machen will?
8 Wo bietet man günstige Preise für Ferienwohnungen in der Nebensaison?

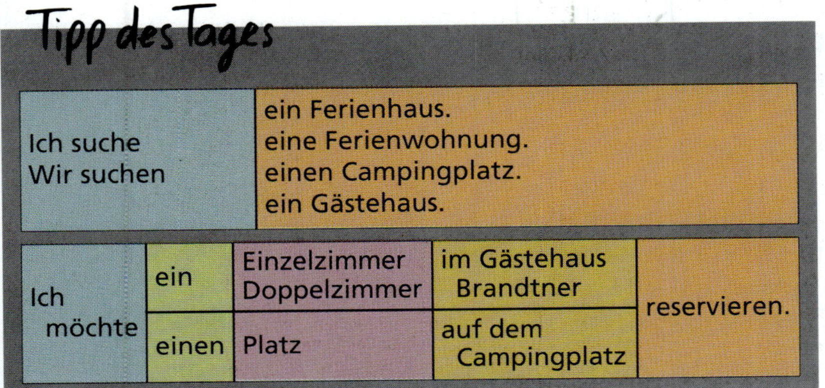

Tipp des Tages

Ich suche Wir suchen	ein Ferienhaus. eine Ferienwohnung. einen Campingplatz. ein Gästehaus.

Ich möchte	ein	Einzelzimmer Doppelzimmer	im Gästehaus Brandtner	reservieren.
	einen	Platz	auf dem Campingplatz	

C *Wie reserviert man? Schreib einen Brief für eine dieser Familien oder für dich selbst.*

Rotdornweg 16
4081 Borstel-Hohenraden

Borstel-Hohenraden, den **15. Mai**

Sehr geehrte Damen!
Sehr geehrte Herren!

Ich möchte **1 Doppelzimmer** und **1 Dreibettzimmer** mit **Bad und WC** für **3 Wochen** im **Juli (vom 1. bis zum 22.)** im **Gästehaus Brandtner** reservieren. Wir sind **2 Erwachsene und 3 Kinder.**

Für Ihre Bemühungen danke ich Ihnen im Voraus.

Mit freundlichem Gruß

W. Gerecht

KJR Sommerferien

Lies folgende Texte über außergewöhnliche Ferien für Kinder und Jugendliche.

KREISJUGENDRING PINNEBERG E.V.
KJR
JUGENDBILDUNGSSTÄTTE BARMSTEDT

KJR KREISJUGENDRING PINNEBERG

Arbeitsgemeinschaft der Jugendverbände
Spielothek mobil
Jugendbildungsstätte Barmstedt

KALLES SOMMERREISEN

Der Kreisjugendring Pinneberg bietet auch in diesem Jahr tolle Ferienfahrten für alle Kinder und Jugendliche an, die gerne mit Gleichaltrigen und in der Gruppe verreisen.

1 Badeurlaub im Pinneberg-Heim in Dänemark

Vom 24.07–01.08 geht es zum tollen Badeurlaub nach Dänemark in Heysager an der Ostsee. Wasserratten, die gerne baden, toben und Sport treiben, kommen voll auf ihre Kosten.

Ebenfalls sind eine Nachtwanderung und ein Grillfest vorgesehen.

Preis: 170,– DM

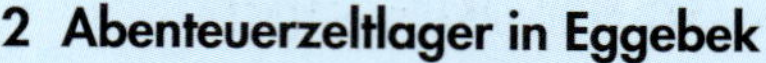

2 Abenteuerzeltlager in Eggebek

Vom 04.07–18.07 geht es wieder ins Pfadfinderzeltlager Tydal in Eggebek. Wir lesen Tierspuren, beobachten Rehe und Hasen, sammeln Kräuter und bauen eine Sonnenuhr.

Ebenfalls kommen Sport, Spiel und Spaß auch nicht zu kurz, insbesondere planen wir Kanufahren und eine Lagerolympiade.

Wir sind in 4-6 Mann Zelten untergebracht und schlafen auf Feldbetten.

Preis: 300,– DM

3 Abenteuerurlaub mit dem Kanu in Schweden

Fahrt 1 vom 17.06.–05.07.
Fahrt 2 vom 03.07.–20.07.

Diese Fahrt ist für alle 14-18-jährigen Mädchen und Jungen, die Lust haben, 2 Wochen mit dem Kanu durch die Seen des Dalslandes zu fahren. Alles, was wir benötigen, transportieren wir in unseren Booten. Abends kochen wir gemeinsam unser Essen.

Was, ihr wisst nicht, wie man paddelt? Macht doch gar nichts! Vom 29.-31.05. treffen wir uns zu einem Vorbereitungswochenende, bei dem sich die Teilnehmer kennen lernen sollen und sich mit den Zelten und Booten vertraut machen sollen.

Preis: 480,– DM

4 Studienfahrt nach England/Sheffield für Jugendliche ab 15 Jahren

Vom 06.07.–22.07. bieten wir die Möglichkeit an einer Studienfahrt nach England teilzunehmen, und zwar in die bekannte Universitätsstadt Sheffield. Wir werden im Sportzentrum der Universität untergebracht, daher bieten wir alle Möglichkeiten zum Sporttreiben, wie z.B. Schwimmen, Tennis, Basketball, Fußball, Body-Building und vieles mehr.

Hierbei handelt es sich um eine kombinierte Sprachreise. Es soll dort Kontakt zu jungen Engländern aufgenommen werden, um das Land und die Mentalität der Engländer kennen zu lernen.

Wir werden große Ausflüge unternehmen, wie z.B. nach York (zum berühmten Wikinger Zentrum) sowie an die Küste ins bekannte Seebad Bridlington oder nach Blackpool. Sheffield selber bietet sehr viele Sehenswürdigkeiten.

Wir werden England mit der Fähre ab Hamburg erreichen und weiter geht es mit einem Reisebus.

Eine tolle Reise für junge Leute, die gerne in der Gruppe reisen.

Preis: 600,– DM

Lies den Text und sieh dir die Wörter im Kästchen an. Wie ist das richtig? Schreib die passenden Wörter auf.

Beispiel
(1) = vier

Dieses Jahr bietet der KJR Pinneberg -(1)- Ferienfahrten für Kinder und Jugendliche. Alle Teilnehmer sollten Lust haben, in der -(2)- zu verreisen. -(3)- von diesen Fahrten finden im Ausland statt – in England, Schweden und -(4)-.
Für Naturliebhaber bietet das -(5)- die meisten Möglichkeiten. Wenn man -(6)- sprechen will, gibt es die -(7)- nach England. Wenn man zwischen vierzehn und achtzehn ist, gibt es auch die Möglichkeit, an einem -(8)- mit dem -(9)- in -(10)- teilzunehmen. Das Vorbereitungswochenende für diese Fahrt findet Ende -(11)- statt. Meistens finden die Ferienfahrten im -(12)- statt und dauern mindestens eine -(13)-.
Schöne -(14)- und alles Gute!

Abenteuerurlaub	
Mai	Schweden
Dänemark	vier
	Juli
Englisch	Kanu
Abenteuerzeltlager	
Woche	Ferien
	Studienfahrt
drei	Gruppe

Sommerschule

Lies die Artikel, dann wähl die passenden Antworten auf die Fragen.

Seit zehn Jahren gibt es in Graz im Sommer immer eine Zirkusschule für Clowns und Akrobaten. Die Schule bietet qualifizierte internationale Lehrer und kleine Klassen (zehn bis 13 Teilnehmer pro Lehrer).

ÖSTERREICH
Graz

Die Schule ist auch in Deutschland bekannt. Hier sind zwei Artikel über die Schule aus deutschen Zeitungen:

Feuerschlucken im Urlaub

Das ist was für Leute, die schon immer von der Manege geträumt haben. Dieses Jahr vom 7. bis 25. Juli gibt es in Graz eine ‚Sommerschule für Artistik'. Jugendliche und Erwachsene können Seiltanzen und Akrobatik lernen, Jonglieren, Feuerschlucken und Handvoltigieren. Und selbstverständlich wird auch ein Clownkurs angeboten. Mit täglich vier Stunden Unterricht in zwei Fächern kostet's 1 375 Mark. Auskunft: Tel. 0043/316-70618191.

REISE WELT

Artistik in Graz

Eine Feriensensation bietet Graz mit der Sommerschule für Artistik (7. bis 25. Juli) und Straßentheater (18. August bis 5. September) für Kinder und Erwachsene. Gelehrt werden Bodenturnen, Akrobatik, Handvoltigieren, Seiltanzen, Feuerschlucken; ferner gibt es einen Clownkurs, Jonglieren, Pantomime, Modern Dance und anderes.

 1 Wo findet die Sommerschule statt?

A In der Schweiz.
B In Italien.
C In Österreich.
D In Deutschland.

2 Wer unterrichtet an dieser Schule?

A Clowns.
B Akrobaten.
C Teilnehmer.
D Professionelle Lehrer.

 3 Wer sollte nicht an dieser Schule teilnehmen?

A Erwachsene.
B Faule Leute.
C Jugendliche.
D Zehnjährige.

 4 Was für Unterricht bekommt man?

A Vier Stunden pro Tag in zwei Fächern.
B Zwei Stunden täglich in vier Fächern.
C Feuerschlucken wöchentlich für eine Stunde.
D Drei Stunden pro Woche in allen Fächern.

 5 Was passt am besten?

A Diese Zirkusschule ist weltberühmt.
B Man berichtet über die Schule nicht nur in Österreich, sondern auch in Deutschland.
C Nur in Graz ist die Sommerschule bekannt.
D Deutsche Zeitungen berichten nie über diese Sommerschule.

Ich möchte so gerne

Ich möchte so gerne nach England fahren, aber ich spreche kein Englisch!

Ich möchte so gerne in Urlaub fahren, aber mein Taschengeld ist alle!

Ich möchte so gerne nach Ägypten fahren, aber ich bin allergisch gegen Kamele!

Schreib weitere Beispiele: Ich möchte so gerne, aber …

Letztes Jahr, dieses Jahr

Jede Person macht zwei Bemerkungen: Über ihre Ferien letztes Jahr und dieses Jahr. Was passt wozu?

Beispiel
1B

1 Letztes Jahr bin ich mit meinen Eltern nach Italien gefahren. Es war furchtbar! Wir haben die ganze Zeit Streit gehabt. Sie wollten nie das machen, was ich wollte.

2 Letztes Jahr war das Wetter an der Nordsee schrecklich! Es hat tagelang geregnet, und es war furchtbar kalt. Wir konnten nichts unternehmen.

3 Letztes Jahr sind wir nach Spanien gefahren. Das Wetter war nicht immer schön, aber das Hotel war fantastisch! So gemütlich und modern – Schwimmbad, Disko, leckeres Essen. Und wir wohnten direkt am Strand.

4 Letztes Jahr hat es Spaß gemacht, mit meinen Eltern nach Griechenland zu fahren. Sonne, Meer, neue Freunde – es war echt toll! Nach den Ferien haben sich aber meine Eltern scheiden lassen. Mein Vater hat eine andere Frau geheiratet.

5 Den ganzen Tag in der Sonne am Strand zu liegen, das kann ich nicht leiden. Das ist mir zu heiß und zu langweilig. Wir haben fast nichts unternommen – keine Ausflüge gemacht, keinen Sport getrieben und keine Sehenswürdigkeiten besichtigt.

6 Letztes Jahr waren wir alle sehr müde, darum haben wir zehn schöne Tage am Strand in Frankreich verbracht. Das war traumhaft, aber viel zu kurz. Schon nach zehn Tagen mussten wir wieder nach Hause. Echt schade!

7 Ich war letztes Jahr zum ersten Mal in Dänemark. Das hat mir zwar ganz gut gefallen. Die Dänen waren sehr nett, und das Ferienhaus war super. Es hat aber alles so viel gekostet – Dänemark ist wirklich sehr teuer.

8 Letztes Jahr haben meine Freunde und ich zwei Wochen auf einem Campingplatz in Österreich verbracht. Österreich war zwar ganz schön, und die Leute waren sehr nett, aber ich zelte nicht gern. Mir war das nicht bequem genug. Und nachts wurde es auch sehr kalt!

A Hoffentlich werden wir dieses Jahr noch einmal dahin fahren. Auch wenn das Wetter schlecht ist, ist es nie langweilig – es gibt nämlich so viel im Hotel zu tun.

B Dieses Jahr fahre ich alleine weg. Vielleicht werde ich eine Radtour mit ein paar Freunden machen. Das ist zwar nicht so aufregend wie Italien, aber wenigstens kann ich das tun, was ich will.

C Dieses Jahr fahren wir mal ins Gebirge. Hoffentlich machen wir viele Wanderungen und vielleicht ein bisschen bergsteigen. Dann können wir frische Luft schnappen und die schöne Landschaft genießen.

D Dieses Jahr werden wir sicher länger fahren – mindestens drei Wochen und zwar nochmal an denselben Strand in Frankreich. Ich freue mich schon darauf!

E Dieses Jahr hoffen wir auf einen billigeren Urlaub in Italien. Hoffentlich wird der Kurs günstig sein, damit der Urlaub nicht so teuer wird!

F Ich fahre dieses Jahr in den Süden. Es ist mir egal, wo wir Urlaub machen – Hauptsache: Sonnenschein und bloß kein Regen!

G Dieses Jahr zelten wir nicht. Wir mieten ein Ferienhaus an der Küste in Dänemark. Hoffentlich wird es auch schön warm sein!

H Das heißt, dass ich dieses Jahr zweimal Urlaub mache. Zuerst fahre ich mit meiner Mutter nach Spanien, dann verbringe ich fünfzehn Tage bei meinem Vater in der Schweiz.

Und du?

Was hast du letztes Jahr gemacht?
Was machst du dieses Jahr?
Schreib es auf.

Tipp des Tages

Letztes Jahr	bin ich mit meinen Eltern nach Italien gefahren. hat es Spaß gemacht. war es furchtbar.
Dieses Jahr	fahre ich alleine weg. werde ich eine Radtour machen. wird es Spaß machen.

Ferienjobs

Lies, was die Jugendlichen sagen, und beantworte die Fragen.

Nurcan: Ich suche einen Ferienjob, um Geld für Klamotten zu verdienen.

Sylvia: Ich suche einen Ferienjob, um neue Leute kennen zu lernen. In den Ferien ist es zu Hause so langweilig!

Jutta: Ich suche mir einen Ferienjob, um etwas Interessantes zu unternehmen.

Jens: Ich möchte einen Ferienjob, um meiner Mutter zu helfen. Wir brauchen nämlich das Geld. Mein Vater wohnt nicht mehr bei uns.

Anne: Ich suche einen Job, um mir einen neuen Computer zu kaufen. Der kostet viel Geld.

Carsten: Ich brauche einen Ferienjob, um so viel Geld wie möglich zu sparen. Ich will mir ein Mofa kaufen.

1. Wer will einen Ferienjob, weil sie nicht zu Hause bleiben will?
2. Wer will einen Ferienjob, weil er sich neue Kleider kaufen will?
3. Wer will einen Ferienjob, weil er sein eigenes Fahrzeug haben möchte?
4. Wer will einen Ferienjob, weil sie neue Erlebnisse sucht?
5. Wer will einen Ferienjob, weil sie ihren alten Computer ersetzen will?
6. Wer will einen Ferienjob, weil er Geld für seine Familie verdienen will?

Tipp des Tages

Warum willst du einen Ferienjob?	
Um	Geld zu verdienen. etwas Interessantes zu machen. neue Leute kennen zu lernen.
Weil ich	nicht zu Hause bleiben will. neue Kleider kaufen will.

Disneyland Paris

Lies folgenden Text über einen besonderen Ferienjob.

In Deutschland darf man unter 18 zwischen 6-20 Uhr arbeiten. In den Ferien kann man also jede Menge Teilzeitjobs machen: Hunde ausführen, Regale im Supermarkt auffüllen, Zeitungen und Prospekte austragen, Gartenarbeit machen und auch Nachhilfestunden geben.

Für über 18-Jährige gibt es sicher viele Teilzeitjobs auch im Ausland. Als Au-Pair haben Jugendliche nicht nur Verdienstmöglichkeiten, sondern auch einen unmittelbaren Einblick in ein fremdes Land und eine fremde Kultur.

Wer aufgeschlossen und sportlich ist, sollte es mal in Feriencamps oder -klubs als Animateur versuchen. Auch *Disneyland Paris* sucht ständig neue Teilzeitmitarbeiter. Mindestens zwei Monate (bevorzugt: Juli/August) kann man dort in den Restaurants, in den Rezeptionen, im Karten- und Warenverkauf oder an den Attraktionen arbeiten. Voraussetzung dafür ist die Kenntnis der französischen Sprache (man sollte sich unterhalten können) sowie etwas Englisch (Sprachtest kann gleich am Telefon durchgeführt werden).

Es wird in einer 39-Stunden-Woche in drei Schichten (morgens, mittags, nachts) gearbeitet. Das Bruttogehalt beträgt 6 000 Francs, davon bleiben netto (nach Abzug aller Sozialabgaben) 4 800 Francs übrig. Davon muss allerdings auch noch die Unterkunft bezahlt werden. Wer in den *Disney*-eigenen Apartments absteigt, zahlt dafür 2 100 Francs im Monat. Billiger kann es werden, wenn man sich auf eigene Faust ein Zimmer sucht. Die Anreise muss selbst bezahlt werden.

Stimmt das?

Beispiel *1 stimmt nicht*

1. Erst wenn man unter achtzehn ist, darf man als Animateur arbeiten.
2. Wenn man im Ausland arbeitet, hat man die Gelegenheit, eine andere Kultur und fremde Leute kennen zu lernen.
3. Man muss mindestens zwei Monate in den Restaurants arbeiten.
4. Am liebsten sollten die Teilzeitmitarbeiter in *Disneyland Paris* in der Hochsaison arbeiten.
5. Man braucht nicht perfekt Französisch sprechen zu können.
6. Vielleicht wird man am Telefon in Französisch und Englisch getestet werden.
7. Alle Teilzeitmitarbeiter bei *Disney* müssen drei Schichten von 13 Stunden pro Woche arbeiten.
8. Man verdient netto viertausendachthundert Francs im Monat.
9. Man muss bei *Disneyland Paris* wohnen.
10. *Disneyland Paris* bezahlt alle Reisekosten für die Mitarbeiter.

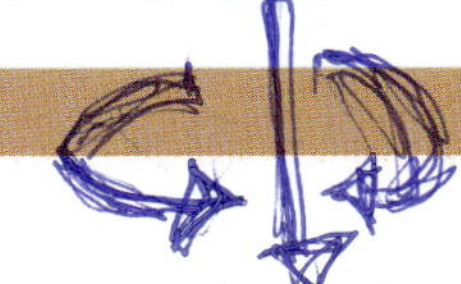

In zehn Jahren

Lies, was die Jugendlichen sagen.

Jürgen
In zehn Jahren werde ich weltberühmter Sportler sein.

Nina
Ich werde Studentin sein.

Ralf
In zehn Jahren werde ich nicht mehr in Deutschland wohnen.

Cigden
Ich werde Sängerin in einer Band sein.

Anja
Ich werde arbeitslos sein.

Heike
In zehn Jahren werde ich sechsundzwanzig sein!

Nico
Ich werde heiraten.

Ersun
Ich werde Astronaut sein.

Markus
Ich werde Millionär sein!

Nicole
In zehn Jahren werde ich Computergenie sein.

Und in 20 Jahren?

Wer hat das wohl gesagt?

Beispiel
1 Heike

1 Ich werde sechsunddreißig sein.
2 In zwanzig Jahren werde ich nicht mehr weltberühmter Sportler sein – ich werde zu alt sein!
3 Ich werde Professorin an der Uni sein.
4 In zwanzig Jahren, wenn wir überhaupt noch da sind, werde ich sicher immer noch ohne Arbeit sein.
5 Ich werde die Welt mit meinen Programmen retten.
6 In 20 Jahren werden wir die populärste Rockband auf der Welt sein.
7 Ich werde auf einem anderen Planeten wohnen.
8 In 20 Jahren werde ich zehn Kinder haben.
9 Ich werde reich sein und nach Deutschland zurückkommen.
10 In 20 Jahren werde ich kein Geld mehr haben.

Nun hör gut zu. Hattest du Recht?

Steffi und Freunde

Wenn ich älter bin, bestimme ich, was ich mit meinem Leben mache, ich!

Und wenn ich heirate, sage ich, wo ich wohnen will. Ich allein werde entscheiden, wofür ich mein Geld ausgebe.

Gott sei Dank bin ich im Zeitalter der Emanzipation geboren!

Na, was machen wir denn heute Abend?
Weiß ich nicht. Was hattest du vor?

Was wirst du später machen?

Lies die Texte und beantworte die Fragen.

Sabriya

Meine Eltern werden vielleicht wieder in die Türkei ziehen, weil es hier in Deutschland keine Arbeitsplätze mehr für sie gibt. Ich aber werde weiterstudieren – vielleicht an der Universität. Dann werde ich irgendwo in Europa arbeiten. Ich werde vielleicht Übersetzerin werden. Ich interessiere mich nämlich sehr für Fremdsprachen.

Renate

Was ich später mache werde, ist leicht zu sagen. Ich will Stewardess werden und so viele Länder wie möglich besuchen. Ich möchte nicht die ganze Zeit hier in Deutschland bleiben – es gibt so viel auf der Welt zu sehen und zu tun. Und wenn ich keine Stelle als Stewardess bekommen kann, werde ich vielleicht als Reiseleiterin bei einer großen Reisefirma arbeiten.

Jens

Keine Ahnung! Ich weiß noch nicht, was ich machen werde. Etwas Sportliches oder so was. Ich schwärme für Sport, Athletik, usw. Leider sind meine Noten überhaupt nicht so toll, darum werde ich vielleicht gleich nach der Schule eine Stelle suchen müssen. Wer weiß?

Nassa

Ich werde etwas Aktives und Interessantes machen – ich meine nichts Wissenschaftliches oder Sportliches. Ich weiß noch nicht genau, was für einen Beruf ich ergreifen werde. Auf jeden Fall will ich nicht in einer Fabrik, an einer Schule oder in einem Büro arbeiten. Lieber draußen an der frischen Luft.

Markus

Ich werde sicher ins Ausland fahren, um meine Sprachkenntnisse zu erweitern. Am wichtigsten ist, wenn man in Europa weiterkommen will, dass man mehrere Sprachen kann. Ich weiß noch nicht, welchen Beruf ich ausüben werde.

Britta

Das geht mir auf die Nerven: ‚Was wirst du machen, Britta? Denk doch mal an die Zukunft!' Werden meine Eltern nie verstehen, dass ich noch zu jung bin, um meine Zukunft genau zu planen?! Im Moment denke ich nur an die Ferien. Nichts Aktives. Ein bisschen Ruhe, Sonne und Spaß. Danach wird wohl noch genug Zeit sein, an einen zukünftigen Beruf zu denken.

Wer …?

1 … weiß nocht nicht, was er/sie machen will, wird sicher nichts Sportliches machen und möchte nicht drinnen arbeiten?

2 … möchte nicht immer im Heimatland bleiben, weil er/sie sich für fremde Länder und Kulturen interessiert?

3 … hat sich noch nicht entschlossen, was er/sie machen wird, weil er/sie glaubt, dass er/sie noch nicht alt genug ist, um solche Fragen zu beantworten?

Schreib weitere Beschreibungen für die drei anderen Jugendlichen.

Umfrage

Was werden deine Klassenkameraden später machen? Stell Fragen und mach Notizen.

Schreib mal wieder!

Beantworte die Fragen in einem Brief.

Wo warst du letztes Jahr im Urlaub?
Wie war es?
Wie sieht dein Ferienwunschzettel aus?
Wo fährst du hin?
Mit wem und für wie lange?
Was für Aktivitäten wirst du in den Ferien unternehmen?
Und in der Zukunft – was wirst du machen?
Was für einen Beruf möchtest du?

Tipp des Tages

Was wirst du machen?

Ich	werde	sicher weiterstudieren.	
		etwas Aktives nichts Wissenschaftliches	machen.
Meine Eltern	werden	wieder in die Türkei ziehen.	
Es	wird	wohl genug Zeit sein, daran zu denken.	

Dies und das

Urlaub – eine Erfindung des 20sten Jahrhunderts

© Barnaby's Picture Library
© Donald McLeish/Robert Harding Picture Library

Vor hundert Jahren fuhren die meisten Leute nie in Urlaub. Es war auch nicht Mode, sich zu sonnen. Nur arme Leute, die auf dem Land arbeiteten, waren braun gebrannt. Damen versuchten, soweit wie möglich keine Sonne an ihre Haut zu lassen.

Dann kam eine neue Mode: An die See zu fahren. Tausende von Leuten entdeckten das Vergnügen, in der Sonne am Strand zu liegen.

Das war auch im Gebirge der Fall. Früher ging niemand aus Spaß in die Berge. Berge waren einfach ein Problem für Reisende, weiter nichts. Dann fingen einige Leute an, dort Wanderungen zu machen. Auf einmal wurden die Berge – für reiche Leute – zu einem wünschenswerten Urlaubsziel. Und Skifahren als Sportart? Das wurde zuerst von Engländern in den Alpen eingeführt!

Der Witz des Monats
Würde es dir etwas ausmachen, von meinen Skiern zu gehen?

Brieffreundschaften – Riesenspaß oder Babykram?

Briefeschreiben? Warum denn das? Telefonieren geht doch viel schneller! Und lebendiger ist's außerdem! Da hört man die Stimme des anderen – und seine Stimmung! Viele von euch werden so denken und Brieffreundschaften für ‚Babykram' halten ...

Und doch: Es gibt viele junge Leute, die Brieffreundschaften toll finden! Durch eine Anzeige haben sie jemanden kennen gelernt, und nun geht's hin und her. Manch einer (eine) lernt seinen (ihren) Brieffreund(in) auch in den Ferien kennen. Durch Briefe wird der Kontakt gehalten – bis zum nächsten Wiedersehen ...

Wer spricht für – wer spricht gegen Brieffreundschaften? Hier äußern einige junge Leute ihre Meinung:

‚Ich habe zwei Brieffreunde, in Schweden und in Deutschland. Wir sehen uns zwar selten, aber wenn man sich sieht, ist die Freude groß.' (Silke)

‚Ich habe keine Brieffreundschaft. Keine Lust! Was soll ich denn mit Brieffreundschaften anfangen, wenn ich sonst so viele Freunde um mich herum habe?' (Funda)

‚Ich habe drei Brieffreundinnen – eine davon aus Italien. Wir schreiben uns auf Englisch. Wir sehen uns jeden Sommerurlaub in Italien. Sie ist ein halbes Jahr älter als ich, und wir verstehen uns sehr gut. Ich finde es schön, wenn man aus der Schule kommt und auf dem Tisch liegt ein Brief!' (Nicki)

‚Ich habe schon eine Brieffreundschaft gehabt. Doch nach dem zweiten Brief, den ich bekam, hörte ich auf, weil da ein Foto drin war, das mir nicht gefiel!' (Dominik)

Bildgeschichte

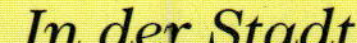
In der Stadt

1
Du hast also keinen Schlagzeuger gefunden?
Nein, aber warum nicht eine Schlagzeugerin?

2
Meinst du es ernst?
Ja, total! Katja, das ist Navina, unsere Sängerin. Kommt, wir müssen dringend proben!

Einige Tage später, beim Konzert

3

Er hat es vielleicht nicht gesagt, aber Uli ist wirklich froh, dass du heute da bist.

Oh, ich bleibe aber vielleicht nicht bis zum Ende.

4

Viel Glück!

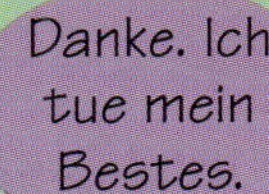
Danke. Ich tue mein Bestes.

5
O.K. Seid ihr fertig? Wir sind dran!

6

7
Gibraltar

8
Eins, zwei, drei, vier ...

sb Selbstbedienung

Was wirst du machen?

Sag, was du machen wirst, wenn das Wetter gut/schlecht usw. ist.
Sieh dir die Bilder und die Vokabeln an.

Beispiel
1 Wenn es warm ist, werde ich schwimmen gehen.

1
40°C
2
3
4
5

WETTER
warm · schneit · regnet · schön · windig

AKTIVITÄTEN
Ski laufen · schwimmen gehen · mit dem Hund spazieren gehen · fernsehen · segeln

Schreib noch drei weitere Sätze:
Wenn es heiß ist, ... Wenn es neblig ist, ... Wenn die Sonne scheint, ...

Hotel, Campingplatz oder Ferienhaus?

Wo finden diese Gespräche statt? Schreib ‚Hotel', Campingplatz' oder ‚Ferienhaus'.

Beispiel
1 Hotel

1. Wir möchten zwei Nächte bleiben. Haben Sie ein Doppelzimmer mit Bad und Dusche frei?
2. Wir sind zwei Erwachsene und ein Kind. Wir haben ein Auto und einen Wohnwagen. Wir wollen sieben Nächte bleiben.
3. Wir brauchen vier Schlafzimmer, Elektroküche, Bad mit Dusche und Terrasse in einer ruhigen Lage.
4. Werden andere Gäste im Haus sein? Wir sind fünf Erwachsene und sechs Kinder und bringen auch noch unseren Hund mit.
5. Ich habe ein kleines Zelt. Welcher Platz ist das?
6. Wir haben nicht reserviert. Wir wollen aber Halbpension. Wann ist das Restaurant geöffnet?

Ein Worträtsel

Sieh dir das Worträtsel an. Was für eine Unterkunft ist das?

		ANTASTISCH
MOD		RN
		UHIG
AKT		V
FAUL		NZEN
FER		SEHER
SC		LAFZIMMER
		USFLÜGE
BEQ		EM
AU		RUHEN

Schreib weitere Worträtsel für: HOTEL, GÄSTEHAUS und CAMPINGPLATZ.

Im Gegenteil

Finde zwanzig Sätze, die Gegenteile sind. Dann schreib Gegenteile für die zwei übrigen Sätze.

Beispiel
1–5

1 Der Campingplatz ist sehr ruhig.
2 Ich möchte später draußen an der frischen Luft arbeiten.
3 In den Ferien möchte ich ganz weit weg fahren.
4 Ich bin letztes Jahr nach Portugal gefahren.
5 Der Campingplatz bietet viele Aktivitäten.
6 Ich bin mit meinen Eltern in Urlaub gefahren.
7 Ich habe Schwierigkeiten mit der Sprache.
8 Ich bin ganz zufrieden mit meiner Ferienplanung.
9 Das ist ein Nichtraucher-Gästehaus.
10 Ich muss die Ferien bei meinen Kusinen verbringen – das wird total langweilig sein.
11 Ich werde nächstes Jahr nach Portugal fahren.
12 Alle Zimmer haben Farb-TV und Telefon.
13 Ich kann die Sprache sehr gut.
14 Es hat aber alles so viel gekostet!
15 Ich möchte in den Ferien zu Hause bleiben.
16 Nachts wurde es sehr kalt!
17 Ich brauche einen Ferienjob, um so viel Geld wie möglich zu sparen.
18 Ich suche mir einen Ferienjob, um Geld für Klamotten zu verdienen.
19 Ich werde später wahrscheinlich in einem Büro oder einer Fabrik arbeiten.
20 Das war gar nicht so teuer.
21 Tagsüber war das Wetter sehr schön.
22 Das Rauchen ist in diesem Hotel erlaubt.

Paare

Was passt wozu?

Beispiel
1B

1 Wo
2 Warst du schon
3 Ich bin in
4 Was wirst
5 Wir werden
6 In den Ferien möchte
7 Ich will nichts
8 Er sucht einen Ferienjob, um
9 Wir suchen etwas
10 In zehn Jahren

A nach Italien fahren.
B warst du im Urlaub?
C Geld zu verdienen.
D Billigeres.
E mal in Dänemark?
F die Schweiz gefahren.
G ich früh aufstehen.
H werde ich heiraten.
I Aktives machen.
J du machen?

Herzlich willkommen bei uns!

Mach Werbung für einen Campingplatz, ein Hotel oder ein Ferienhaus.
Wo befindet es sich? Im Gebirge? An der Küste? Am Stadtrand? Was kann man dort machen? Gibt es ein Schwimmbad? Ein Restaurant? Eine Disko? Was noch?

sb Selbstbedienung

Es wird echt toll werden!

A *Lies die Texte und beantworte die Fragen.*

1 Im Heu übernachten (Heu-Hotels)

Mal so richtig auf einem Bauernhof sein und zwischendurch ein bisschen Fahrrad fahren – das kannst du gleich in Niedersachsen. Und geschlafen wird im Heu. Das riecht total gut, ist weich, und man kann nirgendwo besser und schöner träumen! Einen Schlafsack und eine Taschenlampe musst du mitbringen.

2 Kajakkurs in Bayern: Wie echte Indianer Kajak fahren

Hast du schon immer davon geträumt, mal einen richtig wilden Gebirgsfluss hinunterzupaddeln? In Bayern kannst du das lernen: Die Grundtechnik des Kajakfahrens – Ein- und Ausschlingen, Queren, Seilfähre – und zur Abschlussfahrt geht's ab in die wilden Fluten!

3 Abenteuer mit Kompass (Wochenende mit der Bergsportschule Rhön)

Was macht man, wenn man den Wald vor lauter Bäumen nicht mehr sieht? Man holt einfach seinen Kompass aus der Tasche! Vorausgesetzt, man ist ‚eingenordet' (d.h. man weiß, wo Norden ist). Außerdem geht's an diesem Abenteuer-Wochenende Felswände hoch und per Seil wieder runter, quer durch Bäche und Flüsse, auch mal im Raft-Boot durch die Stromschnellen. Mal ehrlich: Mehr kannst du in Alaska auch nicht erleben!

1 Wo sind die Heu-Hotels?
2 Wo wird geschlafen?
3 Wo findet der Kajakkurs statt?
4 Was macht man da am letzten Tag?
5 Wer organisiert die Abenteuer-Wochenenden?
6 Wie kommt man dabei die wildesten Flüsse hinunter?

B *Stell dir vor, du wirst an einer dieser Ferienkurse teilnehmen. Was wirst du machen? Schreib ein paar Sätze darüber.*

Beispiel

1 Ich habe ein Wochenende bei Heu-Hotels reserviert. Wir werden ein bisschen Fahrrad fahren. Ich werde ...

Zurück in die Zukunft

In welche Kategorie kommen die Wörter unten hin?

	Vergangenheit (schon passiert)	**Gegenwart** (jetzt)	**Zukunft** (noch nicht passiert)
Beispiel	*im 18. Jahrhundert*		

im 18. Jahrhundert, morgens, heute, jetzt, gestern, abends, in zehn Jahren, letztes Wochenende, jeden Tag, dieses Jahr, nächste Woche, vor einem Monat, letzten Sommer, übermorgen, in drei Wochen, nachmittags, letzten Montag, nächstes Jahr, letztes Jahr

Benutze einige der Wörter oben und bilde jetzt neun Sätze folgenderweise:

Letztes Jahr bin ich nach Italien gefahren. > **Heute** fahren wir in die Stadt. > **Nächstes Jahr** werde ich nach Griechenland fahren.

Sag warum

Beispiel *1 Ich will etwas Interessantes lesen, weil ich mich langweile.*

1 Du langweilst dich. Was willst du lesen? (interessant)
2 Du bist voller Energie. Was willst du machen? (aktiv)
3 Ersun ist hungrig. Was will er essen? (lecker)
4 Nina trägt nicht gern schwarze Sachen. Was kauft sie sich ?(hell)

Schreib weitere Sätze und zwar diesmal mit ***nichts.***

auf
einen
Blick

1 Stating your holiday requirements

Ich suche	einen Campingplatz. eine Ferienwohnung.	*I'm looking for a campsite.* *I'm looking for a holiday flat.*
Wir suchen	ein Ferienhaus. ein Hotel.	*We're looking for a holiday home.* *We're looking for an hotel.*

Ich möchte	ein	Einzel-zimmer Doppel-zimmer	im Gästehaus Brandtner	reservieren.	*I would like to reserve*	*a*	*single room* *double room*	*in the Gästehaus Brandtner.*
	einen	Platz	auf dem Camping-platz				*site*	*on the campsite.*

2 Talking about the past: using the perfect and imperfect tenses

Letztes Jahr	war ich in Dänemark.	*Last year*	*I went to Denmark.*
	hat es Spaß gemacht.		*it was fun.*
	war es furchtbar.		*it was terrible.*
	konnten wir nichts unternehmen!		*we couldn't do anything!*
	bin ich mit meinen Eltern nach Italien gefahren.		*I went to Italy with my parents.*

3 Giving reasons: *um ... zu* + infinitive and *weil ...* + verb

Ich möchte einen Job,	um	Geld zu verdienen. neue Leute kennen zu lernen.	*I want a job*	*to earn some money.* *to get to know new people.*
	weil	es zu Hause so langweilig ist. ich neue Kleidung kaufen will.		*because it's so boring at home.* *because I want to buy new clothes.*

4 Using the present tense to talk about the future

Dieses Jahr	fahre ich	alleine weg.	*This year I'm going away on my own.*
	fahren wir	ins Gebirge.	*This year we're going to the mountains.*
Im Juli	habe ich	einen Ferienjob.	*In July I'm doing a holiday job.*

5 The future tense (*werden ...* + infinitive)

Was	wirst	du	machen(?).	*What will you do?*
Ich	werde	eine Radtour		*I'll go on a cycling tour.*
Es	wird	Spaß	sein.	*It'll be fun.*
Hoffentlich		es nicht so teuer		*Hopefully it won't be so expensive.*
Wir	werden	meine Oma	besuchen.	*We'll visit my grandma.*
Was		Sie	machen?	*What will you do?*
Meine Eltern		wieder nach Spanien	fahren.	*My parents are going to Spain again.*

Spelling

1a Capitals

All nouns begin with a capital letter (not only the words which start a sentence):

Was isst du zum **F**rühstück? **B**rötchen und **M**armelade.	*What do you eat for breakfast?* *Rolls and jam.*

1b Small letters

Adjectives are always written with small letters even if they refer to nationalities:

Isst du gern **d**eutsches Brot? Das ist ein **e**nglisches Auto.	*Do you like (eating) German bread?* *That's an English car.*

Exception: Adjectives that refer to nationalities or colours and have a preposition in front are written with capital letters:

Sie sagt es **auf D**eutsch Er trägt dasselbe Hemd **in G**rün.	*She says it in German.* *He wears the same shirt in green.*

1c ss/ß

*Use **ß** only when you are sure it is correct. If not, it is safer to write **ss**.*

*Use **ß***	*after a long vowel*	Grü**ß**e
*Use **ss***	*after a short vowel*	Ku**ss**

Viele süße Grüße und Küsse!

Numbers and quantities

2a Cardinal numbers

1	eins	**11**	elf	**21**	einundzwanzig	**100**	hundert
2	zwei/zwo	**12**	zwölf	**22**	zweiundzwanzig	**101**	hunderteins
3	drei	**13**	dreizehn	**29**	neunundzwanzig	**102**	hundertzwei
4	vier	**14**	vierzehn	**30**	dreißig	**199**	hundertneunundneunzig
5	fünf	**15**	fünfzehn	**40**	vierzig	**200**	zweihundert
6	sechs	**16**	sechzehn	**50**	fünfzig	**999**	neunhundertneunundneunzig
7	sieben	**17**	siebzehn	**60**	sechzig		
8	acht	**18**	achtzehn	**70**	siebzig	**1 000**	tausend
9	neun	**19**	neunzehn	**80**	achtzig	**1 000 000**	eine Million
10	zehn	**20**	zwanzig	**90**	neunzig	**2 000 000**	zwei Millionen

Zwanzig Minuten mit dem Bus. Das ist die Linie dreiundvierzig.	*Twenty minutes by bus.* *That's bus route 43.*

2b Ordinal numbers

*These words are to say first, second, etc. For most numbers up to **19th** you just add **-te** (or **-ten**).*

Exceptions:				
	1st erste(n)	***3rd*** dritte(n)	***7th*** siebte(n)	***8th*** achte(n)

*From **20th** onwards you add **-ste** (or **-sten**).*

Die **erste** Stunde.	*The first lesson.*
Am zwanzig**sten** März.	*On the twentieth of March.*
Die zwei**te** Straße links.	*The second street on the left.*
Die **dritte** Straße rechts.	*The third street on the right.*
Die Kassetten sind im **ersten** Stock.	*Cassettes are on the first floor.*
Das ist im vier**ten** Stock.	*It's on the fourth floor.*

*(See also section **8**.)*

2c Once, twice etc.

einmal	*once*
zweimal	*twice*
dreimal	*three times*

These are often used when ordering snacks:

Zweimal Milchshake, bitte. *Two milkshakes, please.*

2d Weights, measures and containers

Hundert Gramm Wurst.	*100g of sausage.*
Dreihundert Gramm Käse.	*300g of cheese.*
Ein Pfund Tomaten.	*A pound of tomatoes.*
Ein Kilo Bananen.	*A kilo of bananas.*
Anderthalb Kilo Äpfel.	*1.5 kilos of apples.*
Ein Liter Milch.	*A litre of milk.*
Ein halber Liter Wasser.	*Half a litre of water.*

Ein Glas Honig.	*A jar of honey.*
Ein Stück Seife.	*A bar of soap.*
Ein Becher Margarine.	*A tub of margarine.*
Eine Schachtel Pralinen.	*A box of chocolates.*
Eine Tube Zahnpasta.	*A tube of toothpaste.*
Eine Packung Kekse.	*A packet of biscuits.*
Eine Dose Tomatensuppe.	*A tin of tomato soup.*
Eine Flasche Milch.	*A bottle of milk.*

Addressing people

3a Greetings

The following greetings are normally used amongst friends:

Hallo!
Grüß dich!
Grüßt euch! *(for more than one)*
Wie geht's?

More formal greetings are:

Guten Morgen! *or* Morgen!	***07.00***
Guten Tag!	
Guten Abend!	***18.00***
Guten Appetit!	*At mealtimes*

3b Farewells

Tschüss!	*(to friends)*
(Auf) Wiedersehen!	*(more formal)*
(Auf) Wiederhören!	*(on the telephone)*
Gute Nacht, schlaf gut!	*(when going to bed)*

3c Ways of saying you'll see someone again

bis	eins halb zwei neun Uhr	
	morgen Samstagabend Freitagvormittag	
	nächste	Woche
	nächsten	Monat Samstag
bis	nächstes	Jahr Mal
	heute Abend	
	bald	

(I'll) see you	*at*	*one (o'clock)* *one thirty* *nine (o'clock)*
	tomorrow *on Saturday evening* *on Friday morning*	
	next	*week*
	next	*month* *Saturday*
	next	*year* *time*
	this evening	
	soon	

3d Letters

Writing to friends or relatives

Begin	Liebe Gabi! Lieber Peter!	*Dear Gabi* *Dear Peter*
End	Herzliche Grüße Herzliche Grüße und Küsse Mit freundlichen Grüßen Schreib bald wieder! Dein Michael Deine Rachel	*Best wishes* *Best wishes and kisses* *Best wishes* *Write again soon!* *Yours, Michael* *Yours, Rachel*

Writing formal letters

Sehr geehrte Damen und Herren! Sehr geehrter Herr Brauner!	*Dear Sir/Madam* *Dear Mr Brauner*
Mit den besten Empfehlungen	*Yours faithfully/* *Yours sincerely*

Questions

4a *Ordinary questions*

Ordinary questions can be asked in the same way as in English by beginning with the verb, e.g. Have you …? Do you …? Can you …?

Haben Sie einen Stadtplan? **Ist** hier eine Bank in der Nähe? **Hast du** Geschwister?	*Have you got a street plan?* *Is there a bank nearby?* *Do you have any brothers and sisters?*

4b *Question words*

*Most other questions begin with a **'question word'** which is immediately followed by the verb:*

Wie? *(usually: How?)*	
Wie war das Wetter?	*How was the weather?*
Wie komme ich zum Bahnhof?	*How do I get to the station?*
Wie bist du gefahren?	*How did you travel?*
Wer? *(Who?)*	
Wer kommt mit zur Party?	*Who's coming with us to the party?*
Wer ist Betti?	*Who is Betti?*
Was? *(What?)*	
Was gibt es hier zu sehen?	*What's there to see here?*
Was hast du am Wochenende gemacht?	*What did you do at the weekend?*
Was kostet ein Brief nach England?	*What does it cost to send a letter to England?*
Was für? *(What sort of?/What kind of?)*	
Was für Filme siehst du am liebsten?	*What kind of films do you like best?*
Wann? *(When?)*	
Wann kommt der Zug an?	*When does the train arrive?*
Wann stehst du auf?	*When do you get up?*
Wo? *(Where?)*	
Wo ist hier die Post?	*Where is the post office?*
Wo kauft man das?	*Where can you buy that?*
Wo bist du hingefahren?	*Where did you go?*
Wohin? *(Where to?)*	
Wohin fahren wir?	*Where are we going?*
Wofür? *(On what?)*	
Wofür gibst du dein Geld aus?	*What do you spend your money on?*
Wie viel? *(How many? How much?)*	
Wie viel ist das?	*How much is that?*
Wie viel Taschengeld bekommst du?	*How much pocket money do you get?*
Um wie viel Uhr? *(At what time?)*	
Um wie viel Uhr isst du dein Mittagessen?	*What time do you have lunch?*
Welche(r/s)? *(Which …?)*	
Welches Bild ist das?	*Which picture is it?*
In **welche** Klasse gehst du?	*Which class are you in?*
Von **welchem** Gleis fährt der Zug nach Ulm?	*What platform does the train to Ulm leave from?*
Warum? *(Why?)*	
Warum (nicht)?	*Why (not)?*
Warum kommst du nicht mit?	*Why aren't you coming?*

Days of the week

5a What day is it?

Was ist heute für ein Tag?		What day is it today?	
Heute ist	Montag. Dienstag. Mittwoch. Donnerstag. Freitag. Samstag. Sonntag.	*Today is*	*Monday.* *Tuesday.* *Wednesday.* *Thursday.* *Friday.* *Saturday.* *Sunday.*

5b The day and part of the day

Montag Dienstag Mittwoch	-vormittag -nachmittag -abend	*morning* *afternoon* *evening*

5c On (plus the day of the week and part of the day)

am	Montag Dienstag Mittwoch	-vormittag -nachmittag -abend	*on Monday morning* *on Tuesday afternoon* *on Wednesday evening*

5d Regularly on the same day

montags dienstags freitags	*on Mondays* *on Tuesdays* *on Fridays*

Notice that these begin with a small letter.

Months of the year

6a die Monate – months

Januar	Juli
Februar	August
März	September
April	Oktober
Mai	November
Juni	Dezember

6b In + month

Im	Januar Juni September Dezember	*In*	*January* *June* *September* *December*

The seasons

7a die Jahreszeiten – seasons

der Sommer	*summer*
der Herbst	*autumn*
der Winter	*winter*
der Frühling	*spring*

7b In + season

Im	Sommer Herbst Winter Frühling	*In the*	*summer* *autumn* *winter* *spring*

The date

8a What's the date today?

Den Wievielten haben wir heute?			*What's the date today?*	
Wir haben den	ersten zweiten dritten vierten zehnten zwanzigsten einundzwanzigsten dreißigsten einunddreißigsten	Januar. Februar. April. Mai. Juli. August. Oktober. November. Dezember.	*It's the*	*first of January.* *second of February.* *third of April.* *fourth of May.* *tenth of July.* *twentieth of August.* *twenty-first of October.* *thirtieth of November.* *thirty-first of December.*

*(See also section **2b.**)*

8b ***On … + date***

am	ersten (1.) dritten (3.) vierten (4.) zehnten (10.) neunzehnten (19.) zwanzigsten (20.)	Januar Februar April Juni August November	*on the*	*first of January* *third of February* *fourth of April* *tenth of July* *nineteenth of August* *twentieth of November*

8c ***Dates on letters***

den	1sten 2ten 3ten 4ten 18ten	20sten 27sten 28sten 30sten 31sten	Januar Februar April Oktober Dezember

Berlin,	den 20sten Oktober den 20. Oktober

Time

9a ***What time is it?***

Wie viel Uhr ist es? Wie spät ist es?	*What time is it?*

9b ***On the hour***

Es ist / Um	eins. zwei. drei. vier.	*or*	Es ist / Um	ein zwei drei vier	Uhr.

It's / At	*1* *2* *3* *4*	*o'clock*

9c ***Quarter to/past the hour***

Es ist	Viertel	vor	eins. zwei. drei. vier.
Um		nach	

It's	*a quarter*	*to*	*1.* *2.* *3.* *4.*
At		*past*	

9d ***Half past the hour***

Es ist / Um	halb	eins. zwei. drei.

It's / At	*half past*	***12.*** ***1.*** ***2.***

Note: Um halb **drei** = *at 2.30, i.e. halfway to 3.00.*

9e ***Minutes to/past the hour (5, 10, 20, 25)***

Es ist	fünf zehn zwanzig fünfundzwanzig	vor	eins. zwei. drei. vier.
Um		nach	

It's	*5* *10* *20* *25*	*to*	*1.* *2.* *3.* *4.*
At		*past*	

Other minutes (7, 9, 14, 19 etc.)

Es ist	sieben neun vierzehn neunzehn	Minuten	vor	eins. zwei. drei. vier.
Um			nach	

It's	*7* *9* *14* *19*	*minutes*	*to*	*1.* *2.* *3.* *4.*
At			*past*	

9f ***Midday/midnight***

Es ist / Um	zwölf Uhr. Mittag. Mitternacht.

It's / At	*12 o'clock.* *midday.* *midnight.*

Note also the following way of saying 'at midday/midnight':

Zu	Mittag. Mitternacht.

_9g_ _Approximate times_

Gegen	fünf Uhr. halb neun.	*At about*	*5 o'clock.* *half past eight.*

_9h_ _Talking about how long you've been doing something_

To say you have been doing something for a certain time, use **seit** *followed by the Dative case, with the verb in the* ***Present Tense***.

Ich lerne **seit** zwei Jahren Deutsch.	*I've been learning German for two years.*
Ich bin **seit** einem Jahr Mitglied im Judoklub.	*I've been in the judo club for a year.*

(See also section ***15d****.)*

_9i_ _ago_

To say 'ago', use **vor** *followed by the Dative case.*

Vor einer Stunde.	*An hour ago.*
Vor zwei Jahren.	*Two years ago.*
Vor drei Monaten.	*Three months ago.*

(See also section ***15b****.)*

Du, ihr, Sie

All three of these words are translated by 'you'. They are used as follows:

_10a_ _du_

Speaking to a young person

Wie heißt du?	*What's your name?*
Wie alt bist du?	*How old are you?*

Between friends old or young *(people you usually call by their first name)*

Kommst du mit ins Kino?	*Are you coming to the cinema?*

In the family

Vati, kommst du mit in die Stadt?	*Dad, are you coming into town?*
Kannst du mir mal helfen, Mutti?	*Can you help me, mum?*

_10b_ _ihr_

Speaking to young people

Jens:	– Was macht ihr heute?	*What are you doing today?*
Alexa und Tobias:	– Wir gehen schwimmen.	*We're going swimming.*
Lehrer:	– Was macht ihr da alle?	*What are you all doing?*

Speaking to two or more friends or relatives

Mutti und Vati, geht ihr heute Abend ins Kino?	*Mum and dad, are you going to the cinema tonight?*
Oma, Opa, kommt ihr zu meinem Geburtstag?	*Grandma and grandpa, are you coming to my birthday?*

_10c_ _Sie_

Talking to one or more adults *(other than close friends or relatives)*

Wo wohnen Sie?	*Where do you live?*
Wie heißen Sie?	*What's your name?*
Haben Sie reserviert?	*Have you reserved?*
Haben Sie Ihren Pass?	*Do you have your passport?*

Verbs

11a The infinitive

In the vocabulary list, verbs are listed in the ***infinitive****.*
The infinitive ending is **-en**.
This is the part of the word which means 'to', for example 'to eat', 'to do', etc.

wohn**en**	***to*** *live*
heiß**en**	***to*** *be called*
ess**en**	***to*** *eat*

*(See also sections **11e**, **11f**, **11g** and **18c**.)*

11b Present Tense (regular verbs)

Verbs which follow the usual pattern are called ***regular verbs****. Here is the pattern of endings for regular verbs:*

Infinitive: **wohn en** *(**to** live)*

ich	**-e**	Ich **wohne** in Hamburg.	*I live/am living in Hamburg.*
du	**-st**	**Wohnst** du in Berlin?	*Do you live in Berlin?*
er / sie / es / man	**-t**	Sie **wohnt** hier.	*She lives here.*
wir	**-en**	Wir **wohnen** in Leeds.	*We live/are living in Leeds.*
ihr	**-t**	**Wohnt** ihr in Deutschland?	*Do you live in Germany?*
Sie	**-en**	**Wohnen** Sie in der Schweiz?	*Do you live in Switzerland?*
sie	**-en**	Sie **wohnen** in der Stadtmitte.	*They live in the town centre.*

Note: Sie = *you* sie = *they or she*

11c Irregular changes affecting some verbs

Sometimes the main vowel in the infinitive changes, but only affects the **du** *and* **er/sie/es** *parts of the verb:*

spr**e**chen	du spr**i**chst man spr**i**cht	**e - i**	*you speak* *one speaks/they speak*
s**e**hen	du s**ie**hst er s**ie**ht	**e - ie**	*you see* *he sees*
schl**a**fen	du schl**ä**fst sie schl**ä**ft	**a - ä**	*you sleep* *she sleeps*

See the list of irregular verbs on page 176 for more verbs in which the main vowel changes.

11d Some special verbs

The following verbs should be learned by heart:

	sein *(to be)*	**haben** *(to have)*	**wissen** *(to know)*
ich	bin	habe	weiß
du	bist	hast	weißt
er/sie/es/man	ist	hat	weiß
wir	sind	haben	wissen
ihr	seid	habt	wisst
Sie	sind	haben	wissen
sie	sind	haben	wissen

11e Modal verbs

This is the name given to the following group of verbs:

	können *(can)*	**müssen** *(must, have to)*	**wollen** *(want to)*	**sollen** *(should)*	**dürfen** *(allowed to)*
ich	kann	muss	will	soll	darf
du	kannst	musst	willst	sollst	darfst
er/sie/es/man	kann	muss	will	soll	darf
wir	können	müssen	wollen	sollen	dürfen
ihr	könnt	müsst	wollt	sollt	dürft
Sie	können	müssen	wollen	sollen	dürfen
sie	können	müssen	wollen	sollen	dürfen

These verbs usually lead to ***another verb****, at the end of the clause, which is in the infinitive:*

Ich **kann** nicht in die Schule **gehen**.	*I can't go to school.*
Ich **muss** zu Hause **bleiben**.	*I have to stay at home.*
Wir **wollen** zwei Nächte **bleiben**.	*We want to stay for two nights.*
Soll ich das Licht **ausmachen**?	*Should I switch the light off?*
Darfst du alleine in die Disko **gehen**?	*Are you allowed to go to the disco on your own?*

Note that there is no need to write **zu** *before the verbs which follow modal verbs, unlike in section* **11g***.*
Note also the form **könntest du … ?** *meaning 'could you … ?'.*

Könntest du den Tisch **decken**?	*Could you lay the table?*

11f Would like ...

*Use the following to express 'would like' in German. The verb used (***mögen***) is also a modal verb, although it is not in the Present Tense here:*

ich	möchte	*I would like*
du	möchtest	*you would like*
er/sie/es/man	möchte	*he/she/it/one would like*
wir	möchten	*we would like*
ihr	möchtet	*you would like*
Sie	möchten	*you would like*
sie	möchten	*they would like*

Ich **möchte** draußen arbeiten.	*I'd like to work outdoors.*
Möchten Sie auch einen Stadtplan?	*Would you like a town map as well?*
Möchtest du ein Eis essen?	*Would you like an ice cream?*

11g Zu + an infinitive

The infinitive of a verb means 'to …', but sometimes an extra **zu** *appears before it:*

Was gibt es in der Stadt **zu sehen**?	*What is there* ***to see*** *in the town?*
Noch etwas **zu trinken**?	*Anything else* ***to drink****?*
Hast du Lust, Tennis **zu spielen**?	*Would you like* ***to play*** *tennis?*

Um … zu *with the infinitive of a verb means 'in order to …'. In English we often say just 'to …' rather than 'in order to …', but in German, if the sense is 'in order to', you must use* **um … zu***.*

Was machst du, **um** fit **zu** bleiben?	*What do you do to keep fit?*
Ich mache Babysitting, **um** etwas Geld **zu verdienen**.	*I do babysitting to earn some money.*
Ich habe nicht genug Geld, **um** neue Kleidung **zu kaufen**.	*I haven't enough money to buy new clothes.*

11h Commands

There are three main ways of giving commands in German:

Talking to a friend, or the teacher talking to one student	*Talking to two or more friends, or the teacher talking to two or more students*	*Talking to adults, teachers, officials, shopkeepers*	
Komm 'rein.	Kommt 'rein.	Kommen Sie herein.	*Come in.*
Setz dich.	Setzt euch.	Setzen Sie sich.	*Sit down.*
Schlag das Buch auf.	Schlagt das Buch auf.	Schlagen Sie das Buch auf.	*Open the book.*
Hör gut zu.	Hört gut zu.	Hören Sie gut zu.	*Listen carefully.*
Mach weiter.	Macht weiter.	Machen Sie weiter.	*Continue working now.*
Schreib es auf.	Schreibt es auf.	Schreiben Sie es auf.	*Write it down.*
Trag die Tabelle ein.	Tragt die Tabelle ein.	Tragen Sie die Tabelle ein.	*Copy the chart.*
Lies die Namen.	Lest die Namen.	Lesen Sie die Namen.	*Read the names.*
Schau auf die Karte.	Schaut auf die Karte.	Schauen Sie auf die Karte.	*Look at the map.*
Füll die Lücken aus.	Füllt die Lücken aus.	Füllen Sie die Lücken aus.	*Fill in the gaps.*

Note that sometimes these may be followed by an exclamation mark, e.g. **Komm 'rein!**

11i Reflexive verbs

These verbs require an extra (reflexive) pronoun and are called 'reflexive' because the action 'reflects back' on the doer. They appear in the wordlist with the word **sich** *in front of them, e.g.* sich langweilen.

Ich langweile **mich** zu Tode.	*I'm bored to death.*
Du ärgerst **dich** so.	*You get so angry.*
Er interessiert **sich** für Sport.	*He's interested in sport.*
Sie versteht **sich** gut mit ihren Eltern.	*She gets on well with her parents.*
Wir freuen **uns** auf die Ferien.	*We're looking forward to the holidays.*
Wo trefft **ihr euch**?	*Where are you meeting?*
Sie melden **sich** nie.	*They never put their hands up.*

11j Separable verbs

Some verbs include a prefix, which separates from the main part of the verb and is placed at the end of the clause. They are shown in the Wörterliste *with a line separating the two parts:* **aus**/gehen, **ab**/biegen.

aufstehen	Ich **stehe** um halb sieben **auf**.	*I get up at half past six.*
ansehen	**Sieh** dir die Bilder **an**.	*Look at the pictures.*
ausgeben	Ich **gebe** mein Geld für Sport **aus**.	*I spend my money on sport.*
fernsehen	Wir **sehen** nicht viel **fern**.	*We don't watch much television.*

Note: when the verb is sent to the end of a clause by a word like **dass** *or* **wenn** *(see section* **19***), the two parts of a separable verb join up again.*

Ich frage mich, ob er gut **aussieht**.	*I wonder whether he's good looking.*
Wenn's so **weitergeht**, bleibst du bestimmt sitzen.	*If it carries on like this, you'll definitely be kept down.*

A similar thing happens in the Perfect Tense. Look at the past participles of these separable verbs:

aufhören	Ich habe **aufgehört**, zu rauchen.	*I've stopped smoking.*
aufstehen	Ich bin um 6 Uhr **aufgestanden**.	*I got up at 6 o'clock.*

11k Using the Present Tense to talk about the future

The simplest way of talking about the future in German is to use the Present Tense of the verb with a word or phrase to indicate the future:

Time marker	***Present Tense***	
Morgen	**fahre ich** nach Frankfurt.	*Tomorrow I'm going to Frankfurt.*
Nächste Woche	**gehe ich** schwimmen.	*I'm going swimming next week.*
Am Montag	**besuche ich** meine Großeltern.	*I'm visiting my grandparents on Monday.*
Dieses Jahr	**fahren wir** auf einen Campingplatz.	*We're going to a campsite this year.*

11l The Future Tense

The real Future Tense (used less often in German than in English) is formed with the verb **werden** *+ an infinitive – just like modal verbs.*

Ich **werde** sicher ins Ausland fahren.	*I shall definitely travel abroad.*
Was **wirst** du machen?	*What will you do?*
Hoffentlich **wird** es warm sein.	*I hope it will be warm.*
Wir **werden** schon sehen.	*We shall see.*
Sie **werden** wieder in die Türkei umziehen.	*They will move back to Turkey.*

11m The Perfect Tense

This is the most common tense used in German to talk about things which have happened in the past. There are two parts to the Perfect Tense – the ***auxiliary verb****, which is always a part of the Present Tense of either* **haben** *or* **sein***, and the* ***past participle*** *of the verb, which goes to the end of the sentence.*

Most verbs form the Perfect Tense with **haben***. The past participle of most verbs is formed by adding* **ge-** *to the* **er/sie/es** *part of the Present Tense.*

Ich **habe** eine Klassenfahrt **gemacht**.	*I went on a class trip.*
Sie **hat** eine Kassette **gekauft**.	*She bought a cassette.*
Es **hat** sehr gut **geschmeckt**.	*It tasted very good.*
Wir **haben** Tennis **gespielt**.	*We played tennis.*

Verbs whose infinitives begin with the letters **be-** *or* **er-**, *or end in* **-ieren**, *have no* **ge-** *in their past participles.*

erreichen	Dein Brief hat mich **erreicht**.	*Your letter reached me.*
bestellen	Ich habe eine Pizza **bestellt**.	*I ordered a pizza.*
reserv**ieren**	Haben Sie **reserviert**?	*Have you reserved?*

Some verbs have past participles which are not formed in the usual way and are therefore called ***irregular***.

Er **hat** sehr lange **geschlafen**.	*He slept for a long time.*
Axel **hat** eine Party **gegeben**.	*Axel had a party.*
Hast du deine Freundin **getroffen**?	*Did you meet your friend?*

Some verbs form the Perfect Tense with **sein**, *usually verbs of movement or travel. Some you have met include:*

bleiben	kommen	steigen
fahren	reisen	wandern
fallen	sein	werden
fliegen	schwimmen	
gehen	stehen	

Ich **bin** nach China **gefahren**.	*I went to China.*
Wir **sind** in die USA **geflogen**.	*We flew to the USA.*
Sie **sind** zu Hause **geblieben**.	*They stayed at home.*

Many compounds of these, such as losfahren, wegfahren, einsteigen, aussteigen, aufstehen, *also form their Perfect Tense with* **sein**.

All the irregular verbs occurring in this book are listed in the table below in Section ***11o***.

11n The Imperfect Tense

In written German events or actions in the past are often described in the Imperfect Tense. Regular verbs form their Imperfect Tense by adding standard endings to the stem of the verb:

ich	wohn**te**	wir	wohn**ten**
du	wohn**test**	ihr	wohn**tet**
er/sie/es	wohn**te**	sie/Sie	wohn**ten**

Ich **wohnte** früher in der Stadt.	*I used to live in town.*
Er kaufte ihr Blumen.	*He bought her some flowers.*
Wir lebten früher in einer Wohnung.	*We used to live in a flat.*

The imperfect tense of ***modal verbs*** *is common in spoken German. Note the particular meaning* sollte = *'should'.*

Wir **mussten** nach Wien umziehen.	*We had to move to Vienna.*
Ich **wollte** dich fragen, …	*I wanted to ask you, …*
Sie **konnte** es kaum glauben!	*She could hardly believe it!*
Du **solltest** ins Bett gehen.	*You should go to bed.*

Irregular verbs change their stem in the Imperfect Tense, but the endings follow this pattern:

ich	war	wir	war**en**
du	war**st**	ihr	war**t**
er/sie/es	war	sie/Sie	war**en**

Wie **war** das Wetter?	*How was the weather?*
In 1900 **gab** es einen Platz.	*In 1900 there was a square.*
Ich **bekam** keine Antwort auf meinen Brief.	*I got no answer to my letter.*
Wir **gingen** abends aus.	*We went out in the evening.*

Some verbs change their stem but keep the regular endings. The most common of these is haben.

Ich **hatte** Kopfschmerzen.	*I had a headache.*

11o Irregular verbs

Infinitive	*Meaning*	*Present Tense*	*Imperfect Tense*	*Perfect Tense*
anrufen	*to call, phone*	er ruft an	er rief an	ich habe angerufen
anziehen	*to put on*	er zieht an	er zog an	ich habe angezogen
aufstehen	*to get up*	er steht auf	er stand auf	ich bin aufgestanden
bekommen	*to get*	er bekommt	er bekam	ich habe bekommen
brechen	*to break*	er bricht	er brach	ich habe gebrochen
bleiben	*to stay, remain*	er bleibt	er blieb	ich bin geblieben
essen	*to eat*	er isst	er aß	ich habe gegessen
fahren	*to go, drive*	er fährt	er fuhr	ich bin gefahren
fallen	*to fall*	er fällt	er fiel	ich bin gefallen
finden	*to find*	er findet	er fand	ich habe gefunden
fliegen	*to fly*	er fliegt	er flog	ich bin geflogen
geben	*to give*	er gibt	er gab	ich habe gegeben
gefallen	*to please*	es gefällt	es gefiel	es hat gefallen
gehen	*to go*	er geht	er ging	ich bin gegangen
gewinnen	*to win*	er gewinnt	er gewann	ich habe gewonnen
haben	*to have*	er hat	er hatte	ich habe gehabt
helfen	*to help*	er hilft	er half	ich habe geholfen
kommen	*to come*	er kommt	er kam	ich bin gekommen
lesen	*to read*	er liest	er las	ich habe gelesen
nehmen	*to take*	er nimmt	er nahm	ich habe genommen
schlafen	*to sleep*	er schläft	er schlief	ich habe geschlafen
schreiben	*to write*	er schreibt	er schrieb	ich habe geschrieben
schwimmen	*to swim*	er schwimmt	er schwamm	ich bin geschwommen
sein	*to be*	er ist *	er war	ich bin gewesen
sehen	*to see*	er sieht	er sah	ich habe gesehen
singen	*to sing*	er singt	er sang	ich habe gesungen
sitzen	*to sit*	er sitzt	er saß	ich habe gesessen
sprechen	*to speak*	er spricht	er sprach	ich habe gesprochen
steigen	*to climb*	er steigt	er stieg	ich bin gestiegen
sterben	*to die*	er stirbt	er starb	er ist gestorben
tragen	*to wear, carry*	er trägt	er trug	ich habe getragen
trinken	*to drink*	er trinkt	er trank	ich habe getrunken
verbringen	*to spend (time)*	er verbringt	er verbrachte	ich habe verbracht
verlieren	*to lose*	er verliert	er verlor	ich habe verloren
werden	*to become*	er wird	er wurde	ich bin geworden
wissen	*to know*	er weiß *	er wusste	ich habe gewusst
ziehen	*to pull*	er zieht	er zog	ich bin gezogen

Note: the **er** *form of the Present Tense is used here. The same vowel changes apply to the* **sie**, **es** *and* **man** *forms and also to the* **du** *form (but ending in* **-st**).

** See also section* ***11d***.

11p The Passive

Sometimes when you are describing what happened you don't say that somebody ***did*** *something but that something* ***was done*** *(by somebody). Verbs that tell you what* ***is***, *or* ***was*** *done are called* ***passive***.
The Passive in German is formed by using part of the verb **werden** *together with a past participle:*

Ich **werde** zur Schule **gefahren**.	*I am driven to school.*
Es **wird getanzt** und **gesungen**.	*There is dancing and singing.*
Staus **werden verhindert**.	*It avoids traffic jams. (literally: 'Jams are avoided.')*
Wir **wurden** herzlich **empfangen**.	*We were warmly welcomed.*

Negatives

12a kein

*You **cannot** say* **nicht ein** *in German. Instead,* **kein** *(no, not a)* ***is used before a noun.*** *It changes its endings like* **ein**. *(See sections* ***14*** *and* ***17d****):*

Ich habe	**keinen** Hund.	*I haven't got a dog.*
Hast du	**keine** Katze?	*Haven't you got a cat?*
Sie hat	**kein** Haustier.	*She has no pets.*
Sie haben	**keine** Geschwister.	*They have no brothers and sisters.*

12b nicht

nicht *(not)* ***is used in other situations:***

Ich spiele **nicht** gern Tennis.	*I don't like playing tennis.*
Ich esse **nicht** gern Schokolade.	*I don't like eating chocolate.*
Er kommt **nicht** mit ins Kino.	*He isn't coming with us to the cinema.*
Sie geht **nicht** in die Stadt.	*She isn't going into town.*

12c nichts

nichts *(nothing/not anything)*

Ich trinke **nichts** zum Frühstück.	*I don't drink anything for breakfast.*

Nouns

13a Writing nouns

Remember that nouns are ***always*** *written with a capital letter.*

13b Genders: The three groups of nouns

M	*F*	*N*
der Hund *(**the** dog)*	**die** Katze *(**the** cat)*	**das** Pferd *(**the** horse)*

English has one article (one word for 'the') for all nouns, but German nouns have either **der**, **die** *or* **das**. *These are called 'masculine' (****M****), 'feminine' (****F****) and 'neuter' (****N****).*

Note also the words for 'a':

M	*F*	*N*
ein Hund *(**a** dog)*	**eine** Katze *(**a** cat)*	**ein** Pferd *(**a** horse)*

13c Plurals: Talking about more than one person, thing etc.

Nouns change in various ways in the plural, but **der, die, das** *all become* **die:**

SINGULAR	der	die	das
PLURAL	→	**die**	←

The plurals are usually shown in the vocabulary list in the following way:

der	Hund(e)	**(e)**	*means that the plural is* (die) Hund**e**
die	Katze(n)	**(n)**	*means that the plural is* (die) Katze**n**
das	Haus(¨er)	**(¨er)**	*means that the plural is* (die) H**ä**us**er**
das	Zimmer(–)	**(–)**	*means that the plural stays the same:* (die) Zimmer

Although there are many exceptions, the following rules of thumb will prove helpful when you need to form the plural of nouns:

Many masculine plural nouns end in -e:

Hund	Hund**e**
Freund	Freund**e**

Many neuter plural nouns end in -e or ¨-er:

Heft	Heft**e**
Haus	H**ä**us**er**

A large number of feminine plural nouns end in -n or -en:

Katze	Katze**n**
Straße	Straße**n**

Schwester	Schwester**n**
Wohnung	Wohnung**en**

Most masculine and neuter nouns ending in -el, -en or -er stay the same in the plural:

der Schlüssel	die Schlüssel
der Koffer	die Koffer
der Kuchen	die Kuchen
das Zimmer	die Zimmer
das Zeichen	die Zeichen

Most foreign words which have become German words are neuter and just add -s in the plural:

	Baby		Babys
das	Hotel	die	Hotels
	Café		Cafés

13d Some nouns have different masculine and feminine forms:

M	*F*	
Arzt	Ärztin	*doctor*
Freund	Freundin	*friend*
Partner	Partnerin	*partner*
Sänger	Sängerin	*singer*
Schüler	Schülerin	*pupil*
Student	Studentin	*student*
Verkäufer	Verkäuferin	*sales assistant*

13e Nationalities

There are different masculine and feminine forms here, too:

M		*F*	
Engländer	*English man*	Engländerin	*English woman*
Österreicher	*Austrian man*	Österreicherin	*Austrian woman*
Schweizer	*Swiss man*	Schweizerin	*Swiss woman*
Italiener	*Italian man*	Italienerin	*Italian woman*
Deutscher	*German man*	Deutsche	*German woman*
Ire	*Irish man*	Irin	*Irish woman*
Schotte	*Scottish man*	Schottin	*Scottish woman*
Franzose	*French man*	Französin	*French woman*

13f Compound nouns

Sometimes two (or more) nouns join together to form a new noun, called a compound noun. The gender (M, F or N) is decided by the second (or last) noun:

Stadt + **der** Plan	**der** Stadtplan	*street plan*
Haupt + **die** Post	**die** Hauptpost	*main post office*
Kranken + **das** Haus	**das** Krankenhaus	*hospital*
Jahr + **der** Markt	**der** Jahrmarkt	*fair*
Fuß + Gänger + **die** Zone	**die** Fußgängerzone	*pedestrian precinct*

Note how compound nouns, like all other nouns, have only one capital letter.

Cases

14a The Nominative case

*When the words for 'the' and 'a' change, nouns are said to be in different cases. In dictionaries and glossaries nouns always appear in the **Nominative case.***

	M	*F*	*N*	*PL*
NOMINATIVE	ein der	eine die	ein das	– die

e.g.

ein	Hund (*a dog*)	**der**	Hund (*the dog*)
eine	Katze (*a cat*)	**die**	Katze (*the cat*)
ein	Pferd (*a horse*)	**das**	Pferd (*the horse*)
	Tiere (*animals – no article before it*)	**die**	Tiere (*the animals*)

*The Nominative case is used for the **subject** of the sentence.*

14b The Accusative case

*In the **Accusative case** articles change as follows:*

	M	*F*	*N*	*PL*
ACCUSATIVE	**einen** **den**	eine die	ein das	– die

*As you can see, the **only difference** between the Nominative and Accusative is that **ein (M)** changes to **einen** and that **der** changes to **den**.*

*The Accusative case is used for the **direct object** of the sentence.*

Look at this rhyme – it might be useful to learn it off by heart to help you remember the Accusative case.

NOMINATIVE	*VERB*	*ACCUSATIVE*	
Frau Bamster	hat	**einen** Hamster.	***M***
Klaus	hat	**eine** Maus.	***F***
Gerd	hat	**ein** Pferd.	***N***
Sabinchen	hat	zwölf Kaninchen	***PL***

Ich suche **den** Bahnhof.	*I'm looking for the station.*
Er sucht **die** Post.	*He is looking for the post office.*
Wir suchen **das** Jugendzentrum.	*We are looking for the youth centre.*
Haben Sie **einen** Stadtplan?	*Do you have a street plan?*
Wir haben **eine** Broschüre und **ein** Poster.	*We have a brochure and a poster.*

Certain prepositions are also followed by the Accusative. *(See sections **15b** and **15c**.)*

14c Es gibt, es gab

This phrase is followed by the Accusative case and means 'there is/there are …'

Gibt es hier einen Supermarkt?	*Is there a supermarket here?*
Es gibt jetzt einen Parkplatz.	*Now there's a car park.*
Früher **gab es** einen Gasthof.	*There used to be an inn.*

14d The Dative case

*In the **Dative case** articles change even more, as follows:*

	M	*F*	*N*	*PL*
DATIVE	**einem** **dem**	**einer** **der**	**einem** **dem**	– **den**

The Dative case occurs most commonly after certain prepositions. *(See sections **15b** and **15d**.)*

mit **dem** Bus	*by bus*
in **der** Küche	*in the kitchen*
aus **dem** Haus	*out of the house*

*Note: all **nouns** in the Dative plural add an **-n** whenever possible:*

(die Berge)	in den Berge**n**	*in the mountains*
(die Häuser)	in den Häuser**n**	*in the houses*
(die Freunde)	bei Freunde**n**	*(staying) with friends*

but

(die Hotels)	in den Hotels	*in the hotels*

14e The Genitive case

*The **Genitive case** means 'of the', 'of a' etc. and is also used after some prepositions.*
The article changes in the following ways:

	M	*F*	*N*	*PL*
GENITIVE	**eines** **des**	**einer** **der**	**eines** **des**	– **der**

*Note: in addition to the article changing, most masculine and neuter **nouns** add **-s** or **-es** in the singular.*

In der Mitte **des** Dorf**es**.	*In the middle of the village.*
Innerhalb **der** Stadt.	*Wthin the town.*
Wegen **des** sauren Regen**s**.	*Because of acid rain.*

Prepositions

15a Prepositions

Prepositions are words like 'in', 'on', 'under', 'through', 'by', 'for', etc. In German all prepositions must be followed by particular cases.

15b Prepositions which are sometimes followed by the Accusative case, and sometimes by the Dative case

Here are some prepositions which are followed by either the Accusative, or the Dative case, depending on whether movement is involved:

an	*to; by; on*	auf	*onto; on*	hinter	*behind*	in	*into; in*	über	*over*
vor	*in front of*	neben	*next to; beside*	zwischen	*between*			unter	*under*

*The **Accusative case** is used after these prepositions where **movement to** the place mentioned:*

Wir fahren **an die** See.	*We're going to the seaside.*
Er geht **auf den** Balkon.	*He's going onto the balcony.*
Die Teller kommen **in den** Schrank.	*The plates go in the cupboard.*
Die Gläser kommen **auf das** Regal.	*The glasses go on the shelf.*

*The **Dative case** is used after these prepositions where **no movement to** the place mentioned:*

Das Ferienhaus ist **am** Meer.	*The holiday home is by the sea.*
Das ist **auf der** linken Seite.	*It's on the left hand side.*
Das Parkplatz ist **in der** Wittekindstraße.	*The car park is in Wittekindstraße.*
Die Teller sind **im** Schrank.	*The plates are in the cupboard.*
Die Gläser sind **auf dem** Regal.	*The glasses are on the shelf.*
Vor dem Kino ist eine Telefonzelle.	*In front of the cinema there's a phone box.*

Note also:

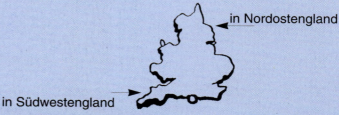

im Norden
im Westen
im Osten
im Süden
in Nordostengland
in Südwestengland

15c Some prepositions which are always followed by the Accusative

*Here are some prepositions which must always be followed by the **Accusative case**:*

durch	*through*	für	*for*	um	*round*	entlang	*along (**follows** the noun)*

Ich fahre **durch die** Stadt.	*I drive through the town.*
Das ist **für meinen** Bruder.	*That's for my brother.*
Sie geht **um die** Ecke.	*She goes round the corner.*
Wir fahren **diesen** Fluss **entlang**.	*We drive along this river.*

15d Some prepositions which are always followed by the Dative

*Here are some prepositions which must always be followed by the **Dative case**:*

aus	*out of; from*	mit	*with*	von	*from; of*	seit	*since; for*
bei	*at (the home of)*	nach	*after*	zu	*to*		*(See also section **9h**.)*

Er kommt **aus der** Schweiz.	*He comes from Switzerland.*
Bei mir zu Hause.	*At my house.*
Ich fahre **mit dem** Bus.	*I go by bus.*
Nach dem Mittagessen spiele ich Tennis.	*After lunch I'm going to play tennis.*
Von welchem Gleis?	*From which platform?*
Ich spiele **seit einem** Jahr Klavier.	*I've been playing the piano for a year.*
Wie kommst du **zum** Sportplatz?	*How are you getting to the sports ground?*
Wie komme ich **am** besten **zur** Stadthalle?	*What is the best way to the concert hall?*

15e Contracted prepositions

Sometimes the preposition and article are combined:

am	an dem	**im**	in dem	**zum**	zu dem	**beim**	bei dem
ans	an das	**ins**	in das	**zur**	zu der		

15f Countries and towns

When talking about going **to** *a place, use* **nach** *with the names of countries, towns and villages:*

Ich fahre	**nach**	Italien/Spanien/ Polen/Frankreich/ Schottland/Nordirland. Berlin/München/Wien.	*I'm going*	*to*	*Italy/Spain/ Poland/France/ Scotland/Northern Ireland. Berlin/Munich/Vienna.*

But use **in die** *with this country:*

Ich fahre	**in die**	Schweiz.	*I'm going*	*to*	*Switzerland.*

Pronouns

16a Pronouns

These are words like 'she', 'they', 'him', 'it' in English, which can replace nouns.

16b Nominative case pronouns

ich	*I*	**Ich** spiele gern Fußball.	***I*** *like playing football*
du	*you*	Wie alt bist **du**?	*How old are **you**?*
er	*he*	**Er** (= der Hund) heißt Rowdy.	***He*** *(the dog) is called Rowdy.*
sie	*she*	**Er** (= der Wagen) ist rot.	***It**** *(the car) is red.*
es	*it*	**Sie** (= die Katze) heißt Mitzi.	***She*** *(the cat) is called Mitzi.*
wir	*we*	**Es** (= das Pferd) heißt Rex.	***He**** *(the horse) is called Rex.*
ihr	*you*	**Wir** gehen in die Stadt.	***We*** *are going to town*
Sie	*you (polite)*	Habt **ihr** Geld dabei?	*Have **you** got any money with you?*
sie	*they*	Wie heißen **Sie**?	*What are **you** called?*
		Sie trinken gern Cola.	***They*** *like drinking cola.*

****es*** *in German can sometimes be 'he' or 'she' in English, just as* **er** *and* **sie** *can mean 'it'.*

16c Accusative case pronouns

ich	**mich**	*me*	Er nervt **mich**.	*He annoys **me**.*
du	**dich**	*you*	Wir holen **dich** ab.	*We'll collect **you**.*
er	**ihn**	*him*	Wie findest du **ihn**?	*What do you think of **him**?*
sie	**sie**	*her*	Ich finde **sie** nett.	*I think **she**'s nice.*
es	**es**	*it*	Ich verstehe **es** nicht.	*I don't understand **it**.*
wir	**uns**	*us*	Warum sieht er **uns** an?	*Why is he looking at **us**?*
ihr	**euch**	*you*		
Sie	**Sie**	*you (polite)*	Das ist für **Sie**, Frau Schmidt.	*That's for **you**, Mrs Schmidt.*
sie	**sie**	*them*	Was kaufst du für **sie**?	*What are you buying for **them**?*

16d Dative case pronouns

ich	**mir**	*me, to me*	**Mir** ist schlecht.	***I*** *don't feel well.*
du	**dir**	*you, to you*	Was fehlt **dir**?	*What's wrong (with **you**)?*
er	**ihm**	*him, to him*	Es geht **ihm** gut.	***He*** *is fine.*
sie	**ihr**	*her, to her*	Wie geht's **ihr**?	*How is **she**?*
es	**ihm**	*it, to it*		
wir	**uns**	*us, to us*	**Uns** ist zu warm.	***We*** *are too warm.*
ihr	**euch**	*you, to you*		
Sie	**Ihnen**	*you, to you*	Kann ich **Ihnen** helfen?	*Can I help **you**?*
sie	**ihnen**	*them, to them*	Ich komme gut mit **ihnen** aus.	*I get on well with **them**.*

16e Some special verbs requiring Dative pronouns

gefallen

Gefällt **dir** die Kassette?	*Do you like the cassette?*
Was hat **dir** am besten gefallen?	*What did you like best?*
Mir haben die Mädchen am besten gefallen.	*I liked the girls best.*
Wie gefällt **ihnen** das Geschenk?	*How do they like the present?*

schmecken

Wie schmeckt **dir** der Kuchen?	*Do you like the cake?*
Schmeckt es **dir**?	*Do you like it?*

gehen *(meaning how someone is)*

Es geht **mir** gut, danke.	*I'm fine, thank you.*

Adjectives

17a Adjectives

Adjectives are words which describe nouns. They have no endings in sentences like this:

Jürgen ist **toll**.	*Jürgen is great.*
Annette ist **nett**.	*Annette is nice.*
Das ist **billig**.	*That's cheap.*

More information can be given to an adjective by using a 'qualifier' or an 'intensifier':

Die Stadt ist **ganz** schön.	*The town is really nice.*
Das Meer ist **sehr** schmutzig.	*The sea is very dirty.*
Er ist **nicht sehr** sympathisch.	*He's not very nice.*
Die Schule ist **ziemlich** klein.	*The school is quite small.*
Sie ist **unheimlich** nett.	*She is ever so nice.*

17b Too much/too many

Es gibt **zu viel** Rauch.	*There is too much smoke.*
Es gibt **zu viele** Touristen.	*There are too many tourists.*

17c Adjectival agreement

When adjectives are used next to a noun they have different endings. These depend on the gender and case of the noun, whether it is singular or plural and any other word which is used before it. This is called adjectival agreement.

	M	F	N	PL
NOMINATIVE	ein alter Mann	eine alte Frau	ein altes Pferd	alte Bücher
ACCUSATIVE	einen alten Mann	eine alte Frau	ein altes Pferd	alte Bücher
DATIVE	einem alten Mann	einer alten Frau	einem alten Pferd	alten Büchern
GENITIVE	eines alten Manns	einer alten Frau	eines alten Pferdes	alter Bücher

	M	F	N	PL
NOMINATIVE	der alte Mann	die alte Frau	das alte Pferd	die alten Bücher
ACCUSATIVE	den alten Mann	die alte Frau	das alte Pferd	die alten Bücher
DATIVE	dem alten Mann	der alten Frau	dem alten Pferd	den alten Büchern
GENITIVE	des alten Manns	der alten Frau	des alten Pferdes	der alten Bücher

Sie kommt nicht in **die** nächst**e** Klasse.	*She's not going up into the next class.*
Er trägt **einen** blau**en** Pullover und **ein** schwarz**es** T-Shirt.	*He is wearing a blue pullover and a black t-shirt.*
Verstehst du **das** deutsch**e** System?	*Do you understand the German system?*
Das ist **ein** schwer**er** Beruf.	*That's a hard job.*

17d Possessive adjectives and kein

Mein, **dein**, **sein**, **unser**, **euer**, **ihr** *and* **kein** *follow this pattern:*

	M	*F*	*N*	*PL*
NOMINATIVE	mein	meine	mein	meine
ACCUSATIVE	meinen	meine	mein	meine
DATIVE	meinem	meiner	meinem	meinen
GENITIVE	meines	meiner	meines	meiner

In the singular, the pattern is the same as **ein**, **eine**, **ein**.

Dies ist **mein** Vater.	*This is my father.*
Er hat **keinen** Hund.	*He doesn't have a dog.*
Du hast **mein** Heft!	*You've got my exercise book!*
Das ist in **meinem** Heft.	*That is in my exercise book.*

Ist das **deine** Mutter?	*Is that your mother?*
Hast du **keine** Katze?	*Haven't you got a cat?*
Sein Pullover ist gelb.	*His pullover is yellow.*
Ihre Augen sind blau.	*Her eyes are blue.*

17e Comparitives and superlatives

To say 'cheaper', 'more expensive', 'nicer' etc. (comparitives) add **-er** *to the adjective:*

billig → billiger   schön → schöner

Many one syllable adjectives add an Umlaut *too:*

alt → älter   jung → jünger

Anke ist zwei Jahre **älter** als ich.	*Anke is two years older than me.*
Die Nachbarn sind hier **freundlicher**.	*The neighbours are friendlier here.*

But note that **besser** *means 'better'.*

To say 'the smallest', 'the coldest', 'the most expensive' etc. (superlatives) add **-ste** *or* **-este** *to the adjective. As with comparatives, many adjectives add an* Umlaut *too.*

Was ist die **größte** Gefahr?	*What is the greatest danger?*
Der Gepard ist das **schnellste** Landtier.	*The cheetah is the fastest land animal.*
Sie kommen aus den **ärmsten** Familien.	*They come from the poorest families.*

If the superlative stands on its own (i.e. if there is no noun after it) use **am** *with the same form, but ending in* **-n**:

Am schlimmsten ist die Ölverschmutzung.	*Worst of all is the oil pollution.*
Das Renntier reist **am weitesten**.	*The reindeer travels the furthest.*

Note also **am besten**, *meaning 'the best'.*

Am besten fliegen wir.	*The best thing to do is to fly.*

17f Too ...

To say 'too expensive', 'too far' etc. use **zu** *with an adjective:*

Das ist **zu teuer**.	*That's too expensive.*
Unser Haus ist **zu klein**.	*Our house is too small.*
Auf dem Land ist es **zu ruhig**.	*It's too quiet in the country.*

17g Etwas/nichts + adjective

After the words **etwas** *and* **nichts**, *the adjective starts with a capital letter and ends in* **-es**:

etwas Gut**es**	*something good*
etwas Billiger**es**	*something cheaper*
nichts Besonder**es**	*nothing special*

Word order

18a Word order

There are various rules in German governing where words should be placed in a sentence.

18b Main clauses

Most of the sentences in this book are called ***main clauses****.*
Except when asking questions like **Hast du …?**, **Kommst du …?** *(see section* ***4****),*
the verb is always the ***second*** *piece of information:*

1	*2 (VERB)*	*3*	
Ich	heiße	Peter.	*I'm called Peter.*
Mein Name	ist	Krull.	*My name is Krull.*
Wie	heißt	du?	*What are you called?*

Because the verb must be the second piece of information, this sometimes means that the order of the parts in the sentence is different from the English:

Heute Abend gebe ich eine Party.	*I'm having a party this evening.*
Morgen gehe ich ins Kino.	*I'm going to the cinema tomorrow.*
Um wie viel Uhr isst du dein Mittagessen?	*When do you eat lunch?*
Dann gehe ich zur Schule.	*Then I go to school.*
Vor einigen Jahren wohnten wir in Frankfurt.	*A few years ago we used to live in Frankfurt.*

(See also section ***19b*** *for examples of other kinds of clauses.)*

18c Sentences with more than one verb

When there are two verbs in a sentence, the second verb is usually in the ***infinitive****.*
(See sections ***11e****,* ***11f*** *and* ***11g.****)*

The infinitive goes ***at the end of the sentence****:*

	FIRST VERB		*INFINITIVE*	
Ich	gehe	gern	**schwimmen**.	*I like going swimming.*
Wo	kann	ich Postkarten	**kaufen**?	*Where can I buy postcards?*
Du	kannst	zu uns	**kommen**.	*You can come to our house.*
Was	willst	du	**sehen**?	*What do you want to see?*

18d When? How? Where? in the same sentence.

In a German sentence, if two or more of these elements are present, they should come in this order:

1 ***When? (Time)***	*2* ***How? (Manner)***	*3* ***Where? (Place)***

If a time and a place are mentioned, the ***time*** *comes before the* ***place****:*

TIME		*PLACE*	
Nächste Woche	fahre ich	**nach München.**	*Next week I'm going to Munich.*

or

	TIME	*PLACE*	
Ich fahre	**nächste Woche**	**nach München.**	*Next week I'm going to Munich.*

If you say ***how*** *you are going somewhere, this must come* ***before*** *the* ***place****:*

	MANNER	*PLACE*	
Ich fahre	**mit dem Bus**	**zum Schwimmbad.**	*I'm going to the swimming pool by bus.*

If you say ***when, how*** *and* ***where*** *you are going, they must go in that order:*

	TIME	*MANNER*	*PLACE*	
Ich fahre	**nächste Woche**	**mit dem Zug**	**nach Köln.**	*Next week, I'm going to Cologne by train.*

Conjunctions

19a Conjunctions which do not change word order

Conjunctions are words which join together two clauses or sentences. The following conjunctions make no difference to the normal word order of a sentence. They are just added between two sentences:

aber	*but*	denn	*for*
und	*and*	sondern	*but*
oder	*or*		

Wir haben einen großen Garten, **und** nebenan ist ein Park.	*We've got a big garden and nearby there's a park.*
Sie ist nett, **aber** sie hat nicht immer Zeit für mich.	*She's nice but she doesn't always have time for me.*

19b Conjunctions which change word order

There are many other conjunctions which send the verb to the end of its clause. These include:

wenn	*when, if*	als	*when*
dass	*that*	obwohl	*although*
weil	*because*	seit	*since*
ob	*whether*	bevor	*before*
da	*as*	damit	*so that*
sobald	*as soon as*		

Es gibt Krach, **wenn** ich abends spät nach Hause **komme**.	*We have rows when (or if) I come home late at night.*
Ich habe Angst, **dass** ich keine Arbeit **finde**.	*I'm scared that I won't find a job.*
Alle machen sich lustig über mich, **weil** ich so dünn **bin**.	*Everyone makes fun of me because I'm so thin.*

The part of the sentence beginning with the conjunction is known as a ***subordinate clause****.*

When you start a sentence with a subordinate clause (i.e. one that has its verb at the end), it must always have a comma after it and the next word is always the main verb of the sentence.

Wenn Holger nicht **mitspielt**, **singe** ich auch nicht!	*If Holger doesn't play, I'm not singing either!*
Als ich klein **war**, **lebte** ich in Griechenland.	*When I was small I lived in Greece.*

19c Question words as conjunctions

*Ordinary question words (***was?**, **wann?**, **wo?**, **wer?**, **wie viel?** *etc.) can be used as conjunctions too, in order to join together two parts of a sentence rather than to ask a direct question. When used like this, they too send the verb to the end of its clause.*

Ich weiß nicht, **was** ich machen soll.	*I don't know what I should do.*
Ich frage mich, **wie** er aussieht.	*I wonder what he looks like.*

Relative pronouns

20 Relative pronouns: who and which

When the words for 'who' and 'which' are used not to introduce a question, but to join two parts of a sentence, the German is **der**, **die** *or* **das** *depending on the thing you are talking about.*

The verb is sent to the end of the clause in the same way as it is after words like weil, dass *and* wenn.

Notice also the use of the comma.

Such dir einen Jungen, **der** nicht so schüchtern ist.	*Look for a boy who isn't so shy.*
Das ist eine Sportart, **die** man nur im Winter treibt.	*It's a sport that is only played in winter.*
Das ist ein Problem, **das** uns alle angeht.	*That is a problem which affects all of us.*
Ich kaufe Klamotten, **die** mir gefallen und **die** bequem sind.	*I buy clothes that I like and which are comfortable.*

Likes and favourites

21a Talking about what you like doing

Gern *can be used with most verbs to show that you* ***like*** *doing something:*

Ich trinke Kaffee.	Ich trinke **gern** Kaffee.	*I drink coffee.*	*I **like** drinking coffee.*
Ich gehe schwimmen.	Ich gehe **gern** schwimmen.	*I go swimming.*	*I **like** going swimming.*

Notice how you say that you like ***something*** *(a noun):*

Ich **habe** Katzen **gern.**	*I **like** cats.*
Ich **mag** Tee.	*I **like** tea.*

21b Talking about what you prefer doing

Lieber *can be used with most verbs to show that you* ***prefer*** *doing something:*

Ich fliege **lieber**.	*I **prefer** flying.*
Ich fahre **lieber** mit dem Zug.	*I **prefer** travelling by train.*

21c Talking about what you like doing most of all

Start the sentence with **am liebsten**, *and remember that the next thing must be a verb:*

Am liebsten spiele ich Fußball.	*I **like** playing football **most of all.***
Am liebsten gehe ich schwimmen.	*I **like** going swimming **most of all.***

Note also the use of **Lieblings-** *with a noun:*

Fußball ist mein **Lieblingssport.**	*Football is my **favourite** sport.*
Mein **Lieblingsfach** ist Deutsch.	*My **favourite** lesson is German.*

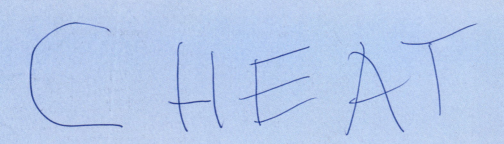

A

ab from
ab und zu now and then
abends in the evening
das **Abenteuer(-)** adventure
der **Abenteuerfilm(e)** adventure film
aber but
die **Abfahrt(en)** departure
der **Abfall(¨e)** rubbish
der **Abfalleimer(-)** litter bin
ab/fließen to flow away
der **Abgas(e)** exhaust fume; waste gas
ab/geben to hand in
ab/holen to fetch
abholzen to chop down trees
die **Abholzung** deforestation
abkühlen to cool off
ab/räumen to clear (table)
die **Abreise(n)** departure
abschaffen to do away with
der **Abschied** farewell, goodbye
die **Abschlussfahrt(en)** final trip/journey
absolut absolute(ly)
ab/trocknen to dry off
ab/waschen to wash up
das **Abwasser** waste water
abwechselnd alternately, in turns
ab/wischen to wipe
der **Abzug(¨e)** deduction, removal, withdrawal
ach! oh!
achten auf (+Acc) to pay attention to
das **Adjektiv(e)** adjective
die **Adresse(n)** address
der **Affe(n)** monkey
Afrika Africa
afrikanisch African
aggressiv aggressive
aktiv active
die **Aktivität(en)** activity
der **Alkohol** alcohol
alkoholisch alcoholic
all(er/e) all
allein(e) alone
die **Allergie(n)** allergy
allergisch gegen (+Acc) allergic to
alles everything
allgemein general
allmählich gradually
der **Alltag** daily routine, normal day
das **Alltagsleben** everyday life
alphabetisch alphabetical(ly)
als as; than; when
also so, therefore
alt old
das **Alter** age
das **Altglas** used bottles
altmodisch old-fashioned
das **Altpapier** waste/recycled paper
die **Aluminiumdose(n)** aluminium can
Amateurfunkklubs amateur radio enthusiasts clubs
amerikanisch American
die **Ampel(n)** traffic light
an (+ Acc/Dat) to; at; on
andauernd constantly, all the time
die **Anden** (pl) the Andes Mountains
Andenken (pl) souvenirs
ander(er/e/es) other
etwas anderes something else
andererseits on the other hand
anders different, something else
er möchte anders sein als die anderen he'd like to be different from the others
anderswo somewhere else
an/fangen to begin
den **Anfang machen** to make the first move
an/geben to boast
angeberisch boastful, big-headed
die **Angel(n)** fishing rod
angeln to fish
der/die **Angestellte(n)** employee
die **Angst(¨e)** fear
Angst haben vor (+Dat) to be afraid of
an/gucken to look at
der **Animateur** co-ordinator, organizer
an/kommen to arrive
die **Ankunft(¨e)** arrival
an/legen to put on
anlügen to lie to
an/regen to stimulate
an/reisen to travel
an/rufen to telephone
an/schauen to watch
der **Anschluss(-üsse)** connection (to services e.g. electricity, water etc.)
die **Anschrift(en)** address
an/sehen to look at
die **Ansichtskarte(n)** picture postcard
die **Anstecknadel(n)** badge
ansteuern to hire
anstrengend tiring, strenuous
die **Antwort(en)** answer
antworten to answer
die **Antwortkarte(n)** reply card
die **Anzahl** number
die **Anzeige(n)** advertisement
an/ziehen to put on (clothes)
sich **an/ziehen** to get dressed
der **Anzug(¨e)** suit
das **Apfelmus** apple puree
der **Apfelsaft** apple juice
die **Apfelsine(n)** orange
die **Apotheke(n)** chemist's
der **Apparat(e)** telephone
am **Apparat** speaking
der **Appetit** appetite
Guten Appetit! Enjoy your meal!
der **Äquator** equator
arabisch Arabic
die **Arbeit(en)** work, task
arbeiten to work
das **Arbeitersamariterbund** the Samaritans
arbeitslos unemployed, out of work
der **Arbeitsplatz(¨e)** job
ärgern to annoy
sich **ärgern** to get angry
arm poor
die **Armbanduhr(en)** watch
die **Armut** poverty
die **Art(en)** kind, type
der **Artikel(-)** article
der **Arzt(¨e)** doctor
Asien Asia
der **Atem** breath
die **Atmosphäre** atmosphere
das **Atomkraftwerk(e)** nuclear power station
der **Atomkrieg(e)** nuclear war
der **Atommüll** nuclear waste
die **Atomwaffe(n)** nuclear weapon
auch also
auf (+ Acc/Dat) on; onto
der **Aufenthalt** stay, residence
der **Aufenthaltsraum(¨e)** day room
auf/fressen to eat up, consume
auf/füllen to fill up, top up
auf/geben to give up
aufgeschlossen outward going
auf/haben to have things to do
ich habe viel auf I've got a lot to do
sich **auf/halten** to stay
auf/hängen to hang up
auf/hören to give up, stop
auf/machen to open
die **Aufnahme(n)** recording
auf/nehmen to pick up
auf/räumen to clear up
auf/schlagen to open
auf/schreiben to write out
auf/stehen to get up
auf/stellen to put up
der **Auftritt(e)** (public) appearance
auf/wachen to wake up
der **Aufzug(¨e)** get-up, outfit, clothes (sl); lift
das **Auge(n)** eye
der **Augenblick(e)** moment
aus (+ Dat) out of
aus/arbeiten to work out
die **Ausbildung** training
ausdrücken to express
die **Ausfahrt(en)** exit (motorway)
der **Ausflug(¨e)** excursion
den Hund **aus/führen** to take the dog for a walk
aus/füllen to fill in (form)
der **Ausgang(¨e)** exit
aus/geben to spend (money)
ausgedehnt extended
ausgeflippt zany
aus/gehen to go out
ausgestattet equipped
aus/halten to stand, put up with
aus/helfen to help out
sich **aus/kennen** to have a good knowledge of
aus/kommen (mit) to get on with; to manage on
die **Auskunft(¨e)** information
ins **Ausland** abroad
Ausländer(in) foreigner
ausländisch foreign
aus/leihen to lend; hire
aus/packen to unpack
der **Auspuff** exhaust
das **Auspuffgas(e)** exhaust fume
aus/räumen to empty
die **Ausrede(n)** excuse
aus/schlafen to have a lie in, stay in bed
aus/sehen to look, appear
außer except for
außerdem besides
äußern to express
aussetzen to sit out, miss a turn
aus/sortieren to sort out
ausstehen to stand, put up with
aus/sterben to become extinct
aus/suchen to choose
der **Austausch(e)** exchange
der/die **Austauschpartner/in** exchange partner (m/f)
aus/toben to romp
aus/tragen to deliver
Australien Australia
australisch Australian
auswendig by heart
aus/ziehen to take off, remove
die **Autobahn(en)** motorway
der **Autofahrer(-)** car driver
der **Automat(en)** vending machine
die **Autopanne(n)** car breakdown
der **Autoschlauch(¨e)** car tyre inner-tube
der **Autoschlüssel(-)** car key
der **Autounfall(¨lle)** car accident

B

der **Bach(¨e)** stream
backen to bake
der **Bäcker(-)** baker
die **Bäckerei(en)** baker's
das **Bad(¨er)** bath
Badende bathers, swimmers
ein **Bad nehmen** to have a bath
die **Badewanne(n)** bath
das **Badezeug(e)** bathing suit, swimming costume
das **Badezimmer(-)** bathroom
die **Bahn(en)** train; track
der **Bahnhof(¨e)** station
bald soon
baldig early, speedy
Bambussprossen bamboo shoots
die **Banane(n)** banana
die **Bananenschale(n)** banana skin
bange anxious, worried
die **Bank(¨e)** bench
die **Bank(en)** bank
der **Basar** bazaar
die **Bassgitarre** bass guitar
die **Batterie(n)** battery
bauen to build
der **Bauer(n)** farmer
der **Bauernhof(¨e)** farm
der **Baum(¨e)** tree
das **Baumhaus(¨er)** tree house
beantworten to answer
der **Becher(-)** mug, beaker, tub
bedeckt covered
bedeuten to mean
bedienen to serve
die **Bedienung** service

bedrohen to threaten
befreunden to befriend
befriedigend satisfactory
begeistert excited, keen, enthusiastic
der **Beginn** beginning
begrenzen to form a border/edge to something
begrüßen to welcome
behandeln to treat, handle
beheizt heated
bei (+ Dat) by; with; at the house of
beide(r/s) both
das **Beispiel(e)** example
  zum Beispiel for example
beenden to finish, end
beides both
bekannt (well) known
bekommen to get, receive
bemalt painted
bemerken to notice
sich **bemühen** to make an effort
die **Bemühung(en)** effort, trouble, concern
benötigen to need
benutzen to use
das **Benzin** petrol
der **Benzintank** petrol tank
bequem comfortable
beobachten to observe
berät advises
bereits already
der **Berg(e)** mountain, hill
die **Bergschlucht(en)** gorge
das **Bergsteigen** mountaineering
der **Bergsteiger(-)** mountaineer
der **Bergführer(-)** mountain leader
der **Bericht(e)** report
berichten to report
der **Beruf(e)** job, profession
berufstätig active, working, employed
das **Berufsziel(e)** intended occupation
beruhigen to calm
berühmt famous
berühren to touch
beschäftigt busy, occupied
bescheiden modest
beschreiben to describe
der **Besitzer(-)** owner
besonders especially
  nichts Besonderes nothing special
die **Besonnenheit** presence of mind, circumspection
besorgt provided
besprechen to discuss
besser als better than
best(er/e/es) best
das **Besteck** cutlery
bestehen to pass (an exam)
bestellen to order
bestimmen to determine, decide, fix
bestimmt definite(ly); certain
der **Besuch(e)** visit
zu **Besuch** visiting
besuchen to visit, to go to (school)
der **Besucher(-)** visitor
beträgt amounts to
betreffen to concern
betreuen to look after, take charge of
das **Bett(en)** bed
bevor before
bevorzugen to prefer
sich **bewegen** to move
das **Bewegungszentrum(en)** nerve centre for movement (in the brain)
bewundert admired
bezahlen to pay
bieten to offer
das **Bild(er)** picture
bilden to form, educate
die **Bildgeschichte(n)** photo story
die **Bildhauerei** sculpture
billig cheap
bis until
  bis bald! see you soon!
  bis dahin by then
ein **bisschen** a bit, a little
bitten to ask

blau blue
blau gedruckt printed in blue
bleiben to stay
bleifrei lead-free
der **Blick(e)** view, glance
das **Blitzen** lightning
blöd stupid
blond blonde
der **Blumenkohl** cauliflower
der **Blumentopf(-töpfe)** flowerpot
die **Bluse(n)** blouse
der **Boden(¨)** floor
das **Bodenturnen(-)** floor gymnastics
die **Bohne(n)** bean
bohren to drill, pierce
die **Bombe(n)** bomb
der **Bonbon(s)** sweet
an **Bord** on board
brasilianisch Brazilian
brauchen to need
braun brown
braun gebrannt suntanned
der **Brennstoff(e)** fuel
das **Brett(er)** board, ski
der **Brief(e)** letter
der/die **Brieffreund/in** pen-friend (m/f)
die **Briefmarke(n)** postage stamp
der **Briefmarkenfreund(e)** stamp enthusiast
der/die **Briefpartner/in** correspondent (m/f)
der/die **Briefträger/in** postman/woman
der **Briefwechsel(-)** exchange of letters
die **Brille(n)** spectacles, glasses
bringen to bring
britisch British
die **Brombeere(n)** blackberry
das **Brot(e)** bread, loaf
das **Brötchen(-)** bread roll
der **Bruder(¨)** brother
die **Brust(¨e)** chest, breast
das **Bruttogehalt** gross pay
das **Buch(¨er)** book
buchen to book
die **Buchhandlung(en)** bookshop
der **Buchstabe(n)** letter (of alphabet)
die **Buchung(en)** booking
bügeln to iron
die **Bühne(n)** stage
bummeln to stroll
die **Bundesrepublik** Federal Republic
die **Bundeswehr** German army
bunt colourful
die **Burg(en)** castle
das **Büro(s)** office
der **Bus(se)** bus
die **Butter** butter
bzw. (beziehungsweise) or else, respectively

C

das **Café(s)** café
der **Campingplatz(¨e)** campsite
die **CD(s)** compact disc
chaotisch chaotic
Chemie chemistry
die **Chemikalien** (pl) chemicals
chemisch chemical
chilenisch Chilean
das **Chor(e)** choir
die **Clique(n)** group, set
die **Cola(s)** cola
der **Computer(-)** computer
der **Computerkurs(e)** computer course
das **Computerspiel(e)** computer game
das **Computerzeitalter** the Age of the computer
der **Container(-)** container, bank (for bottles etc.)

D

da there; as, since
dabei present, there
das **Dach(¨er)** roof
dadurch by that means; through it
dafür for it
dagegen on the other hand; against it
daheim at home

daher therefore
die **Dame** lady; queen (in cards)
die **Damenwäsche** lingerie
danach afterwards, after that
dankbar grateful
danken (+Dat) to thank
dann then
darum therefore; round it
darunter amongst it/them
dass that
dauern to last
decken to set (table)
denken to think
denn for, because
dennoch even so, nevertheless
deprimiert depressed
derselbe/dieselbe/dasselbe/dieselben the same
das **Desinfektionsmittel(-)** disinfectant
deutlich clear(ly)
Deutscher/Deutsche German
das **Diagramm(e)** diagram
der **Dialog(e)** dialogue
der **Diamant(en)** diamond
dick fat; thick
die **Diele(n)** hallway
der **Dienstag** Tuesday
dienstags on Tuesdays
die **Dienstleistung(en)** service
dies(er/e/es) this; these
diktieren to dictate
das **Ding(e)** thing
diplomatisch diplomatic
direkt direct, straight
die **Direktion** management
die **Disko(s)** disco
das **DJH (Deutsche Jugendherbergswerk)** German youth hostel association
doch however; but; yet
der **Dom** cathedral
die **Donau** Danube (river)
der **Donnerstag** Thursday
es **donnert** it thunders/is thundering
doof stupid, silly
das **Doppelhaus(¨er)** semi-detached house
doppelte Moral double standards, hypocrisy
das **Doppelzimmer(-)** double room
das **Dorf(¨er)** village
dorthin there (with verb of movement)
die **Dose(n)** can; tin
dran sein to have one's turn
  jetzt bist du dran now it's your turn
draußen outside
der **Dreck** dirt
das **Dreckloch** filthy hole, hovel (sl)
drehen to turn
dreimal three times
die **dreißiger Jahre** the thirties
drinnen inside
das **Drittel** third
dritt(er/e/es) third
die **Droge(n)** drug
Drogensüchtige drug addicts
drüben over there
der **Druck** pressure
der **Drucker(-)** printer
der **Dschungel** jungle
dumm stupid, foolish
dunkel dark
dunkelbraun dark brown
dünn thin
durch (+ Acc) through
durcheinander in a muddle
durch/lesen to read through
durchschnittlich on average
dürfen to be allowed
duschen to (take a) shower
die **Dusche(n)** shower
das **Düsenflugzeug(e)** jet aircraft

E

eben even; just
echt real(ly); genuine
die **Ecke(n)** corner
egal equal, doesn't matter
es ist mir egal it's all the same to me, I'm not bothered
der **Egoist(en)** self-centred/selfish person
das **Ehepaar(e)** married couple
eher ratehr, preferably
ehrlich honest
das **Ei(er)** egg
die **Eiche(n)** oak tree
eigen(er/e/es) own
die **Eigenart(en)** characteristics, unique features
die **Eigenschaft(en)** character(istic), personal quality
eigensinnig stubborn
eigentlich actually; really
der **Eimer(-)** bucket
eindrucksvoll impressive
einfach simple
der **Eingang(¨e)** entrance
eingebildet conceited, arrogant
eingerichtet furnished
einige some, a few
ein/kaufen to shop
Einkäufe machen to buy something, make purchases
das **Einkaufszentrum(-zentren)** shopping centre
ein/laden to invite
die **Einladung(en)** invitation
ein/lösen to cash (cheque)
ein/richten to furnish
einsam lonely, isolated, deserted
die **Einsamkeit** loneliness
ein/schenken to pour
ein/schlafen to fall asleep
das **Einschlingen** rolling a canoe into/under water
ein/schmelzen to melt
ein/tauschen to swap, trade in
ein/tragen to enter (on list/chart)
ein/treffen to arrive
der **Eintritt(e)** entry, entrance
die **Eintrittskarte(n)** entrance ticket
einverstanden agreed, in agreement
das **Einzelkind(er)** only child
das **Einzelzimmer(-)** single room
einzig(er/e/es) only
das **Eis(-)** ice cream
der **Eisbär(en)** polar bear
der **Eisbecher(-)** ice cream sundae
das **Eiscafé(s)** ice cream parlour
das **Eisfall-Klettern** climbing up frozen waterfalls
der **Eiskiosk(e)** ice cream kiosk
die **Eislaufbahn(en)** ice rink
die **Eissorte(n)** ice cream flavour
das **Eisstadion(en)** ice stadium/rink
ekelhaft disgusting
der **Elefant(en)** elephant
die **Elektrizität** electricity
die **Eltern** (pl) parents
empfehlen to recommend
die **Empfehlung(en)** recommendation
empfindlich sensitive
entweder ... oder either ... or
das **Ende(n)** end
enden to end
endlich at last
endlos endless
die **Endsumme(n)** total
die **Energie** energy
eng narrow; tight
enges Verhältnis close relationship
Engländer(in) Englishman (woman)
die **Englischkenntnisse** knowledge of English
entdecken to discover
die **Ente(n)** duck
entfernt distant, away
6 Kilometer entfernt 6 kilometres away
enthalten to contain
entkommen to escape
entlang (+ Acc) along
die **Entscheidung(en)** decision
entschlossen decided, determined
Entschuldigung excuse me
entspannend relaxing
entstehen to arise, emerge
enttäuschend disappointing
entweder either
der **Erbseneintopf** bean stew
das **Erdbeben(-)** earthquake
die **Erdbeere(n)** strawberry
das **Erdbeereis** strawberry-flavoured ice cream
die **Erde** earth
das **Erdgeschoss** ground floor
Erdkunde geography
Erdnüsse (pl) ground nuts
erfahren to experience; experienced
die **Erfahrung(en)** experience
erfinden to invent
der **Erfolg** success
erfolgreich successful
erhöhen to raise
sich **erholen** to recover
erklären to explain
erlauben to allow, permit
(nicht) **erlaubt** (not) permitted
erleichtern to relieve
ernähren to provide food for
ernsthaft serious(-minded)
eröffnen to open
erreichen to reach
erschossen shot dead
ersetzen to replace
Ersparnisse (pl) savings
erst(er/e/es) first
erstaunlich surprising, astonishing
erstklassig first class
ertrinken to drown
der/die **Erwachsene(n)** adult
erwarten to expect
erweitern to extend
erzählen to tell, relate
essen to eat
das **Essen** food
der **Esslöffel(-)** tablespoon
das **Esszimmer(-)** dining room
etwa about, approximately
etwas something
das **EU-Land(-Länder)** EC country
Europa Europe

F

die **Fabrik(en)** factory
das **Fach(¨er)** subject
der **Fachmann(-leute)** specialist
die **Fähre(n)** ferry
fahren to travel, drive
die **Fahrkarte(n)** ticket
Fahrlehrer/in driving instructor
das **Fahrrad(¨er)** bicycle
der **Fahrradweg(e)** cycle path
das **Fahrverbot** ban on traffic/driving/vehicles
der **Fall(¨e)** case
auf jeden Fall in any case
falls in case
falsch wrong
die **Familie(n)** family
der **Familienausweis(e)** family ticket
das **Familienmitglied(er)** family member
fangen to catch
fantasievoll imaginative
fantastisch fantastic
die **Farbe(n)** colour; paint
fast nearly, almost
faszinierend fascinating
faul lazy
faulenzen to lounge around, be idle
die **Faust(¨e)** fist
auf eigene Faust off your own bat, by yourself
das **Fechtverein(e)** sword fencing club
fehlen to be absent/missing
fehlend missing
der **Fehler(-)** mistake
feiern to celebrate
fein fine, splendid
das **Feldbett(en)** camp bed
das **Fell** fur, coat (of animal)
ein dickes Fell entwickeln to develop a thick skin
der **Fels(en)** rock, cliff
die **Felswand(¨e)** rock face, precipice
das **Fenster(-)** window
die **Ferien** (pl) holidays
der **Ferienbericht(e)** holiday report
das **Ferienhaus(¨er)** holiday home
das **Ferienlager(-)** holiday camp
der **Ferienort(e)** holiday resort
die **Ferienwohnung(en)** holiday flat
der **Ferienwunsch(¨e)** holiday wish
fern far
Fernfahrer/in HGV driver, long distance lorry driver
ferngesteuert remote-controlled
das **Fernsehen** television
fern/sehen to watch television
der **Fernseher(-)** TV set
fertig ready, finished
das **Fertiggericht(e)** ready made meal
fest firm
eine feste Freundin girlfriend
fest/stellen to ascertain, establish
fettig greasy, fatty
das **Feuerschlucken** fire eating
die **Feuerwehr** fire brigade
finden to find
Kontakt **finden zu** (+ Dat) to communicate with
die **Flagge(n)** flag
die **Flasche(n)** bottle
das **Fleisch** meat
fleißig industrious, hard-working
der **Fleischspieß(e)** kebab
die **Fliege(n)** bow tie; fly
fliegen to fly
fließen to flow
fließend fluent
fließendes Wasser running water
der **Flipperautomat(en)** pinball machine
flippig hip, trendy
flitzen to speed, fly, wing
der **Floh(¨e)** flea
der/die **Florist/in** florist
die **Flöte(n)** flute
der **Flötenkasten** flute case
die **Flucht** flight, running away
auf der Flucht on the run
der **Flug(¨e)** flight
die **Fluggesellschaft(en)** airline company
der **Flughafen(¨)** airport
der **Flugkapitän(e)** flight captain
die **Flugnummer(n)** flight number
das **Flugzeug(e)** aeroplane
der **Fluss (Flüsse)** river
die **Folge(n)** result, consequence
folgende(r/s) the following
folgenderweise as follows
der **Fön(e)** hair dryer
der **Fortschritt(e)** progress
das **Foto(s)** photograph
der **Fotoapparat(e)** camera
die **Fotografie** photography
die **Frage(n)** question
fragen to ask
Franzose/Französin Frenchman/woman
Französisch French
die **Frau(en)** woman; wife; Mrs.
Frau Schmidt Mrs. Schmidt
frech rude, impudent
frei free; no cars coming
im **Freien** (in the) open air
die **Freiheit** freedom
freitags on Fridays
freiwillig voluntary
die **Freizeit** leisure time
der **Freizeitpark** leisure/theme park
das **Freizeitzentrum(-zentren)** leisure centre
fremd strange, foreign
die **Fremdsprache(n)** foreign language
das **Fremdenverkehrsamt(¨er)** tourist office
das **Fremdwort(¨er)** foreign word

fressen to eat (of animals)
sich **freuen (auf)** to look forward (to), rejoice
der **Freund(e)** (boy)friend
die **Freundin(nen)** (girl)friend
freundlich friendly
die **Freundschaft(en)** friendship
friedlich peaceful
frieren to freeze
die **Frikadelle(n)** rissole
frisch fresh
der **Frisör(e)** hairdresser (m)
der **Frisörsalon** hairdresser's
die **Frisörin(nen)** hairdresser (f)
der **Frosch(¨e)** frog
das **Fruchteis(-)** fruit sorbet ice cream
die **Frucht(¨e)** fruit
früh early
der **Frühling** spring
die **Frühlingsrolle(n)** spring roll
frühreif premature, precocious
das **Frühstück** breakfast
fühlen to feel
der **Führerschein(e)** driving licence
füllen to fill
das **Fundbüro(s)** lost property office
funktionieren to function, work
für (+ Acc) for
furchtbar terrible
fürchterlich dreadful
der **Fuß(¨e)** foot
der **Fußball(¨e)** football
das **Fußballhemd(e)** football shirt
das **Fußballspiel(e)** football match
das **Fußballstadion(-stadien)** football ground
die **Fußgängerzone(n)** pedestrian precinct

G

ganz(er/e/es) quite; whole
ganzjährig throughout the year
gar nicht not at all
die **Gardine(n)** curtain
der **Garten(¨)** garden
das **Gas(e)** gas
der **Gast(¨e)** guest
das **Gästehaus(¨er)** guest house
das **Gästezimmer(-)** guest room
die **Gastfamilie(n)** host family
gastfreundlich hospitable, welcoming
der **Gastgeber(-)** host
das **Gasthaus(¨er)** inn
der **Gasthof(¨e)** inn
geben to give
das **Gebirge** mountain range
geboren born
gebraten fried
gebraucht used
die **Geburt** birth
der **Geburtstag(e)** birthday
das **Geburtsgewicht(e)** weight at birth
das **Geburtstagsgeschenk(e)** birthday present
der **Gedanke(n)** thought
das **Gedicht(e)** poem
geduldig patient
geehrte/r Dear (start of formal letter)
geeignet suitable
die **Gefahr(en)** danger
gefährdet endangered, under threat
gefährlich dangerous
gefallen to please
es **gefällt mir** I like it
das **Gefühl(e)** feeling
gegen (+ Acc) against, about (in times)
gegeneinander against/towards one another
gegenseitig mutual(ly)
der **Gegenstand(¨e)** object
im **Gegenteil** on the contrary
gegenüber (+ Dat) opposite
gegenüberliegend opposite
die **Gegenwart** present (time)
gehbehindert disabled, unable to walk properly

das **Gehege(-)** pen, enclosure
gehen to go, walk
die **Gehminute(n)** minute's walking
gehören (+ Dat) to belong
die **Geige(n)** violin
gekämpft fought, struggled
gekleidet dressed
gelähmt lame
das **Gelände** countryside
gelangen to reach, attain
gelassen calm, cool, serene
gelb yellow
das **Geld** money
das **Geldproblem(e)** financial problem
die **Geldstrafe(n)** fine
die **Geldverschwendung** waste of money
das **Geldwechsel** exchange bureau
gelegentlich occasionally
gelehrt taught, instructed
geliehen hired
gemein mean
gemeinsam together
genau exactly
genauso viel exactly the same amount
das **Genie(s)** genius
genug enough
das **genügt** that's enough
geöffnet open
das **Gepäck** luggage
die **Gepäckaufbewahrung(en)** left luggage office
geprägt influenced
gepunktet spotted
gerade straight; just
geradeaus straight on
das **Gerät(e)** apparatus
gerecht just
die **Gerechtigkeit** justice, fairness
das **Gericht(e)** dish, meal
gern(e) gladly, willingly
ich lese gern I like reading
die **Gesamtschule(n)** comprehensive school
das **Geschäft(e)** shop; business
das **Geschenk(e)** present
Geschichte history
die **Geschichte(n)** story
geschlossen closed
geschneit snowed
die **Geschwindigkeit(en)** speed
die **Geschwister** (pl) brothers and sisters
gesellig sociable
das **Gesicht(er)** face
gesiegt won, scored a victory
das **Gespräch(e)** conversation
das **Gesteck(e)** garlands, floral arrangements
gestern yesterday
gestorben dead
gestreift striped
gesucht wanted
gesund healthy
die **Gesundheit** health
gesundheitsschädlich damaging to one's health
das **Getränk(e)** drink
die **Getränkedose(n)** can of drink
gewählt chosen
das **Gewässer** open waters
die **Gewerkschaft(en)** trade union
gewesen been (from **sein**)
gewinnen to win
das **Gewitter** storm
sich **gewöhnen an** (+Acc) to get used to
das **Gewürz(e)** spice
gewürzt spiced, spicy
gießen to pour, water
giftig poisonous
die **Giraffe(n)** giraffe
die **Gitarre(n)** guitar
der **Gitarrenkasten(¨e)** guitar case
das **Gitter(-)** bar (of cage)
das **Glas(¨er)** glass
die **Glasbläserei** glass blower's
die **Glasflasche(n)** glass bottle
glatt smooth

die **Glatze(n)** bald head/patch
glauben to believe, think
glaubwürdig credible
gleich the same; at once
gleichaltrig of the same age
gleichfalls likewise
gleichzeitig at the same time
glitschig icy, slippery
das **Glück** luck; happiness
das **Grad(-)** degree
das **Gras(¨er)** grass
gratis free of charge
grau grey
greifen to grip, grab
grell vivid, gaudy
Griechenland Greece
der **Griff(e)** hold, grip, handle
die **Grillparty(s)** barbecue
die **Grippe** flu
Grönland Greenland
groß big; tall
Großbritannien Great Britain
die **Großeltern** (pl) grandparents
im **Großen und Ganzen** by and large
die **Großmutter(¨e)** grandmother
die **Großstadt(¨e)** city
großzügig generous
grün green
der **Grund(¨e)** reason
gründen to form, found
die **Grundschule(n)** primary school
die **Grundtechnik** basic technique
grüne Welle green wave (series of traffic lights at green on approach)
grundsätzlich on principle
die **Gruppe(n)** group
der **Gruß(¨e)** greeting
gucken to look
gültig valid
der **Gummistiefel(-)** wellington boot
das **Gummitier(e)** rubber animals (for water games/swimming pools)
günstig favourable, good value
gut good
die **Gürtelprüfung(en)** exam for judo enthusiasts trying to gain belts
das **Gymnasium (Gymnasien)** grammar school

H

das **Haar(e)** hair
der **Haarfön** hair dryer
haben to have
das **Hackfleisch** mince
das **Hähnchen(-)** chicken
halb(er/e/es) half
um halb acht at seven-thirty
die **Halbpension** half board
die **Halbtagsstelle(n)** part-time job
das **Hallenbad(¨er)** indoor swimming pool
der **Hallenfußball** indoor football/5-a-side
das **Halstuch(¨er)** scarf
halt just (colloquial)
halten to stop
Halt geben to give grip/purchase/hold
Was **hältst du vom Fernsehen?** What do you think of TV?
die **Haltestelle(n)** bus/tram stop
der **Hamster(-)** hamster
die **Hand(¨e)** hand
die **Handbremse(n)** hand brake
es **handelt sich um** (+Acc) it's about/to do with
der **Handschuh(e)** glove
die **Handtasche(n)** handbag
das **Handvoltigieren** somersaulting
hart hard
der **Hase(n)** hare
hassen to hate
der **Haufen(-)** heap, pile
häufig frequently, often
die **Hauptsache(n)** main thing, most important point
hauptsächlich mainly
die **Hauptstraße(n)** main road
das **Haus(¨er)** house
die **Hausaufgaben** (pl) homework

die **Haushalt** housekeeping
die **Haushaltshilfe(n)** home help
Haushaltswaren household goods
der **Hausmüll** domestic waste
das **Haustier(e)** pet
die **Haut** skin
heben to lift
die **Hefe(n)** yeast
das **Heft(e)** exercise book
heilen to heal, cure
heim/kommen to come home
Heimwerker DIY
heiraten to marry
heiser hoarse, with a sore throat
heiß hot
heißen to be called
die **Heizung** heating
helfen (+ Dat) to help
der **Helm(e)** helmet, hard hat
das **Hemd(en)** shirt
heraus out
der **Herbst** autumn
das **Herrchen** master, owner
der **Herr(en)** gentleman; Mr.
Herr Schmidt Mr. Schmidt
herrlich splendid
herrschen to rule, reign
her/stellen to produce, manufacture
das **Herz(en)** heart
herzlich hearty
das **Heu** hay
heute today
heutzutage nowadays
hier here
die **Hilfe** help
hilfsbereit helpful
hin/fahren to travel there
hin/fügen to add
hin/gehen to go there
hin/kommen to get there
sich **hin/setzen** to sit down
hinten at the back
hinter (+ Acc/Dat) behind
im **Hintergrund** in the background
hinuntersausen to race down (sl)
der **Hinweis(e)** instruction, order
die **Hirnverletzung(en)** brain damage/injury
der **Hirsch(e)** deer
das **Hobbyfeld(er)** hobby square
der **Hobbyraum(¨e)** hobby room
hoch (hohe/r/s) high, tall
das **Hochhaus(¨er)** high-rise building, block of flats
höchstens at the most
das **Hochwasser** flood
hoffen to hope
hoffentlich hopefully
die **Höhe(n)** height; limit
der **Höhepunkt(e)** highlight
holen to fetch
das **Holz** wood
der **Holzschuh(e)** clog
der **Honig** honey
hören to hear
der **Horizont** horizon
die **Hose(n)** trousers
das **Hotel(s)** hotel
hübsch pretty
der **Hügel(-)** hill
Hühnerfrikassee chicken fricassee
der **Humor** humour
humorvoll humorous
der **Hund(e)** dog
das **Hundebad(¨er)** dog bath
die **Hündin(nen)** bitch
hungrig hungry
husten to cough
der **Hut(¨e)** hat
hüten to guard, look after

I

die **Idee(n)** idea
illustrieren to illustrate
die **Imbissstube(n)** snackbar
immer always
immerhin after all
in (+ Acc/Dat) in, into
der **Ingwer** ginger (spice)
inklusive (inkl.) inclusive of
die **Informatik** information technology (IT)
die **Information(en)** information
das **Informationszeichen(-)** information symbol
innerhalb (+ Gen) within, inside
die **Insel(n)** island
das **Instrument(e)** instrument
intelligent intelligent, clever
interessant interesting
das **Interesse(n)** interest
sich **interessieren (für)** to be interested (in)
das **Interview(s)** interview
Ire/Irin Irishman/woman
irgendwo somewhere
islamisch Islamic
isoliert isolated
isses = ist es is it
Italien Italy

J

die **Jacke(n)** jacket
das **Jahr(e)** year
jährlich annual
der **Jahresbericht(e)** annual report
das **Jahrhundert(e)** century
das **Jahrtausend(e)** millenium
jaulen to howl, wail
je ever
jede(r/s) each, every
jedenfalls in any case
jedoch however
jemand someone
jetzt now
jeweils respectively, each time
der **Job(s)** job
die **Johannisbeere(n)** blackcurrant
das **Jonglieren** juggling
Judoka(s) judo enthusiasts/experts
das **Judoverein(e)** judo club
die **Jugend** young people, youth
die **Jugendgruppe(n)** youth group
die **Jugendherberge(n)** youth hostel
der/die **Jugendliche(n)** young person
das **Jugendmagazin(e)** youth magazine
das **Jugendzentrum(-zentren)** youth centre
der **Juli** July
jung young
der **Junge(n)** boy
jünger younger
Jungfrau Virgo
der **Juni** June

K

der **Kaffee** coffee
der **Kajakkurs(e)** kayak/canoeing course
das **Kalb(¨er)** calf, veal
kalt cold
die **Kälte** the cold (weather)
das **Kamel(e)** camel
der **Kameltreiber** camel drover
die **Kamera(s)** video camera
kämpfen to fight
kapiert got it, understood (sl)
kaputt broken
kariert checked
die **Karte(n)** card
das **Kartenspiel(e)** game of cards
der **Kartenverkauf** ticket sales
die **Kartoffel(n)** potato
der **Kartoffelsalat** potato salad
der **Karton(s)** carton, box
der **Käse** cheese
das **Kasperletheater(s)** Punch and Judy show, puppet theatre
die **Kassette(n)** cassette
der **Kassettenrekorder(-)** cassette recorder
der **Kasten** box
die **Kategorie(n)** category
katholisch Catholic
die **Katze(n)** cat
kaufen to buy
das **Kaufhaus(¨er)** department store
der **Kaugummi** chewing gum
kaum scarcely, hardly
der **Kautschuk** rubber
die **Kegelbahn(en)** skittle alley
der **Kegelklub(s)** skittle club
kein(e) no, not a
keiner none, no-one
der **Keller(-)** cellar
der/die **Kellner/in** waiter/waitress
kennen to know (person)
(sich) **kennen lernen** to get to know (each other)
das **Kenntnis(se)** knowledge
die **Kernkraft** nuclear power
das **Kilometer(-)** kilometre
das **Kind(er)** child
die **Kinderkarte(n)** child's ticket
der **Kinderpreis(e)** price for a child
der **Kinderspielplatz(¨e)** children's playground
das **Kinderspielzimmer(-)** children's playroom
das **Kindertelefon** children's helpline
Kinderwäsche children's underwear
kindisch childish
das **Kino(s)** cinema
die **Kinokarte(n)** cinema ticket
die **Kirche(n)** church
die **Kirsche(n)** cherry
das **Kissen** cushion, pillow
die **Kissenschlacht(en)** cushion/pillow fight
das **Kittelchen** smock, apron
klagen to complain
die **Klamotten** (pl) clothes (slang)
das **klappt nicht** that doesn't work (sl)
klar clearly, sure
die **Klasse(n)** class
der/die **Klassenlehrer/in** class teacher (m/f)
die **Klassenordnung** class rules
der/die **Klassensprecher/in** form representative (m/f)
klauen to steal (slang)
das **Klebeband** sticky tape
kleben to stick
das **Kleid(er)** dress
die **Kleider** (pl) clothes
der **Kleiderständer(-)** clothes rack/stand
die **Kleidung** clothing
das **Kleidungsstück(e)** article of clothing
klein small
eine **Kleinigkeit(en)** something small
Klempner/in plumber
das **Klima** climate
die **Klingel(n)** bell
klingeln to ring
klirrend clattering, clanking, jarring
auf dem **Klo** on the toilet (sl)
die **Klofrau** toilet attendant (f)
das **Klopapier** toilet paper
klopfen to knock
klug clever
Knäckerbrot crispbread
knapp close to, almost
knapp bei Kasse short of cash
der **Knoblauch** garlic
der **Knochen(-)** bone
kochen to cook
der **Kochtopf(¨e)** saucepan
der **Koffer(-)** suitcase
der **Kofferraum** boot (of car)
die **Kohle** coal
der **Kohlenstoff(-)** carbon
die **Kohletablette(n)** charcoal tablet
kombiniert combined
komisch odd, strange
kommen to come
der **Kommentar(e)** commentary
die **Komödie(n)** comedy (film)
der **Kompromiss (Kompromisse)** compromise
die **Konditorei** cake shop, patisserie
der **König(e)** king
konkret concrete, actual
können to be able
das **Können** ability
der **Kontakt(e)** contact
das **Konzert(e)** concert
sich **konzentrieren** to concentrate
das **Kopfkissen(-)** pillow

Kopfschmerzen (pl) headache
die **Kopie(n)** copy
kosten to cost
auf die **Kosten kommen** to get your money's worth
kostenlos free of charge
das **Kostüm(e)** costume
der **Krach** noise; row
der **Kragen** collar
krank ill, sick
das **Krankenhaus(¨er)** hospital
die **Krankheit(en)** illness, disease
der **Krankenpfleger(-)** male nurse
das **Kraut(¨er)** herb
kreativ creative
Krebs Cancer
die **Kreditkarte(n)** credit card
der **Kreis(e)** circle; district
das **Kreuz(e)** clubs (in cards); cross
die **Kreuzung(en)** crossroads
das **Kreuzworträtsel(-)** crossword puzzle
der **Krieg(e)** war
kriegen to get
kritisieren to criticise
das **Krokodil(e)** crocodile
die **Küche(n)** kitchen
der **Kuchen(-)** cake
der **Küchenschrank(¨e)** kitchen cupboard
die **Kugel(n)** ball, bullet, scoop (of ice cream)
der **Kühlschrank(¨e)** fridge
sich **kümmern (um)** to see to, look after
der **Kunde(n)** customer (m)
die **Kundin(nen)** customer (f)
die **Kunst** art
künstlerisch artistic
das **Kupfer** copper
kurz short
zu **kurz kommen** to get a raw deal
die **Kurzfassung(en)** summary, paraphrase
der **Kuss (Küsse)** kiss
küssen to kiss
die **Küste(n)** coast

L

lächeln to smile
lachen to laugh
zum **Lachen bringen** to make (someone) laugh
der **Laden(¨)** shop
lag (from **liegen**) lay
die **Lage(n)** situation, position
die **Lagerolympiade** camp olympics
das **Lama(s)** llama
die **Lampe(n)** lamp
das **Land(¨er)** country
landen to land
die **Landkarte(n)** map
die **Landung(en)** landing
lang long
langsam slow(ly)
die **Langeweile** boredom
langweilig boring
der **Lärm** noise, din
lassen to leave
laufen to run; be showing (cinema)
Was **läuft?** What's on?
die **Laune(n)** mood
launisch moody
laut loud; pure
lauter Quatsch/Unsinn pure nonsense
das **Leben(-)** life
leben to live
lebendig lively; living
lebensfroh full of the joys of life
die **Lebensmittel** (pl) provisions, foodstuffs
lebhaft lively, vivacious
das **Leder** leather
Lederwaren leather goods
leer empty
legen to put, place
die **Legende(n)** legend
der/die **Lehrer/in** teacher (m/f)
die **Leiche(n)** corpse, body
Leid tun to be sorry
es tut mir Leid I'm sorry
leiden to suffer, allow
leider unfortunately
die **Leine(n)** lead; washing line
leisten to afford, achieve, manage
das **Lenkrad(¨er)** steering wheel
die **Lenkstange(n)** handle bars
der **Leopard(en)** leopard
lernen to learn
das **Lernziel(e)** learning objective
die **Leseecke(n)** reader's corner
lesen to read
letzt(er/e/es) last
die **Leute** (pl) people
Libyen Libya
das **Licht(er)** light
lieb dear, nice
lieben to love
Liebe/r Dear (start of informal letter)
lieber preferably; rather
ich trinke lieber Tee I'd rather drink tea
liebevoll loving, affectionate
der **Liebling(e)** darling, favourite, pet
Lieblingsfach(¨er) favourite subject
das **Lied(er)** song
liegen to lie
der **Lift(s)** lift
der **Likör(e)** liqueur
lila purple
die **Limonade** lemonade; fizzy soft drink
die **Limone(n)** lime (fruit)
die **Linie(n)** line
links on the left
die **Liste(n)** list
das **Liter(-)** litre
der **LKW(s)** lorry, heavy goods vehicle
das **Loch(¨er)** hole
locker loose(fitting)
der **Löffel(-)** spoon
die **Loge(n)** balcony (in a theatre/cinema)
los away
die **Lösung(en)** solution
löten to solder
die **Lotterie(n)** lottery
der **Löwe(n)** lion, Leo
die **Lücke(n)** gap
der **Lückentext(e)** gapped text
die **Luft(¨e)** air
der **Luftdruck** air pressure
die **Luftmatratze(n)** airbed
der **Luftschacht(-schächte)** air vent
der **Lungenkrebs** lung cancer
Lust haben to want to, feel like
lustig funny
Luxemburger(in) person from Luxembourg
das **Luxushotel(s)** luxury hotel

M

machen to do, make
das **Mädchen(-)** girl
ich **mag kein Fernsehen** I don't like any TV
die **Magenschmerzen** (pl) stomach ache
mähen to mow
die **Mahlzeit(en)** meal
Mailand Milan
mal just
malen to paint, draw
man one
manche(r/s) some
manchmal sometimes
die **Mandel(n)** almond
die **Manege(n)** circus ring, big top
Mangelerscheinungen bekommen to become anorexic
der **Mann(¨er)** man
die **Mannschaft(en)** team
der **Markenname(n)** brand name
der **Marktplatz(¨e)** market place
die **Maschine(n)** machine
Mathe maths
der **Mechaniker(-)** mechanic
die **Meckerecke** grumblers' corner
meckern to grumble, moan
das **Meer(e)** sea
der **Meerrettich** horse radish
mehr more
mehrfach frequently, many times
meiden to avoid
meinetwegen as far as I'm concerned
die **Meinung(en)** opinion
meiner Meinung nach in my opinion
die **meisten** most
am **meisten** most of all
meistens mostly
sich **melden** to answer questions (in class), speak out
die **Melone(n)** melon
die **Menge(n)** crowd, quantity
der **Mensch(en)** person
das **Meter(-)** metre
mies miserable, sulky, naff (sl)
mieten to rent
die **Mikrowelle(n)** microwave (oven)
die **Milch** milk
das **Milcheis(-)** dairy ice cream
der **Milchshake(s)** milkshake
das **Millimeter(-)** millimetre
die **Million(en)** million
mindestens at least
das **Mineralwasser** mineral water
der **Minirock(-röcke)** miniskirt
die **Minute(n)** minute
missfallen (+Dat) to displease
Mist! rubbish! crap! (sl)
mit (+ Dat) with
der **Mitarbeiter(-)** colleague
mit/bringen to bring with one
miteinander with one another
mitfühlend sympathetic
das **Mitglied(er)** member
der **Mitgliedsausweis(e)** membership card
mit/helfen to help
mit/kriegen to understand (sl)
mit/machen to join in
mit/nehmen to take with one
mit/reisen to travel with
die **Mitte(n)** middle, centre
Mittelamerika Central America
das **Mittelmeer** the Mediterranean
mit/teilen to inform
die **Mitteilung(en)** message, communication
das **Mittelmeer** Mediterranean
der **Mittelpunkt** centre, middle
im **Mittelpunkt stehen** to be in the limelight
die **Mittelschule(n)** middle school
mitten in (+ Dat) in the middle of
die **Mitternacht** midnight
der **Mittwoch** Wednesday
die **Möbel** (pl) furniture
die **Mode(n)** fashion
das **Modegeschäft(e)** boutique
das **Modellflugzeug(e)** model aeroplane
modern modern
modernisiert modernised
modisch fashionable
das **Mofa(s)** moped
der **Mofaführerschein(e)** moped licence
mögen to like
möglich possible
Mokka mocha
E- **Moll** E-flat (music)
der **Moment(e)** moment
momentan at the moment
der **Monat(e)** month
der **Mord** murder
der **Morgen(-)** morning
morgen tomorrow
morgens in the mornings
die **Morgenwäsche** morning wash
die **Moschee(n)** mosque
die **Möwe(n)** seagull
die **Mühe** trouble
der Mühe wert worth the bother/trouble
der **Müll** rubbish
die **Müllabfuhr** waste disposal
München Munich

der **Mund(¨er)** mouth
mündlich oral(ly)
die **Musik** music
musikalisch musical
das **Musikinstrument(e)** musical instrument
der/die **Musiklehrer/in** music teacher (m/f)
die **Musikwoche(n)** week of music
musizieren to make/play music
müssen to have to
die **Mutter(¨)** mother
Mutti mum
die **Mütze(n)** cap
MwSt (Mehrwertsteuer) VAT (Value Added Tax)

N

na! well!
nach (+ Dat) after; to
der/die **Nachbar/in** neighbour (m/f)
das **Nachbarhaus** the house next door
die **Nachbarschaft** neighbourhood
nachdenken to think, ponder
nachher afterwards
die **Nachhilfestunde(n)** private lesson
der **Nachmittag(e)** afternoon
nachmittags in the afternoons
die **Nachsaison** low season, out of peak time
nach/schlagen to look up (in dictionary etc.)
nach/sehen to check
nächst(er/e/es) next
die **Nacht(¨e)** night
der **Nachtklub(s)** night club
das **Nachrichtenmagazin(e)** TV news programme
die **Nachtruhe** quiet for the night
die **Nähe** neighbourhood, vicinity
das **Nähzeug** sewing kit
der **Name(n)** name
nämlich that is to say, in fact
nass wet
die **Nässe** the wet
die **Natur** nature
der **Naturfilm(e)** nature film
natürlich of course, certainly
der **Naturliebhaber(-)** nature lover
neben (+Acc/Dat) near
nebenan next door
nebenbei in addition to
der **Nebenjob(s)** part-time job
neblig foggy, misty
nehmen to take
neidisch envious, jealous
nennen to call, name
Neptun Neptune
die **Nerve(n)** nerve
das geht mir auf die Nerven it gets on my nerves
nerven to get on someone's nerves
nervend annoying, irritating
nett nice
netto nett (e.g. nett pay after stoppages)
neu new
neulich recent(ly)
die **neuesten Sportnachrichten** the latest sports news
nicht not
der **Nichtraucher(-)** non-smoker
nichts nothing
Nichtzutreffendes not applicable
nie never
niedlich nice, sweet
niedrig low
niemand nobody
das **Nikotin** nicotine
der **Nil** Nile (river)
nirgendwo nowhere
der **Nizza Salat** salade niçoise
noch still
noch etwas? anything else?
nochmal again
nördlich northerly, in/to the north
normalerweise usually, generally
zur **Not** when necessary, according to need
die **Note(n)** grade, mark
der **Notfall(-fälle)** emergency
notieren to mark
die **Notiz(en)** notice
der **Notruf** emergency (telephone) call
das **Nudelbaby** 'podge', fatty
die **Nummer(n)** number
das **Nummernschild(er)** number plate
nun now; well
nur only
die **Nuss (Nüsse)** nut
nutzen to use
nützlich useful

O

ob whether
oben upstairs, above, at the top
oder or
offen open
offen/lassen to leave open
öffnen to open
die **Öffnungszeiten** (pl) opening times
oft often
ohne (+ Acc) without
das **Ohr(en)** ear
der **Ohrring(e)** earring
das **Öl** oil
Ölsardinen sardines in oil
der **Ölstand** oil level
der **Öltanker(-)** oil tanker
die **Ölverschmutzung** oil pollution
die **Oma** grandma
der **Onkel(-)** uncle
der **Opa** grandad
orange orange (colour)
der **Orangensaft** orange juice
das **Orchester(-)** orchestra
ordentlich tidy
ordnen to put in order
die **Ordnung(en)** order
der **Ort(e)** place, town
das **Ortszentrum** centre of town
Ostafrika East Africa
Ostasien East Asia
zu **Ostern** at Easter
Österreicher(in) Austrian

P

das **Paar(e)** couple, pair
ein **paar** a few
das **Paket(e)** parcel
paniert covered in breadcrumbs
die **Panik** panic
Papa dad
der **Papagei(en)** parrot
das **Papier(e)** paper
Paprika (sweet) pepper
der **Park(s)** park
parken to park
das **Parkett(s)** stalls (in a theatre/cinema)
das **Parkhaus(¨er)** car park (multi-storey)
die **Parklandschaft** parkland
der **Parkplatz(¨e)** car park
parteiisch biased
der/die **Partner/in** (m/f) partner
die **Party(s)** party
der **Pass(Pässe)** passport
der **Passagier(e)** passenger
das **Passagierschiff(e)** passsenger ferry, boat
passen to suit, fit
passend suitable
passieren to happen
Pech! bad luck!
pellen to peel
die **Pension(en)** guest house
per by
die **Person(en)** person
der **Personalausweis(e)** pass
persönlich personal
die **Petersilie** parsley
der **Pfadfinder(-)** scout
die **Pfandflasche(n)** returnable bottle
das **Pfeifen** whistling
das **Pferd(e)** horse
die **Pflanze(n)** plant
die **Pflaume(n)** plum
pflegen to look after
das **Pfund(-)** pound
Physik physics
der **Pickel** pimple, spot
Pik spades (cards)
der **Pilz(e)** mushroom
der **Pinguin(e)** penguin
die **Pistazie(n)** pistachio nut
die **Pistole(n)** pistol
die **Pizza(s)** pizza
planen to plan
der **Planet(en)** planet
das **Planetensystem** planetary system
die **Plastik** plastic
die **Plastiktüte(n)** plastic bag
der **Plattenspieler(-)** record player
der **Platz(¨e)** place; seat; square
platzen to burst
plaudern to chat
plötzlich suddenly
das **Plüschtier(e)** cuddly toy
die **Poesie** poetry
das **Pokal(e)** trophy
die **Polizei** police
zum **Polizisten werden** to turn into a policeman
die **Pommes frites** (pl) chips
pompös pompous
die **Popgruppe(n)** pop group
das **Popkonzert(e)** pop concert
die **Popmusik** pop music
populär popular
das **Portmonee(s)** purse
die **Portion(en)** portion, share
die **Post** post; post office
das **Poster(-)** poster
das **Postfach(¨er)** PO box
praktisch practical
die **Präposition(en)** preposition
präsentieren to present
der **Preis(e)** price, prize
preisgünstig cheap, good value
prima great
pro per
proben to practise, test, rehearse
das **Problem(e)** problem
das **Produkt(e)** product, produce
der **Profisportler** professional sportsman
das **Programm(e)** programme
das **Prospekt(e)** brochure
protestantisch protestant
das **Prozent(-)** percent
prüfen to check
die **Prüfung(en)** exam, test
der **Prügel** thrashing, beating
das **Publikum** the public
der **Pullover(-)** pullover
der **Puma(s)** puma
der **Punkt(e)** point, dot
pur pure
putzen to clean
die **Putzhilfe(n)** cleaner

Q

das **Quadratkilometer(-)** square kilometre
das **Quadratmeter(-)** square metre
das **Quartier(e)** accommodation
der **Quatsch** nonsense, rubbish
lauter Quatsch! absolute rubbish!
quer across
das **Queren** crossing, going across

R

das **Rad(¨er)** bicycle
Rad fahren to cycle
das **Radio** radio
radioaktiv radioactive
die **Radioaktivität** radioactivity
der **Radiologe(n)** radiologist
die **Radtour(en)** bike ride, cycle tour
der **Ranzen** satchel
der **Rasen(-)** lawn
der **Rasthof(¨e)** service station (motorway)
der **Rastplatz(¨e)** car park (motorway)
der **Rat** advice

das **Rathaus** town hall
der **Ratschlag(¨e)** piece of advice
das **Rätsel(-)** puzzle
der **Räuber(-)** robber
rauchen to smoke
der **Raum(¨e)** space; room
räumen to vacate
die **Raumfahrt(en)** journey into space, space travel
der **Raumschifffahrer(-)** astronaut
reagieren to react
die **Reaktion(en)** reaction
der **Realschulabschluss** final exams before leaving Realschule
die **Realschule(n)** school (between comprehensive and grammar)
die **Rechnung(en)** bill
das **Recht(e)** right
er hat immer Recht he's always right
recht gut really good
rechts on the right
das **Recycling** recycling
reden to speak
das **Regal(e)** shelf
die **Regel(n)** rule
regelmäßig regular(ly)
der **Regen** rain
saurer Regen acid rain
der **Regenmantel(¨)** raincoat
der **Regenwald(¨er)** rainforest
der **Regenschirm(e)** umbrella
das **Regenwasser** rain water
regnen to rain
der **Reh(e)** deer
reich rich
reichen to suffice, be enough
das **reicht** that's enough
der **Reifen(-)** tyre
die **Reihenfolge(n)** sequence, order
reinigen to clean
der **Reis** rice
die **Reise(n)** trip, journey
der **Reisebus(sse)** (touring) coach
die **Reisedevisen** foreign currency for a trip
das **Reisegeld** fare; money for trip
der/die **Reiseleiter/in** courier (m/f)
reisen to travel
der **Reisescheck(s)** traveller's cheque
die **Reisetablette(n)** travel sickness pill
die **Reisetasche(n)** travel bag
reißen to tear, snatch
reiten to ride (horse)
der **Reitlehrer(-)** riding teacher
die **Reitstunde(n)** riding lesson
das **Reitverein(e)** riding club
die **Religion** RE, religion
die **Reparatur(en)** repair
reservieren to reserve
der **Rest** remainder
das **Restaurant(s)** restaurant
das **Resultat(e)** result
retten to save, rescue
das **Rezept(e)** recipe
die **Rezeption** reception
der **Rhythmus** rhythm
richtig correct
die **Richtung(en)** direction
riechen to smell
riesengroß enormous
riesig huge
das **Rind(er)** cow (pl. cattle)
das **Rindfleisch** beef
die **Robbe(n)** seal
der **Rock(¨e)** skirt
das **Rohmaterial** raw material
der **Rollkunstlauf** rollerskating (for performances)
der **Rollstuhlfahrer(-)** someone in a wheelchair
rollstuhlgängig with wheelchair access
der **Roman(e)** novel
rosa pink
der **Rosenkohl** Brussel sprouts
rot red
Rotes Kreuz Red Cross
der **Rottweiler** Rottweiler
die **Route(n)** route
der **Rücken(-)** back
der **Rucksack(¨e)** rucksack
Rücksicht nehmen auf (+ Acc) to show respect, consideration for
rücksichtsvoll considerate
der **Ruhm** fame
rund round
rutschen to slide, slip, skid

S

der **Saal(Säle)** room (also in a cinema)
die **Sache(n)** thing, item
der **Sack(¨e)** sack
der **Sadismus** sadism
der **Safaripark(s)** safari park
sagen to say
die **Sahne** cream
die **Saison** season, e.g. football
der **Salat** salad
der **Salbeitee** sage tea
sammeln to collect
die **Sammelstelle(n)** collection point
die **Sammlung(en)** collection
der **Samstag** Saturday
der **Sand** sand
sanft gentle, placid
Sänger(in) singer
Sanitäranlagen (pl) bathroom/washing facilities
satt full, satiated, had enough
der **Sattel(-)** saddle
der **Satz(¨e)** sentence
sauber clean
sauber halten to keep clean
sauer(saure) sour, acidic
der **Sauerstoff** oxygen
saufen to drink (of animals)
saugen to suck
sie **saugen uns aus bis aufs Blut** they suck our blood dry
der **SB-Laden** self-service shop
das **Schach** chess
eine **Schachtel Pralinen** a box of chocolates
schade! (that's a) pity!
schaffen to do, create; manage
der **Schal(e)** scarf
die **Schale(n)** dish
der **Schalter(-)** counter; switch
scharf sharp, spicy
die **Schau(en)** show
der **Scheck(s)** cheque
die **Scheibe(n)** slice
der **Scheibenwischer(-)** windscreen wiper
der **Schein(e)** note, pass
scheinen to seem, shine
scheinbar apparent(ly)
der **Scheinwerfer(-)** headlight
schenken to give (present), pour
die **Scherbe(n)** fragment
scheu shy
die **Schichtarbeit** shift work
schick smart, chic
schicken to send
schief gehen to go wrong
schießen to shoot, score
das **Schiff(e)** ship
das **Schild(er)** sign, notice, badge
die **Schildkröte(n)** tortoise
der **Schimpanse(n)** chimpanzee
schimpfen to swear at, abuse
der **Schinken** ham
schlafen to sleep
der **Schlafraum(¨e)** dormitory
der **Schlafsack(¨e)** sleeping bag
das **Schlafzimmer(-)** bedroom
schlagen to hit, beat
das **Schlagzeug** drums, percussion
Schlagzeuger/in drummer, percussionist
die **Schlange(n)** snake
Schlange stehen to queue
schlank slim
Schlappis (pl) wimps (sl)
schlecht bad, poor
die **Schließzeit(en)** closing time
schlimm bad, serious
der **Schlips(e)** tie
der **Schlittschuh(e)** skate
das **Schloss (Schlösser)** castle
die **Schlucht(en)** ravine, gorge
der **Schluck** swallow/mouthful
Schluss! It's finished!
zum **Schluss** finally, last of all
der **Schlüssel(-)** key
der **Schlüsseldienst** key service
schmecken to taste
sich **schminken** to put on make-up
der **Schmuck** jewellery
der **Schmutz** dirt
schmutzig dirty
schnarchen to snore
die **Schnecke(n)** snail
der **Schnee** snow
schneiden to cut
schnell quick, fast
die **Schokolade** chocolate
der **Schokoriegel(-)** chocolate bar
die **Scholle(n)** plaice
schon already
schön nice, beautiful
Schotte/Schottin Scot(tish)
der **Schrank(¨e)** cupboard
schrecklich terrible
schreiben to write
das **Schreibpapier** writing paper
Schreibwaren stationery
schreien to scream, shout
das **Schreinern(-)** joinery, woodwork
das **Schriftbild(er)** script, type
schriftlich in writing
schüchtern shy
der **Schuh(e)** shoe
der **Schuhdienst** shoe service
das **Schulbuch(¨er)** school book
schuld at fault
ich bin schuld it's my fault
die **Schule(n)** school
der/die **Schüler/in** pupil
der **Schüleraustausch** school exchange
die **Schülerzeitung(en)** school magazine
die **Schulklasse(n)** class at school
schütteln to shake
Schütze Sagittarius
schützen to protect
schwach weak
schwärmen für (+Acc) to be fanatical about
schwarz black
der **Schwarzwaldbecher** Black Forest ice cream sundae
die **Schwefelsäure** sulphuric acid
schweigen to keep quiet, be silent
die **Schweiz** Switzerland
Schweizer/in Swiss
schwer heavy; difficult
schwerelos weightless
die **Schwerelosigkeit** weightlessness
schwer verletzt badly injured
die **Schwester(n)** sister
schwierig difficult
Schwierigkeit(en) difficulty
das **Schwimmbad(¨er)** swimming pool
schwimmen to swim
die **Sechziger** the sixties
der **See(n)** lake
die **See(n)** sea
das **Seebad(¨er)** seaside resort
der **Seehund(e)** seal
der **Seelöwe(n)** sea lion
der **Seevogel(¨)** sea bird
segeln to sail
sehen to see
die **Sehenswürdigkeit(en)** tourist attraction
sehr very
sei mutig be brave
die **Seife(n)** soap
das **Seil(e)** rope
sein to be
seit (+ Dat) since
die **Seite(n)** side
die **Seitenstraße(n)** side street
die **Sekretärin(nen)** secretary
selber myself, yourself etc.

selbst myself, yourself etc.
die **Selbstbedienung** self-service
selbstbewusst self-confident
selbstsicher confident, self-assured
selbstverständlich of course, it goes without saying
selig blessed
selten rarely
der **Senf** mustard
senkrecht vertical
Serbien Serbia
die **Serie(n)** series
der/die **Servierer/in** waiter/waitress
setzen to put, place
sicher safe; sure, certainly
die **Sicherheit** safety, security
der **Sicherungskasten** fuse box
die **Siedlung(en)** housing estate, settlement
singen to sing
der **Sinn(e)** sense
die **Situation(en)** situation
sitzen to sit
sitzen bleiben to repeat a year at school
Skat German card game
das **Skifahren** skiing
der **Skiurlaub(e)** skiing holiday
der **Skiverleih(e)** ski hire
Skorpion Scorpio
so so, therefore
sobald as soon as
die **Socke(n)** sock
soeben just
sofort immediately
sogar even
der **Sohn(¨e)** son
Sojabohnensprossen soya bean sprouts
solch(er/e/es) such
sollen to have to, 'ought'
der **Sommer** summer
die **Sommerferien** (pl) summer holidays
sondern but
der **Sonnabend** Saturday
die **Sonne** sun
sich **sonnen** to sun oneself, sunbathe
das **Sonnensystem** solar system
die **Sonnenuhr(en)** sundial
sonnig sunny
der **Sonntag** Sunday
sonst otherwise
Sonstiges other things
die **Sorge(n)** worry
sorgen (für) to take care of, see to
der **Sorgenbrief(e)** problem letter
das **Sorgentelefon** problem helpline
sortieren to sort out
das **Souvenir(s)** souvenir
das **Souvenirgeschäft(e)** souvenir shop
so viel so much, so many
sowieso anyway, in any case
Sozialabgaben (pl) deductions from pay by the state
die **Sozialhilfe** Social Security
spannend exciting, tense
sparen (auf/für) to save up (for)
der **Spaß** fun
viel Spaß! have fun!
spät late
spazieren to stroll
spazieren gehen to go for a walk
der **Speck(e)** bacon
die **Spezialität(en)** speciality
speziell special
der **Spiegel(-)** mirror
das **Spiegelei(er)** fried egg
spielen to play
der **Spieler(-)** player
das **Spielzeug(e)** toy
das **Spinnen** spinning
du **spinnst!** you're joking/crazy!
die **Spirituosen** (pl) spirits
die **Spitze(n)** summit, top; great
der **Sport** sport
die **Sportart(en)** type of sport
der **Sportler(-)** sportsman
sportlich sporty
der **Sportwagen(¨)** sports car
das **Sportzentrum(-zentren)** sports centre
das **Sportzeug** sports gear
die **Sprache(n)** language
sprachgestört with a speech impediment
die **Sprachkenntnisse** (pl) knowledge of foreign language(s)
die **Sprachtherapie** speech therapy
das **Sprachzentrum** speech centre (in the brain)
die **Spraydose(n)** aerosol, spray
die **Sprechblase(n)** speech bubble
sprechen to speak
das **Sprechzimmer(-)** surgery, consultation room
das **Sprichwort(¨er)** saying, proverb, catchphrase
springen to jump
die **Spritze(n)** injection, syringe
das **Spülbecken(-)** sink
spülen to wash up
die **Spülmaschine(n)** dishwasher
der **Staat(en)** state
die **Stadt(¨e)** town
die **Stadtbibliothek(en)** municipal library
der **Stadtbummel** walk/stroll around town
die **Stadthalle** civic hall
das **Stadtleben** city life
der **Stadtplan(¨e)** street plan
die **Stadtverwaltung** municipal council
der **Stadtviertel(-)** district of town
das **Stadtzentrum(-zentren)** town centre
der **Stahl** steel
ständig always, permanently
der **Standplatz(¨e)** place to stand
stark strong; brilliant (sl)
starren to stare
die **Station(en)** stop (bus/tram)
die **Statistik** (sing) statistics
statt instead of
stattdessen instead of which
statt/finden to take place
der **Staub** dust
staubsaugen to vacuum clean, hoover
staunen to be astonished
der **Steckbrief(e)** pen portrait, warrant
die **Steckdose(n)** socket
stecken to put (into)
der **Stecker(-)** plug (electrical)
stehen (zu) to stand by
er steht zu mir he is standing by me
Steinbock Capricorn
die **Stelle(n)** place, position, job
stellen to place
das **Stellenangebot(e)** situations vacant (in newspaper)
sterben to die
der **Stern(e)** star
das **Sternzeichen** sign of the zodiac
der **Stich(e)** trick (cards); insect bite
der **Sticker(-)** badge
der **Stiefel(-)** boot
die **Stiefmutter(¨)** stepmother
der **Stiefvater(¨)** stepfather
Stier Taurus
der **Stift(e)** pencil
der **Stil(e)** style
still quiet
die **Stimme(n)** voice
stimmen to be right
das stimmt that's right
die **Stimmung(en)** mood, atmosphere
stinken to stink
der **Stock(¨e)** stick; storey
der **Stoff(e)** material
stören to disturb
stoßen to push, knock off balance
die **Stoßstange(n)** bumper
die **Strafe(n)** punishment
strahlend radiant, beaming
der **Strand(e)** beach
die **Strand-Party(s)** beach party
die **Straße(n)** street
die **Straßenbahn(en)** tram
das **Straßentheater** street theatre
die **Strecke(n)** distance
strecken to stretch out
Streichhölzer (pl) matches
der **Streit(e)** argument
streiten über (+Acc) to argue about
streng strict
strengstens strictly
der **Strohhut(¨e)** straw hat
der **Strom** current (electricity/water etc.)
Stromschnellen (pl) rapids, fast currents
die **Strumpfhose(n)** pair of tights
das **Stück(e)** piece
der **Student(en)** student
die **Studentin(nen)** student
stumm speechless, mute
die **Stunde(n)** hour; lesson
Stundenkilometer (km/h) kilometres per hour
der **Stundenplan(¨e)** timetable
der **Stundenzeiger** hour hand
der **Sturm (¨e)** storm
stürmisch stormy, windy
die **Suche** search
suchen to look for
die **Sucht(¨e)** addiction
süchtig addicted
Südpol South Pole
summen to hum
der **Supermarkt(¨e)** supermarket
surfen to surf
Süßes sweet things
die **Süßigkeit(en)** sweet
das **Sweatshirt(s)** sweatshirt
das **Symbol(e)** symbol
sympathisch nice

T

das **T-Shirt(s)** t-shirt
die **Tabelle(n)** chart, table
der **Tag(e)** day
der **Tagesablauf** daily routine
täglich daily
tagsüber during the day
der **Takt** beat, rhythm
der **Tal(¨er)** valley
der **Tank** petrol tank
tanken to get petrol
die **Tankstelle(n)** petrol station
die **Tante(n)** aunt
der **Tanz(¨e)** dance
tanzen to dance
das **Taschengeld** pocket money
die **Taschenlampe(n)** (pocket) torch
die **Tasse(n)** cup
tauchen to dive
das **Täuschen** cheating
tausend one thousand
das **Teakholz** teak (wood)
die **Technik** technology
der **Tee** tea
der **Teenager(-)** teenager
der **Teich(e)** pool, pond
der **Teil(e)** part
teilen to share
der **Teilnehmer(-)** participant
das **Telefon** telephone
telefonieren to telephone
telefonisch by telephone
die **Telefonzelle(n)** telephone box
der **Teller(-)** plate
die **Temperatur(en)** temperature
das **Tempo** speed, time, pace
der **Tennisschläger** tennis racquet
der **Teppich(e)** carpet
der **Termin(e)** appointment, date
teuer expensive
der **Text(e)** text
das **Theater(s)** theater
die **Theke(n)** counter, serving area
tief deep
die **Tiefgarage(n)** underground car park
das **Tier(e)** animal
die **Tierart(en)** type of animal
der **Tierarzt(¨e)** vet (m)
die **Tierärztin(nen)** vet (f)
der **Tierfilm(e)** animal film
der **Tierpark(s)** zoo
der **Tierpfleger(-)** zoo-keeper

die **Tierspur(en)** animal track, spoor
das **Tierzuchtverein(e)** animal breeders' club
der **Tiger(-)** tiger
der **Tip(s)** tip, hint
der **Tisch(e)** table
Tischler/in joiner
das **Tischtennis** table tennis
die **Tischtennisplatte(n)** table tennis table
der **Tischtennisschläger(-)** table tennis bat
toben to rage, have a wild time
die **Tochter(¨)** daughter
der **Tod** death
todernst deadly serious
todmüde dead tired
die **Toilette(n)** toilet
toll great, splendid
der **Ton(¨e)** note
der **Topf(¨e)** pot
das **Töpfern** pottery
total totally
töten to kill
der **Tourist(en)** tourist
tragen to wear, carry
trauen (+Dat) to trust, believe
der **Traum(¨e)** dream
träumen to dream
der/die **Traumlehrer/in** dream teacher
die **Traumwelt** dream world
traurig sad
das **Treffen(-)** meeting
sich **treffen** to meet
der **Treffpunkt** meeting place
treiben to do (sport)
der **Treibhauseffekt** greenhouse effect
trennen to separate
das **Tretboot(e)** pedalo
treu faithful, loyal
der **Trick(s)** trick
der **Trickfilm(e)** cartoon
trinken to drink
das **Trinkgefäß(e)** drinking vessel
trocken dry
die **Trockenheit(en)** drought
der **Trockenraum(¨e)** drying room
das **Troparium** hot house
tropisch tropical
trotz (+ Gen) in spite of
trotzdem nonetheless
die **Trümmer** (pl) rubble, ruin
der **Trumpf(¨e)** trump (cards)
tschüss bye, cheerio
die **Tulpe(n)** tulip
tun to do
der **Tunfisch(e)** tunny fish, tuna
die **Tür(en)** door
Türke/Türkin Turk(ish)
die **Turnhalle(n)** gym(nasium)
der **Turnschuh(e)** training shoe, trainer
die **Tüte(n)** (paper) bag, packet
typisch typical

U

die **U-Bahn(en)** underground railway
üben to practise
über (+ Acc/Dat) over, above
überall everywhere
die **Überflutung(en)** flood
überhaupt anyway
überhaupt nicht not at all
überlassen to entrust to, leave to
überlegen to consider
übernachten to spend the night
die **Übernachtung(en)** overnight stay
der **Übernachtungspreis(e)** price per night
übernehmen to take over
überqueren to cross
überschätzen to overestimate
übersenden to send, transmit
übersetzen to translate
der/die **Übersetzer/in** translator
übertreiben to exaggerate, take too far
überzeugen to convince
übrig left over
übrigens by the way
das **Ufer** bank, shore
die **Uhr(en)** clock; time
Wie viel Uhr ist es? What's the time?
die **Uhrzeit** time
um (+ Acc) round
die **Umfrage(n)** survey
die **Umgangssprache** slang
die **Umgebung(en)** surrounding area
der **Umlaufseil(e)** boundary rope
um/tauschen to exchange
die **Umwelt** environment
umweltfeindlich harmful to the environment
umweltfreundlich environmentally friendly, green
das **Umweltproblem(e)** environmental problem
der **Umweltschutz** protection of the environment
der **Umweltschutzverein** organisation for the protection of the environment
die **Umweltzerstörung** destruction of the environment
um/ziehen to move house
unabhängig independent
unangemeldet unannounced
unaufgefordert of one's own accord, without being asked
unbedingt necessarily, absolutely
unbekannt unknown
unentschieden unresolved, undecided
unerhört unheard of
unerwartet unexpected(ly)
der **Unfall(¨e)** accident
ungarisch Hungarian
ungarisches Gulasch Hungarian goulash
ungebleicht unbleached
die **Ungeduld** impatience
ungefähr approximately
ungewöhnlich unusual(ly)
unglücklich unhappy
unheimlich awfully, tremendously
die **Universität(en)** university
unmittelbar immediate, direct, first hand
unmöglich impossible
unnötig unnecessary
unordentlich untidy
der **Unsinn** nonsense, rubbish
unten underneath; downstairs
unter (+Acc/Dat) under
die **Unterbringung** accommodation
das **Untergeschoss** basement
die **Unterkunft** accommodation
unternehmen to undertake, do
unternehmungslustig enterprising
unterrichten to teach
untersagt prohibited
der **Unterschied(e)** difference
unterschreiben to sign
die **Unterschrift(en)** signature
unterstützen to support
untersuchen to examine
unterwegs on the way
ununterbrochen continuously
der **Urenkel(-)** great grandchild
der **Urlaub(e)** holiday
im Urlaub on holiday
der **Urlaubsaufenthalt** holiday stay
die **Urlaubsinsel(n)** holiday island
der **Urwald** primal forest
usw. (und so weiter) etc.

V

Vanille vanilla
der **Vater(¨)** father
Vati dad
der **Vegetarier(-)** vegetarian
die **Verabredung(en)** appointment, date
veranstalten to set up, arrange
der **Verband(¨e)** association
verbinden to join, combine
verboten forbidden
verbrauchen to consume
verbringen to spend (time)
verdächtig suspicious
verdammt! damn it!
verderben to spoil
verdienen to earn
verdorben rotten, spoilt
der **Verein(e)** association, club, society
die **Vereinigten Staaten** USA
zur **Verfügung stehen** to be at one's disposal, available
vergeben to forgive
vergessen to forget
die **Vergewaltigung(en)** rape
vergleichen to compare
vergünstigt reduced (in price), discounted
sich **verhalten** to keep/look after yourself
das **Verhältnis(se)** relationship
verhindern to prevent
verhungern to starve
der **Verkauf** sale
das **Verkehr** traffic
das **Verkehrsamt(¨er)** tourist office
verkehrsberuhigt with little traffic
das **Verkehrsbüro(s)** tourist office
das **Verkehrsmittel(-)** means of transport
der **Verkehrsstau(s)** traffic jam
verlassen to leave
sich **verlassen auf** (+Acc) to trust, rely upon
verliebt in (+Acc) in love with
verlieren to lose
verloren lost
vermitteln to provide
vernachlässigen to neglect
vernünftig sensible
die **Verpackung(en)** package, wrapping
verpassen to miss
verpesten to pollute
die **Verpflegung** board (in hotel)
die **Verpflegungsleistung** catering service
verraten to reveal, betray
verreist away from home, on a trip
verrichten to perform
verrückt mad
versauen to mess up, ruin
verschenken to give away
verschieden different, various
verschreiben to prescribe
aus **Versehen** by mistake
verseuchen to contaminate
die **Versicherung(en)** insurance
verspätet late, delayed
die **Verspätung** delay, lateness
der **Verstand** (power of) reason
sich **verständigen** to make yourself understood
verständnisvoll understanding
der **Verstärker** amplifier
verstecken to hide, conceal
verstehen to understand
versuchen to try
verteilen to hand out
vertrauen to trust
es **vertreibt die Langeweile** it staves off boredom
verunreinigen to dirty, besmirch
vervollständigen to complete
mit **Verwandten** with relatives
verwenden to apply, add
verwerten to make use of
verwöhnen to spoil (e.g. a child)
verzichten auf to do without
der **Videofilm(e)** video film
viel(e) much/many
vielleicht perhaps
vielmals many times
vielseitig versatile
das **Viertel** quarter
(um) Viertel nach sieben (at) a quarter past seven
der **Vogel(¨)** bird
voll full
voller full of
völlig completely, totally
die **Vollpension** full board
voll tanken to fill up (with petrol)

das **Vollweizenmehl** flour, wheatmeal
von (+ Dat) from
vor (+ Acc/Dat) in front of; before
  vor allem above all
  vor 5 Jahren 5 years ago
voran ahead
im **voraus** in advance
vorbei past, gone, over
die **Vorbereitung(en)** preparation
vor/fahren to drive in front
die **Vorführung(en)** performance
vorgegeben already laid on/provided
vorgestern the day before yesterday
vorher before, earlier
der **Vorname(n)** Christian/first name
vorne at the front
der **Vorschlag(¨e)** suggestion
die **Vorsicht** care, caution
vorsichtig careful(ly)
die **Vorstellung(en)** performance, show
der **Vortrag(¨e)** speech, presentation, talk
der **Vorverkauf** advance sales
die **Vorwahl(en)** dialling/area code (telephone)

W

die **Waage** scale(s), Libra
waagerecht across, horizontal
wachsen to grow
der **Wagen(-)** car
die **Wahl(en)** choice
wählen to choose
wahr/haben to accept, believe
der **Wald(¨er)** wood, forest
wahnsinnig crazy, incredible
während during
wahrscheinlich probably
die **Währung(en)** currency
der **Wald(¨er)** forest
der **Walfisch(e)** whale
Waliser(in) Welshman (woman)
der **Wanderer(-)** hiker
die **Wandergruppe(n)** group of hikers
wandern to hike
die **Wanderung(en)** hike
der **Wanderweg(e)** hiking path
wann when
wäre would be
warm warm
die **Warteliste(n)** waiting list
warten to wait
warum why
was what
die **Wäsche** laundry
der **Wäschekorb(¨e)** laundry basket
waschen to wash
die **Waschmaschine(n)** washing machine
das **Waschmittel(-)** detergent
das **Wasser** water
der **Wasserfall(¨e)** waterfall
der **Wasserhahn(¨e)** tap
Wassermann Aquarius
das **Wasserrohr(e)** water pipe
die **Wasserrutsche(n)** waterslide
Wasserski fahren to water ski
der **Wassersport** water sport
das **Weben** weaving
wechseln to change
die **Wechselstube** exchange bureau
der **Wecker(-)** alarm clock
der **Weg(e)** path, way
weg away
weg/bleiben to stay away
wegen (+ Gen) because of
weg/fahren to drive away
weggeworfen thrown away
weg/räumen to clear away
der **Wegweiser** signpost, information board
die **Wegwerfflasche(n)** non-returnable bottle
die **Wehrdienstpflicht** conscription, national service in the army
weh/tun to hurt
das **Weideland** pasture, grazing land
das **Weihnachtsgeschenk(e)** Christmas present
weil because
der **Wein(e)** wine
weinen to cry
weiß white
weit far
die **Weiterfahrt(en)** onward journey
welch(er/e/es) which (one)
wellig wavy
die **Welt** world
das **Weltall** universe
die **Weltbevölkerung** world population
der **Weltkrieg(e)** world war
der **Weltraum** cosmos, outer space
die **Weltraumstation(en)** space station
die **Weltrekorde(n)** world record
die **Weltspitze** top of the world
die **Weltstadt(¨e)** cosmopolitan city
wem (Dat) who(m)
  von wem wird gesprochen? Who are we talking about?
wenig little
wenige few
weniger less
am **wenigsten** least of all
wenigstens at least
wenn when(ever); if
wer who
das **Werbeposter(-)** advertising poster
die **Werbung** advertising
werden to become
werfen to throw
die **Werkstatt** workshop, garage
der **Wert** value
wertvoll valuable
die **Weste(n)** waistcoat
wetten to bet, wager
das **Wetter** weather
wichtig important
Widder Aries
wie how
wieder again
die **Wiederholung(en)** repeat
auf **Wiedersehen** goodbye
wieder verwenden to re-use
wieder verwerten to recycle
wieso how, for what reason
wie viel how much
wie viele how many
die **Wildnis** wilderness
das **Wildschwein(e)** wild boar
willkommen welcome
der **Wind(e)** wind
windig windy
die **Windmühle(n)** windmill
die **Windschutzscheibe(n)** windscreen
der **Winkel** angle
winken to nod, beckon
der **Winter** winter
wirklich really
wirksam effective
wischen to wipe
wissen to know
der **Witz(e)** joke
witzig witty, funny
wo where
die **Woche(n)** week
das **Wochenende** weekend
woher where from
wohin where to
wohnen to live
der **Wohnort** place of residence
die **Wohnung(en)** flat
der **Wohnwagen(-)** caravan
das **Wohnzimmer(-)** sitting room, lounge
der **Wolf(¨e)** wolf
die **Wolke(n)** cloud
der **Wolkenkratzer(-)** skyscraper
wolkig cloudy
wollen to want
das **Wort(¨er)** word
die **Wörterliste(n)** list of words; vocabulary section
das **Wörterpuzzle(s)** word puzzle
wunderschön marvellous, beautiful
sich **wünschen** to wish for
der **Wunschzettel(-)** list of wishes
der **Wurf(¨e)** throw (e.g. in judo, sports etc.)
der **Würfel** dice
der **Würfelzucker** cube sugar, sugar lump
die **Wurst(¨e)** sausage
die **Wurstbude(n)** hot dog stand
die **Wüste(n)** desert

Z

die **Zahl(en)** number
zahlen to pay
zählen to count
zahlreich numerous
der **Zahn(¨e)** tooth
der **Zahnarzt** dentist
die **Zahnarzthelferin(nen)** dental assistant (f)
die **Zahnbürste(n)** toothbrush
zärtlich affectionate, tender, loving
das **Zebra(s)** zebra
Zehner tenner, tens
das **Zeichen(-)** sign
der **Zeichentrickfilm(e)** cartoon
das **Zeichnen** drawing
zeigen to show
die **Zeit(en)** time
der **Zeitpunkt(¨e)** point (in time)
der **Zeitraum(¨e)** interval, period of time
die **Zeitschrift(en)** magazine
die **Zeitung(en)** newspaper
der/die **Zeitungsausträger/in** paper boy/girl
das **Zeitungspapier** newspaper (substance)
die **Zensur(en)** mark, grade
zentral central
das **Zentrum(Zentren)** centre
zerbrochen broken, shattered
zerreißen to tear
die **Zerrung(en)** strain (muscle)
zerstören to destroy
der **Zettel** note
das **Zeugnis(se)** school report
ziehen to pull, drag
ziemlich fairly, quite
die **Zigarette(n)** cigarette
der **Zigarettenqualm** cigarette smoke
das **Zimmer(-)** room
der **Zimmernachweis(e)** accommodation directory
der **Zimt** cinnamon
das **Zitat(e)** quotation
die **Zitrone(n)** lemon
zu (+ Dat) to
zubereiten to prepare
züchten to breed, grow
der **Zucker** sugar
die **Zuckerwatte** candyfloss
zuerst first of all
zufrieden satisfied
der **Zug(¨e)** train
zukommen (lassen) to send
die **Zukunft** future
zumal especially
zurück back
zurück/kommen to return
zurück/schicken to send back
zusammen together
zusammen/kommen to come together, meet
zusammen/sitzen to sit together
der **Zustand(¨e)** condition, state
die **Zustimmung** agreement
die **Zutat(en)** ingredient
zu/treffen to match, fit
zu viel too much
Zwanziger twenties
zwar to be sure, in fact
der **Zweck(e)** aim, purpose
das **Zweibettzimmer(-)** twin-bedded room
zweimal twice
zu **zweit** in pairs, alone with someone
zweitgrößt(er/e/es) second largest
die **Zwiebel(n)** onion
der **Zwilling(e)** twin, Gemini
zwischen between
zwischendurch in between

A

to be **able** können
about etwa
above oben
absolute(ly) absolut
accident der Unfall(¨e)
accommodation die Unterkunft
ace (in cards) das As(se)
acid rain saurer Regen
active aktiv; lebendig
activity die Aktivität(en)
actually eigentlich
addicted süchtig
addiction die Sucht(¨e)
address die Adresse(n), die Anschrift(en)
adjective das Adjektiv(e)
adult der/die Erwachsene(n)
advance im Voraus
adventure das Abenteuer(-)
adventure film der Abenteuerfilm(e)
advertisement die Anzeige(n)
advertiser der Anzeiger(-)
advertising die Werbung
advertising poster das Werbeposter(-)
advice der Rat
aeroplane das Flugzeug(e)
aerosol die Spraydose(n)
to **afford** leisten
Africa Afrika
African afrikanisch
after nach **(+ Dat)**
  after all immerhin
  after that danach
afternoon der Nachmittag(e)
  in the afternoons nachmittags
afterwards nachher, danach
again nochmal, wieder
against gegen **(+ Acc)**
age das Alter
aggressive aggressiv
ago vor (x Jahren)
ahead voran
aim der Zweck(e)
air die Luft(¨e)
air pressure der Luftdruck
airport der Flughafen(¨)
alarm clock der Wecker(-)
alcohol der Alkohol
alcoholic alkoholisch
all all(e)
  all's well that ends well Ende gut, alles gut
allergic (to) allergisch (gegen)
allergy die Allergie(n)
to **allow** erlauben
to be **allowed** dürfen
alone allein
along entlang **(+ Acc)**
alphabetical(ly) alphabetisch
already schon
also auch
aluminium can die Aluminiumdose(n)
always immer
American amerikanisch
to **analyse** analysieren
analysis (solution) die Auswertung(en)
to be **angry** sich ärgern
animal das Tier(e)
animal film der Tierfilm(e)
animal fodder das Futter
to **annoy** ärgern
annoying nervend
annual jährlich
answer die Antwort(en)
to **answer** antworten, beantworten
anything else? noch etwas?
anyway überhaupt; sowieso
appearance das Aussehen
appetite der Appetit
apple juice der Apfelsaft
appointment die Verabredung(en), der Termin(e)
approximately etwa, ungefähr
Aquarius Wassermann
Arabic arabisch
area der Bereich(e)
to **argue about** streiten über **(+Acc)**
argument der Streit(e)
Aries Widder
to **arise** entstehen
arrival die Ankunft(¨e)
to **arrive** an/kommen; ein/treffen
article der Artikel(-)
  article of clothing das Kleidungsstück(e)
artistic künstlerisch
as als; da
  as follows folgenderweise
  as soon as sobald
to **ascertain** fest/stellen
Asia Asien
to **ask** bitten; fragen
association der Verband(¨e), das Verein(e)
to be **astonished** staunen
astronomy die Himmelskunde
atmosphere die Atmosphäre
Australia Australien
Australian australisch
Austrian Österreicher/Österreicherin
autumn der Herbst
to be **available** zur Verfügung stehen
away los; weg; (from home) verreist
awfully unheimlich

B

babysitter der/die Babysitter/in
back zurück
at the back hinten
bad schlecht, schlimm
badge der Sticker(-)
to **bake** backen
baker's die Bäckerei(en)
ballad die Ballade(n)
banana die Banane(n)
banana skin die Bananenschale(n)
bank die Bank(en)
barbecue die Grillparty(s)
bars (of cage) das Gitter(-)
bar die Bar(s)
bath das Bad(¨er), die Badewanne(n)
to have a **bath** sich baden
bathroom das Badezimmer(-)
battery die Batterie(n)
to **be** sein
beach der Strand(e)
beach party die Strand-Party
bean die Bohne(n)
because weil
because of wegen **(+ Gen)**
to **become** werden
bed das Bett(en)
bed linen die Bettwäsche
bedroom das Schlafzimmer(-)
bee die Biene(n)
been (from sein) gewesen
beer das Bier(e)
before bevor; vorher
to **befriend** befreunden
to **begin** an/fangen
beginning der Beginn
behind hinter **(+ Acc/Dat)**
to **believe** glauben
bell die Klingel(n)
to **belong** gehören **(+ Dat)**
bench die Bank(¨e)
to **bend** biegen
best best(er/e/es)
to **bet** wetten
better than besser als
between zwischen
bicycle das Fahrrad(¨er), das Rad(¨er)
big groß
big-headed angeberisch
bike ride die Radtour(en)
bill die Rechnung(en)
bird der Vogel(¨)
birthday der Geburtstag(e)
birthday present das Geburtstagsgeschenk(e)
bison der Bison(s)
a **bit** ein bisschen
bitch die Hündin(nen)
black schwarz
blessed selig
blonde blond
blouse die Bluse(n)
blue blau
board das Brett(er)
board (in hotel) die Verpflegung
  full board die Vollpension
  half board die Halbpension
on **board** an Bord
to **boast** angeben
bomb die Bombe(n)
to **book** buchen
book das Buch(¨er)
booking die Buchung(en)
boot der Stiefel(-); **(of car)** der Kofferraum
boredom die Langeweile
boring langweilig
born geboren
both beide(r/s)
I'm not **bothered** es ist mir egal
bottle die Flasche(n)
boutique das Modegeschäft(e)
bow tie die Fliege(n)
boy der Junge(n)
boyfriend der Freund(e)
brand name der Markenname(n)
brave mutig
  be brave sei mutig
bread das Brot(e)
to **break out** aus/brechen
breakfast das Frühstück
to **breed** züchten
breeders' club das Tierzuchtverein(e)
that's **brilliant!** das ist stark!
to **bring** bringen
to **bring with one** mit/bringen
British britisch
brochure der Prospekt(e)
broken kaputt
brother der Bruder(¨)
brothers and sisters die Geschwister **(pl)**
brown braun
to **build** bauen
bus der Bus(se)
bus stop die Haltestelle(n)
busy beschäftigt
but aber; sondern
butter die Butter
to **buy** kaufen
by per
by heart auswendig
by the way übrigens
bye tschüss

C

café das Café(s)
cake der Kuchen(-)
to **call** nennen
to be **called** heißen
calm gelassen
to **calm** beruhigen
camel das Kamel(e)
camera der Fotoapparat(e)
campsite der Campingplatz(¨e)
can die Dose(n)
Cancer Krebs
can of drink die Getränkedose(n)
cap die Mütze(n)
Capricorn Steinbock
car der Wagen(-)
car driver der Autofahrer(-)
car key der Autoschlüssel(-)
car park der Parkplatz(¨e)
  (motorway) der Rastplatz(¨e)
  (multi-storey) das Parkhaus(¨er)
caravan der Wohnwagen(-)
carbon der Kohlenstoff(-)
card die Karte(n)
care die Vorsicht
to take **care of** sorgen für **(+ Acc)**, betreuen
careful(ly) vorsichtig

to **carry** tragen
carton der Karton(s)
cartoon der Trickfilm(e), der Zeichentrickfilm(e)
in **case** falls
in any **case** jedenfalls
cash das Bargeld
to **cash (cheque)** ein/lösen
cassette die Kassette(n)
cassette recorder der Kassettenrekorder(-)
castle die Burg(en)
cat die Katze(n)
to **catch** fangen
category die Kategorie(n)
Catholic katholisch
cattle Rinder **(pl)**
to **celebrate** feiern
cellar der Keller(-)
central zentral
centre das Zentrum (Zentren)
centre of town das Ortszentrum
certainly sicher; natürlich; klar
chaotic chaotisch
chart die Tabelle(n)
to **chat** plaudern, quatschen
cheap billig, preisgünstig
cheating das Täuschen
to **check** nach/sehen; prüfen
checked kariert
cheese der Käse
chemical (adj) chemisch
chemicals die Chemikalien **(pl)**
chemistry Chemie
cheque der Scheck(s)
cherry die Kirsche(n)
chess das Schach
chewing gum der Kaugummi
chicken das Hähnchen(-)
child das Kind(er)
only child das Einzelkind(er)
childish kindisch
children's helpline das Kindertelefon
children's playground der Kinderspielplatz(¨e)
children's playroom das Kinderspielzimmer(-)
chimpanzee der Schimpanse(n)
chips die Pommes frites **(pl)**
chocolate die Schokolade
chocolate bar der Schokoriegel(-)
to **choose** aus/suchen; wählen
Christian name der Vorname(n)
Christmas present das Weihnachtsgeschenk(e)
church die Kirche(n)
cigarette die Zigarette(n)
cigarette smoke der Zigarettenqualm
cinema das Kino(s)
circle der Kreis(e)
city die Großstadt(¨e)
city life das Stadtleben
civic hall die Stadthalle
class die Klasse(n)
class rules die Klassenordnung
class teacher der/die Klassenlehrer/in
clean sauber
to **clean** putzen
to keep **clean** sauber halten
cleaner die Putzhilfe(n)
to **clear (table)** ab/räumen
to **clear away** weg/räumen
to **clear up** auf/räumen
clearly klar
clever klug
cliff der Fels(en)
cliff face Felswand(¨e)
climate das Klima
clock die Uhr(en)
closed geschlossen
closing time die Schließzeit(en)
clothes (slang) die Klamotten **(pl)**
clothes die Kleider **(pl)**
clothing die Kleidung
clubs (in cards) das Kreuz(e)
coast die Küste(n)

coffee der Kaffee
coffee house das Kaffeehaus(¨er)
cola die Cola(s)
cold kalt
colleague der Mitarbeiter(-)
to **collect** sammeln
collection die Sammlung(en)
collection point die Sammelstelle(n)
colour die Farbe(n)
colourful bunt
to **come** kommen
comedy (film) die Komödie(n)
commentary der Kommentar(e)
community hall das Gemeindehaus(¨er)
compact disc die CD(s)
to **complain** klagen
to **complete** vervollständigen
comprehensive school die Gesamtschule(n)
compromise der Kompromiss (Kompromisse)
computer course der Computerkurs(e)
computer der Computer(-)
computer game das Computerspiel(e)
conceited eingebildet
to **concentrate** sich konzentrieren
concert das Konzert(e)
condition der Zustand(¨e)
to **confirm** bestätigen
connection die Beziehung(en)
contact der Kontakt(e)
container (for bottles etc.) der Container(-)
to **contaminate** verseuchen
content zufrieden
continuously ununterbrochen
conversation das Gespräch(e)
to **cook** kochen
cooker der Herd(e)
copy die Kopie(n)
corner die Ecke(n)
correct richtig
correspondent der/die Briefpartner/in
to **cost** kosten
costume das Kostüm(e)
to **cough** husten
to **count** zählen
counter der Schalter(-), die Theke(n)
country das Land(¨er)
couple das Paar(e)
covered bedeckt
cow das Rind(er); die Kuh(¨e)
crazy wahnsinnig
cream die Sahne
creative kreativ
credible glaubwürdig, glaublich
credit card die Kreditkarte(n)
to **criticise** kritisieren
crockery das Geschirr
crocodile das Krokodil(e)
to **cross** überqueren
cross das Kreuz(e)
crossword puzzle das Kreuzworträtsel(-)
crowd die Menge(n)
to **cry** weinen
cuddly toy das Plüschtier(e)
cup die Tasse(n)
cupboard der Schrank(¨e)
currency die Währung(en)
curtain die Gardine(n)
customer der Kunde(n)/ die Kundin(nen)
cutlery das Besteck
cycle path der Fahrradweg(e)
to **cycle** Rad fahren

D

dad Papa, Vati
daft doof
daily täglich
daily routine der Tagesablauf, die Tagesroutine

damaging to one's health gesundheitsschädlich
to **dance** tanzen
danger die Gefahr(en)
dangerous gefährlich
dark dunkel
dark brown dunkelbraun
daughter die Tochter(¨)
day der Tag(e)
the **day before yesterday** vorgestern
day room der Aufenthaltsraum(¨e)
dead gestorben
dear (formal letter) geehrte/r; **(informal letter)** Liebe/r
death der Tod
deer der Hirsch(e), der Reh(e)
definitely bestimmt
deforestation die Abholzung
degree das Grad(-)
to **deliver** aus/tragen
dental assistant (f) die Zahnarzthelferin(nen)
department store das Kaufhaus(¨er)
departure die Abfahrt(en), die Abreise(n)
depressed deprimiert
to **describe** beschreiben
desert die Wüste(n)
to **destroy** zerstören
detective story der Krimi(s)
detergent das Waschmittel(-)
diagram das Diagramm(e)
dialogue der Dialog(e)
diamond der Diamant(en)
diamonds (in cards) das Karo
to **dictate** diktieren
to **die** sterben
difference der Unterschied(e)
difficult schwierig, schwer
difficulty Schwierigkeit(en)
dining room das Esszimmer(-)
diplomatic diplomatisch
direct direkt, unmittelbar
direction die Richtung(en)
dirt der Dreck, der Schmutz
dirty schmutzig
disco die Disko(s)
to **discuss** besprechen
disgusting ekelhaft
dishonest unehrlich
dishwasher der Geschirrspüler(-), die Spülmaschine(n)
disinfectant das Desinfektionsmittel(-)
to **dismantle** aus/bauen
distance die Strecke(n)
distant entfernt
district der Kreis(e); **(of town)** der Stadtviertel(-)
to **dive** tauchen
to **do** machen, tun, schaffen
to **do without** verzichten auf
dog der Hund(e)
domestic waste der Hausmüll
door die Tür(en)
dormitory der Schlafraum(¨e)
double room das Doppelzimmer(-)
downstairs unten
drawing das Zeichnen
dreadful fürchterlich, furchtbar
dream der Traum(¨e)
to **dream** träumen
dream world die Traumwelt
dress das Kleid(er)
dressed gekleidet
drink das Getränk(e)
to **drink** trinken; **(of animals)** saufen
to **drive away** weg/fahren
to **drive in front** vor/fahren
driving licence der Führerschein(e)
drought die Trockenheit(en)
to **drown** ertrinken
dry trocken
drying room der Trockenraum(¨e)
to **dry the dishes** ab/trocknen
during während
during the day tagsüber
dust der Staub
duvet die Bettdecke(n)

E

each, every jede(r/s)
ear das Ohr(en)
early früh; baldig
to **earn** verdienen
earring der Ohrring(e)
earth die Erde
at **Easter** zu Ostern
to **eat** essen; **(of animals)** fressen
effort die Bemühung(en)
  to make an effort sich bemühen
egg das Ei(er)
either … or entweder … oder
electricity die Elektrizität
elephant der Elefant(en)
employee der/die Angestellte(n)
empty leer
to **empty** aus/räumen
end das Ende(n)
to **end** (be)enden
endangered gefährdet
endless endlos
energy die Energie
English(man/woman) Engländer/in
Enjoy your meal! Guten Appetit!
enormous riesengroß
enough genug
that's **enough** das reicht
to **enter (on list/chart)** ein/tragen
entrance der Eingang(¨e)
entrance ticket die Eintrittskarte(n)
envious neidisch
environment die Umwelt
  destruction of the environment die Umweltzerstörung
  environmental problem das Umweltproblem(e)
  environmentally friendly umweltfreundlich
  protection of the environment der Umweltschutz
  organisation for the protection of the environment der Umweltschutzverein
equal egal
equator der Äquator
equipped ausgestattet
to **escape** entkommen
especially besonders; zumal
etc. usw. (und so weiter)
Eurocheque der Euroscheck(s)
Europe Europa
even sogar; eben
ever je
everything alles
everywhere überall
exam die Prüfung(en)
to **examine** untersuchen
example das Beispiel(e)
  for example (e.g.) zum Beispiel (z.B.)
except for außer
excerpt der Ausschnitt(e)
to **exchange** um/tauschen, wechseln
exchange der Austausch(e)
  exchange bureau die Wechselstube, der Geldwechsel
  exchange of letters der Briefwechsel(-)
  exchange partner der/die Austauschpartner/in
excursion der Ausflug(¨e)
excuse die Ausrede(n)
exercise book das Heft(e)
exhaust der Auspuff
exhaust fume das Auspuffgas(e), das Abgas(e)
exit der Ausgang(¨e); **(motorway)** die Ausfahrt(en)
exotic exotisch
to **expect** erwarten
expensive teuer
experience die Erfahrung(en)
to **explain** erklären
extended erweitert
become **extinct** aus/sterben
eye das Auge(n)

F

face das Gesicht(er)
in **fact** zwar
factory die Fabrik(en)
fair gerecht, fair
fairly, quite ziemlich
fairness die Gerechtigkeit
family die Familie(n)
  family member das Familienmitglied(er)
  family ticket der Familienausweis(e)
fantastic fantastisch
far fern; weit
as **far as I'm concerned** meinetwegen
fare das Reisegeld
farm der Bauernhof(¨e)
farmer der Bauer(n)
fashion die Mode(n)
fashionable modisch
to **fasten one's safety belt** an/schnallen
fat dick
father der Vater(¨)
at **fault** schuld
  it's my fault ich bin schuld
favourite der Liebling(e)
fear die Angst(¨e)
fed (animals) verfüttert
Federal Republic die Bundesrepublik
to **feed (animals)** füttern
to **feel** fühlen
to **feel like** Lust haben
feeling das Gefühl(e)
ferry die Fähre(n)
to **fetch** holen; ab/holen
a **few** ein paar, einige
to **fight** kämpfen
to **fill** füllen
to **fill in (form)** aus/füllen
to **fill up (with petrol)** voll tanken
film der Film(e)
finally zum Schluss
financial problem das Geldproblem(e)
to **find** finden
fine die Geldstrafe(n); **(splendid)** fein
finger der Finger(-)
fire brigade die Feuerwehr
first erst(er/e/es)
first of all zuerst
first class erstklassig
fish der Fisch(e)
to **fish** angeln
fishing rod die Angelrute(n)
to **fit** passen
flag die Flagge(n)
flat die Wohnung(en)
  holiday flat die Ferienwohnung(en)
  block of flats das Hochhaus(¨er)
flight der Flug(¨e)
flight number die Flugnummer(n)
flood die Überflutung(en), das Hochwasser
floor der Boden(¨)
to **flow** fließen
to **flow away** ab/fließen
fluent fließend
flute die Flöte(n)
flute case der Flötenkasten
to **fly** fliegen
fly die Fliege(n)
the **following** folgende(r/s)
food das Essen
foot der Fuß(¨e)
football der Fußball(¨e)
football ground das Fußballstadion(-stadien)
football match das Fußballspiel(e)
for für **(+ Acc)**; **(because)** denn
forbidden verboten
foreign ausländisch
  foreign currency for trip die Reisedevisen
  foreign language die Fremdsprache(n)
  foreign word das Fremdwort(¨er)
forest der Wald(¨er)
to **forget** vergessen
to **forgive** vergeben
to **form** bilden
form representative der/die Klassensprecher/in
free frei, gratis, kostenlos
to **freeze** frieren
frequently häufig
Frenchman/woman Franzose/Französin
fresh frisch
friendly freundlich
from ab; von **(+ Dat)**
at the **front** vorne
fruit die Frucht(¨e)
frying pan die Bratpfanne(n)
full voll; satt
full of voller
full board die Vollpension
fun der Spaß
have fun! viel Spaß!
funny lustig; komisch
to **furnish** ein/richten
furniture die Möbel **(pl)**

G

game of cards das Kartenspiel(e)
gap die Lücke(n)
gapped text der Lückentext(e)
garden der Garten(¨)
gas das Gas(e)
Gemini Zwilling
general allgemein
generous großzügig
genius das Genie(s)
gentle sanft
gentleman der Herr(en)
geography Erdkunde
German Deutscher/Deutsche
German youth hostel association das DJH (Deutsches Jugendherbergswerk)
to **get** bekommen, kriegen
to **get dressed** sich an/ziehen
to **get on someone's nerves** nerven
to **get on with** aus/kommen (mit) **(+ Dat)**, sich verstehen
to **get there** hin/kommen
to **get to know (each other)** (sich) kennen lernen
to **get up** auf/stehen
giraffe die Giraffe(n)
girl das Mädchen(-)
girlfriend fester Freund(e)/ feste Freundin(nen)
to **give** geben; (present) schenken
to **give up** auf/geben
gladly gern(e)
glass das Glas(¨er)
glass bottle die Glasflasche(n)
glove der Handschuh(e)
to **go** gehen
  to go for a walk spazieren gehen
  to go out aus/gehen
  to go there hin/gehen
good gut
goodbye auf Wiedersehen
gorge die Bergschlucht(en)
gradually allmählich
grammar school das Gymnasium(Gymnasien)
grandad der Opa
grandma die Oma
grandmother die Großmutter(¨e)
grandparents die Großeltern **(pl)**
grass das Gras(¨er)
grateful dankbar
greasy fettig
Great Britain Großbritannien
great toll, prima, super, Spitze
Greece Griechenland
green grün; umweltfreundlich
greenhouse effect das Treibhauseffekt
Greenland Grönland
greeting der Gruß(¨e)
grey grau

group die Gruppe(n); die Clique(n)
group of hikers die Wandergruppe(n)
to **grow** wachsen
to **grumble** meckern
grumblers' corner die Meckerecke
to **guess** raten
guest der Gast(¨e)
guest house das Gästehaus(¨er), die Pension(en)
guest room das Gästezimmer(-)
guitar die Gitarre(n)
guitar case der Gitarrenkasten(¨e)

H

hair das Haar(e)
hairdresser der Frisör(e)/ die Frisörin(nen)
hairdresser's der Frisörsalon
half halb(er/e/es)
at half past eight um halb neun
ham der Schinken
hamster der Hamster(-)
hand die Hand(¨e)
on the other hand andererseits; dagegen
to **hand in** ab/geben
handbag die Handtasche(n)
handle der Griff(e)
to **hand out** verteilen
to **hang up** auf/hängen
to **happen** passieren
hard hart
hard-working fleißig
hardly kaum
hat der Hut(¨e)
to **hate** hassen
to **have** haben
to **have to (must)** müssen; **(ought)** sollen
hay das Heu
hay fever der Heuschnupfen
headlight der Scheinwerfer(-)
health die Gesundheit
healthy gesund
heap der Haufen(-)
to **hear** hören
heart das Herz(en)
heated beheizt
heating die Heizung
heavy schwer
hedgehog der Igel(-)
height die Höhe(n)
help die Hilfe
to **help** helfen **(+ Dat)**; mit/helfen
to **help out** aus/helfen
helpful hilfsbereit
here hier
to **hide** verstecken
high hoch (hohe/r/s)
hike die Wanderung(en)
to **hike** wandern
hiker der Wanderer(-)
hill der Hügel(-), der Berg(e)
history Geschichte
to **hit** schlagen
hobby room der Hobbyraum(¨e)
hole das Loch(¨er)
holiday der Urlaub(e); die Ferien **(pl)**
on holiday im Urlaub
holiday flat die Ferienwohnung(en)
holiday resort der Ferienort(e)
at **home** daheim
to come **home** heim/kommen
home help die Haushaltshilfe(n)
homework die Hausaufgaben **(pl)**
honest ehrlich
to **hoover** staubsaugen
to **hope** hoffen
hopefully hoffentlich
horse das Pferd(e)
hospital das Krankenhaus(¨er)
host family die Gastfamilie(n)
hot heiß
hot house das Troparium
hot dog stand die Wurstbude(n)
hotel das Hotel(s)
hotel reception der Hotelempfang, die Hotelrezeption
hotel room das Hotelzimmer(-)
hour die Stunde(n)
house das Haus(¨er)
at the house of bei **(+ Dat)**
housekeeping die Haushalt
how much wie viel
how wie, **(for what reason)** wieso
however jedoch
huge riesig
humorous humorvoll
humour der Humor
hungry hungrig

I

ice cream das Eis(-)
dairy ice cream das Milcheis(-)
ice cream flavour die Eissorte(n)
fruit sorbet ice cream das Fruchteis(-)
ice cream kiosk der Eiskiosk(e)
ice cream parlour das Eiscafé(s)
ice cream sundae der Eisbecher(-)
strawberry-flavoured ice cream das Erdbeereis(-)
ice rink die Eislaufbahn(en)
idea die Idee(n)
to **illustrate** illustrieren
imaginative fantasievoll
immediately sofort
impatience die Ungeduld
important wichtig
impossible unmöglich
impressive eindrucksvoll
in/into in **(+ Dat/Acc)**
inclusive of inklusive (inkl.)
independent unabhängig
indoor swimming pool das Hallenbad(¨er)
to **inform** mit/teilen
information die Auskunft(¨e); die Information(en)
information technology (IT) die Informatik
inn das Gasthaus(¨er), der Gasthof(¨e)
inside drinnen
instead of statt
instrument das Instrument(e)
to **insult** beleidigen
insurance die Versicherung(en)
intelligent intelligent
interest das Interesse(n)
to be **interested (in)** sich interessieren (für)
interesting interessant
interval der Zeitraum(¨e)
interview das Interview(s)
invitation die Einladung(en)
to **invite** ein/laden
Irishman/woman Ire/Irin
to **iron** bügeln
Islamic islamisch
island die Insel(n)
isolated isoliert
Italy Italien
ivory das Elfenbein

J

Jack (in cards) der Bube(n)
jacket die Jacke(n)
job der Job(s); der Beruf(e)
to **join** verbinden
to **join in** mit/machen
joke der Witz(e)
July Juli
to **jump** springen
June Juni
jungle der Dschungel
just gerecht; mal; soeben; **(colloquial)** halt

K

key der Schlüssel(-)
to **kill** töten
kilometre das Kilometer(-)
6 kilometres away 6 Kilometer entfernt
kilometres per hour Stundenkilometer (km/h)
kind (type) die Art(en)
king der König(e)
kiss der Kuss(Küsse)
to **kiss** küssen
kitchen die Küche(n)
to **know** wissen; **(person)** kennen
knowledge of English die Englischkenntnisse

L

lake der See(n)
lamp die Lampe(n)
to **land** landen
landing die Landung(en)
language die Sprache(n)
to **last** dauern
last letzt(er/e/es)
at **last** endlich
late spät
to **laugh** lachen
laundry die Wäsche
lawn der Rasen(-)
lazy faul
lead-free bleifrei
to **learn** lernen
at **least** mindestens
least of all am wenigsten
leather das Leder
to **leave** lassen; verlassen
to **leave in peace** in Ruhe lassen
to **leave open** offen/lassen
to **leave to** überlassen
on the **left** links
legend die Legende(n)
leisure centre das Freizeitzentrum(-zentren)
leisure time die Freizeit
lemon die Zitrone(n)
lemonade die Limonade
to **lend** aus/leihen
Leo Löwe
less weniger
lesson die Stunde(n)
private lesson die Nachhilfestunde(n)
letter der Brief(e); **(of alphabet)** der Buchstabe(n)
Libra Waage
library die Bibliothek(en)
Libya Libyen
licence der Führerschein(e)
to **lie** liegen
life das Leben(-)
lift der Lift
light das Licht(er)
lightning das Blitzen
to **like** mögen, gern haben
I like it es gefällt mir
I like reading ich lese gern
likewise gleichfalls
line die Linie(n)
lion der Löwe(n)
liqueur der Likör(e)
list die Liste(n)
lit beleuchtet
litre das Liter(-)
litter bin der Abfalleimer(-)
little wenig
a little ein bisschen
to **live** leben; wohnen
lively lebhaft
living lebendig
loaf das Brot(e)
loneliness die Einsamkeit
lonely einsam
long lang
to **look** gucken; **(appear)** aus/sehen
to **look after** hüten, sorgen für **(+Acc)**
to **look at** an/gucken, an/sehen

to **look for** suchen
to **look forward (to)** sich freuen (auf) **(+Acc)**
to **look up (in dictionary etc.)** nach/schlagen
lorry (HGV) der LKW(s)
to **lose** verlieren
lost property office das Fundbüro(s)
lost verloren
lottery die Lotterie(n)
loud laut
lounge das Wohnzimmer
in **love** verliebt
love film der Liebesfilm(e)
luck das Glück
luggage das Gepäck
lung cancer der Lungenkrebs
luxury hotel das Luxushotel(s)

M

machine die Maschine(n)
mad verrückt
magazine die Zeitschrift(en)
main road die Hauptstraße(n)
to **make** machen, schaffen
man der Mann(¨er)
to **manage** schaffen
management die Direktion
many viele
many times vielmals
map die Landkarte(n)
mark die Note(n)
to **mark** notieren
market place der Marktplatz(¨e)
married couple das Ehepaar(e)
marvellous wunderschön
material der Stoff(e)
maths Mathe
mean gemein
to **mean** bedeuten
means of transport das Verkehrsmittel(-)
by that **means** dadurch
meat das Fleisch
mechanic der Mechaniker(-)
Mediterranean das Mittelmeer
to **meet** sich treffen; zusammen/kommen
meeting das Treffen(-)
meeting place der Treffpunkt
melon die Melone(n)
to **melt** ein/schmelzen
member das Mitglied(er)
membership card der Mitgliedsausweis(e)
to **mess up** versauen
metal das Metall(e)
metre das Meter(-)
middle die Mitte(n)
in the middle of mitten in **(+ Dat)**
midnight die Mitternacht
Milan Mailand
milk die Milch
milkshake der Milchshake(s)
millenium das Jahrtausend(e)
millimetre das Millimeter(-)
million die Million(en)
mineral water das Mineralwasser
minute die Minute(n)
mirror der Spiegel(-)
miserable elend; mies
to **miss** verpassen
missing fehlend
mistake der Fehler(-)
by mistake aus Versehen
model aeroplane das Modellflugzeug(e)
modern(ised) modern(isiert)
modest bescheiden
moment der Moment(e); der Augenblick(e)
at the **moment** momentan
money das Geld
monkey der Affe(n)
month der Monat(e)
mood die Laune(n), die Stimmung(en)
moody launisch
moped das Mofa(s)
more mehr
morning der Morgen(-)
in the **mornings** morgens
most die meisten
most of all am meisten
mostly meistens
mother die Mutter(¨)
motorway die Autobahn(en)
mountain der Berg(e)
mountain range das Gebirge
mountaineer der Bergsteiger(-)
mountaineering das Bergsteigen
mouth der Mund(¨er)
to **move** sich bewegen; **(house)** um/ziehen
to **mow** mähen
Mr Herr
Mrs. Frau
much viel
in a **muddle** durcheinander
mug der Becher(-)
mum Mutti
Munich München
murder der Mord
music die Musik
music teacher der/die Musiklehrer/in
musical musikalisch
musical instrument das Musikinstrument(e)
myself, yourself etc. selber; selbst

N

name der Name(n)
namely nämlich
narrow eng
nature die Natur
nature film der Naturfilm(e)
nature lovers die Naturliebhaber(-)
near neben **(+Acc/Dat)**
nearly fast
to **need** brauchen, benötigen
to **neglect** vernachlässigen
neighbour der/die Nachbar/in
neighbourhood die Nähe
neither...nor weder...noch
nerve die Nerve(n)
it gets on my nerves das geht mir auf die Nerven
never nie
new neu
newspaper die Zeitung(en)
next nächst(er/e/es)
next door nebenan
nice nett; sympathisch; schön
nicotine das Nikotin
night die Nacht(¨e)
night club der Nachtklub(s)
Nile (river) der Nil
no (not a) kein(e)
nobody niemand
noise der Lärm; der Krach
non-smoker der Nichtraucher(-)
nonetheless trotzdem
nonsense der Quatsch
not nicht
not at all gar nicht, überhaupt nicht
nothing nichts
nothing special nichts Besonderes
notice die Notiz(en)
notice board das schwarze Brett
now jetzt; nun
nowadays heutzutage
nuclear power die Kernkraft
nuclear power station das Atomkraftwerk(e)
nuclear war der Atomkrieg(e)
nuclear waste der Atommüll
number die Anzahl; die Nummer(n); die Zahl(en)
number plate das Nummernschild(er)
nut die Nuss(Nüsse)

O

object der Gegenstand(¨e)
to **observe** beobachten
occasionally gelegentlich
occupied besetzt
odd komisch
of course natürlich
to **offer** bieten
office das Büro(s)
often oft, häufig
oh! ach!
oil das Öl
oil level der Ölstand
oil pollution die Ölverschmutzung
oil tanker der Öltanker(-)
old alt
old-fashioned altmodisch
on/onto auf **(+ Dat/Acc)**
one man
only einzig(er/e/es); nur
open offen; geöffnet
to **open** öffnen; eröffnen; auf/machen
to leave open offen/lassen
opening times die Öffnungszeiten **(pl)**
opinion die Meinung(en)
opposite gegenüber **(+ Dat)**
or oder
oral(ly) mündlich
orange (colour) orange
orange juice der Orangensaft
orchestra das Orchester(-)
to **order** bestellen
order die Ordnung(en); die Reihenfolge(n)
to put in order ordnen
other ander(er/e/es)
other things Sonstiges
otherwise sonst
out heraus
out of aus **(+ Dat)**
outside draußen
over über **(+ Acc/Dat)**
over there drüben
overnight stay die Übernachtung(en)
own eigen(er/e/es)
oxygen der Sauerstoff

P

to **paint** malen
painted bemalt
pair of tights die Strumpfhose(n)
panic die Panik
paper das Papier(e)
paper boy/girl der/die Zeitungsausträger/in
parcel das Paket(e)
parents die Eltern **(pl)**
park der Park(s)
to **park** parken
part der Teil(e)
part-time job der Nebenjob(s); die Halbtagsstelle(n)
partner der/die Partner/in
passenger der Passagier(e)
passport der Pass(Pässe)
past vorbei
path der Weg(e)
patient geduldig
to **pay** bezahlen; zahlen
peaceful ruhig
pedestrian precinct die Fußgängerzone(n)
pen-friend der/die Brieffreund/in
pencil der Stift(e)
people die Leute **(pl)**
per pro
percent das Prozent(-)
performance die Vorführung(en), der Auftritt(e)
perhaps vielleicht
to **permit erlauben**
(not) **permitted** (nicht) erlaubt
person der Mensch(en); die Person(en)
pet das Haustier(e)
petrol das Benzin
to get **petrol** tanken

petrol station die Tankstelle(n)
petrol tank der Tank
photograph das Foto(s)
photography die Fotografie
photo story die Bildgeschichte(n)
physics Physik
to **pick up** auf/nehmen
picture das Bild(er)
picture postcard die Ansichtskarte(n)
piece das Stück(e)
pillow das Kopfkissen(-)
pink rosa
Pisces Fische
pistachio nut die Pistazie(n)
pistol die Pistole(n)
that's a **pity!** schade!
pizza die Pizza(s)
place der Platz(¨e); **(town)** der Ort(e); **(of work)** der Arbeitsplatz(¨e)
to **place** stellen
to **plan** planen
plant die Pflanze(n)
plastic die Plastik
plastic bag die Plastiktüte(n)
plate der Teller(-)
to **play** spielen
player der Spieler(-)
to **please** gefallen
plug (electrical) der Stecker(-)
pocket money das Taschengeld
podge das Pummelchen
poem das Gedicht(e)
poetry die Poesie
point der Punkt(e)
poison das Gift
poisonous giftig
polar bear der Eisbär(en)
police die Polizei
to **pollute** verpesten
pompous pompös
pool der Teich(e)
poor arm
pop concert das Popkonzert(e)
pop group die Popgruppe(n)
pop music die Popmusik
popular beliebt, populär
portion die Portion(en)
possible möglich
post/post office die Post
postcard die Ansichtskarte(n)
poster das Poster(-)
potato die Kartoffel(n)
potato salad der Kartoffelsalat
pottery das Töpfern
pound das Pfund(-)
to **pour** gießen
practical praktisch
to **practise** üben
precocious frühreif
I **prefer to drink tea** ich trinke lieber Tee
preferably lieber
preparation die Vorbereitung(en)
preposition die Präposition(en)
present (gift) das Geschenk(e); **(there)** dabei; **(time)** die Gegenwart
to **present** präsentieren
pressure der Druck
price der Preis(e)
price for a child der Kinderpreis(e)
price per night der Übernachtungspreis(e)
on **principle** grundsätzlich
printed in blue blau gedruckt
printer der Drucker(-)
private lesson die Nachhilfestunde(n)
prize der Preis(e)
probably wahrscheinlich
problem das Problem(e)
problem helpline das Sorgentelefon
problem letter der Sorgenbrief(e)
produce das Produkt(e)
to **produce** her/stellen
product das Produkt(e)
programme das Programm(e)
progress der Fortschritt(e)
prohibited untersagt
protestant evangelisch, protestantisch
proud stolz
provided besorgt
to **provide food for** ernähren
provisions die Lebensmittel **(pl)**
pub die Kneipe(n)
pullover der Pullover
pupil der/die Schüler/in
pure pur
pure nonsense lauter Quatsch, lauter Unsinn
purple lila
purse das Portmonee(s)
to **put (place)** legen; setzen; **(into)** stecken
to **put on** an/legen; **(clothes)** an/ziehen
to put on make-up sich schminken
to **put up** auf/stellen
to **put up with** in Kauf nehmen
puzzle das Rätsel(-)

Q

quarrel die Auseinandersetzung(en)
quarter das Viertel
at quarter past two um Viertel nach zwei
queen (in cards) die Dame
question die Frage(n)
to **queue** Schlange stehen
quick schnell
quiet still; ruhig
quiet for the night die Nachtruhe
to keep quiet schweigen
quite ganz; ziemlich
quotation das Zitat(e)

R

rabbit das Kaninchen(-)
radio das Radio
radio alarm clock der Radiowecker(-)
radioactive radioaktiv
radioactivity die Radioaktivität
radiologist der Radiologe(n)
rain der Regen
rain water das Regenwasser
to **rain** regnen
raincoat der Regenmantel(¨)
to **raise** erhöhen
rarely selten
raw material das Rohmaterial
RE die Religion
to **reach** erreichen; **(attain)** gelangen
to **react** reagieren
reaction die Reaktion(en)
to **read** lesen
to **read through** durch/lesen
reader's corner die Leseecke(n)
ready bereit, fertig
real(ly) echt; wirklich; eigentlich
recently neulich
reception die Rezeption
to recommend empfehlen
recommendation die Empfehlung(en)
to **recover** sich erholen
to **recycle** wieder verwerten
recycling das Recycling
red rot
reduced (in price) vergünstigt, reduziert
regular(ly) regelmäßig
relationship das Verhältnis(se)
relaxing entspannend
to **relieve** erleichtern
remainder der Rest
to **replace** ersetzen
reply card die Antwortkarte(n)
to **report** berichten
report (school) das Zeugnis(se)
reservation die Reservierung(en)
to **reserve** reservieren
respectively jeweils
restaurant das Restaurant(s)
result das Resultat(e); die Folge(n)
to **return** zurück/kommen
to **re-use** wieder verwenden
rich reich
to **ride (horse)** reiten
riding lesson die Reitstunde(n)
riding teacher der Reitlehrer(-)
right das Recht(e)
on the right rechts
to be right stimmen
that's right das stimmt
river der Fluss(Flüsse)
to **romp** aus/toben
roof das Dach(¨er)
room das Zimmer(-); der Raum(¨e)
rope das Seil(e)
rotten verdorben
round rund; um **(+ Acc)**
route die Route(n)
row der Krach
rubbish der Abfall(¨e); der Müll, Quatsch! **(sl)**
rubble die Trümmer **(pl)**
rucksack der Rucksack(¨e)
rude frech
rule die Regel(n)
to **run** laufen

S

sack der Sack(¨e)
sad traurig
saddle der Sattel(-)
safari park der Safaripark(s)
safe sicher
Sagittarius Schütze
to **sail** segeln
salad der Salat
sale der Verkauf
same gleich(er/e/es)
the **same** derselbe/dieselbe/dasselbe/ dieselben
it's all the same to me meinetwegen
sand der Sand
satisfactory befriedigend
satisfied zufrieden
Saturday der Samstag, der Sonnabend
saucepan der Kochtopf(¨e)
sausage die Wurst(¨e)
to **save** retten
to **save up (for)** sparen (auf/für)
to **say** sagen
scarcely kaum
scarf das Halstuch(¨er); der Schal(e)
school die Schule(n)
school book das Schulbuch(¨er)
school exchange der Schüleraustausch
school magazine die Schülerzeitung(en)
school report das Zeugnis(se)
Scorpio Skorpion
Scot(sman/swoman) Schotte/Schottin
to **scream** schreien
sea das Meer(e), die See(n)
sea bird der Seevogel(¨)
seagull die Möwe(n)
search die Suche
season (e.g. football) die Saison
second zweit(er/e/es)
second largest zweitgrößt(er/e/es)
secretary die Sekretärin(nen)
to **see** sehen
see you! Tschüss!
see you soon! bis bald!
to **see to (look after)** sich kümmern (um); sorgen (für) **(+ Acc)**
self-assured selbstsicher
self-confident selbstbewusst
self-service die Selbstbedienung
semi-detached house das Doppelhaus(¨er)
to **send** schicken; zukommen (lassen); **(transmit)** übersenden

to **send back** zurück/schicken
sense der Sinn(e)
sensible vernünftig
sensitive empfindlich
sentence der Satz(¨e)
to **separate** trennen
sequence die Reihenfolge(n)
series die Serie(n)
serious-minded ernsthaft
to **serve** bedienen
service die Bedienung; die Dienstleistung(en)
service station (motorway) der Rasthof(¨e)
to **set (table)** decken
to **shake** schütteln
to **share** teilen
shelf das Regal(e)
to **shine** scheinen
ship das Schiff(e)
shirt das Hemd(en)
shoe der Schuh(e)
shop der Laden(¨); **(business)** das Geschäft(e)
to **shop** ein/kaufen, Einkäufe machen
shopping bag die Einkaufstasche(n)
shopping centre das Einkaufszentrum(-zentren)
short kurz
show die Schau(en)
to **show** zeigen
shower die Dusche(n)
  to (take a) shower duschen
shy schüchtern, scheu, zurückhaltend
sick krank
side die Seite(n)
side street die Seitenstraße(n)
sign das Zeichen(-)
sign of the zodiac das Sternzeichen(-)
to **sign** unterschreiben
signature die Unterschrift(en)
simple einfach
since seit **(+ Dat)**
to **sing** singen
single room das Einzelzimmer(-)
sink das Spülbecken(-)
sister die Schwester(n)
to **sit** sitzen
to **sit out** aus/sitzen
to **sit together** zusammen/sitzen
sitting room das Wohnzimmer(-)
situation die Situation(en); die Lage(n)
skate der Schlittschuh(e)
skiing das Skifahren
skiing holiday der Skiurlaub(e)
skin die Haut
skirt der Rock(¨e)
skyscraper der Wolkenkratzer(-)
to **sleep** schlafen
sleeping bag der Schlafsack(¨e)
to **slide** rutschen
slim schlank
slippery glitschig
slow(ly) langsam
small klein
smart schick, elegant
to **smell** riechen; (nasty) stinken
to **smoke** rauchen
smooth glatt
snake die Schlange(n)
to **snore** schnarchen
so much, so many so viel
so so; also
sociable gesellig
sock die Socke(n)
socket die Steckdose(n)
solar system das Sonnensystem
solution die Lösung(en); die Auswertung(en)
some manche(r/s); einige
someone jemand
something etwas
  something comfortable etwas Bequemes
  something else etwas anderes
  something small eine Kleinigkeit(en)
sometimes manchmal
somewhere irgendwo
  somewhere else anderswo
son der Sohn(¨e)
song das Lied(er)
soon bald
to be **sorry** Leid tun
  I'm sorry es tut mir Leid
to **sort out** sortieren; aus/sortieren
sour sauer(saure)
souvenir das Souvenir(s)
souvenir shop das Souvenirgeschäft(e)
space der Raum(¨e); das Weltall
spades (cards) Pik
spare part der Ersatzteil(e)
to **speak** sprechen, reden
speaking am Apparat
special speziell
speciality die Spezialität(en)
spectacles die Brille(n)
speech bubble die Sprechblase(n)
speed das Tempo, die Geschwindigkeit(en)
to **spend (money)** aus/geben; **(time)** verbringen
to **spend the night** übernachten
spinning das Spinnen
spirits die Spirituosen **(pl)**
in **spite of** trotz **(+ Gen)**
to **spoil (e.g. a child)** verwöhnen
spoon der Löffel(-)
sport der Sport
to do **sport** Sport treiben
sports car der Sportwagen(¨)
sports centre das Sportzentrum(zentren)
sports gear das Sportzeug
sportsman der Sportler(-)
sporty sportlich
spot (pimple) der Pickel(-)
spotted gepunktet
spring der Frühling
square der Platz(¨e)
  square kilometre der Quadratkilometer(-)
  square metre der Quadratmeter(-)
stamp enthusiast der Briefmarkenfreund(e)
to **stand by** stehen (zu) **(+ Dat)**
star der Stern(e)
to **stare** starren
to **starve** verhungern
state der Staat(en)
station der Bahnhof(¨e)
statistics die Statistik **(sing)**
to **stay** bleiben; sich auf/halten
to **stay away** weg/bleiben
steel der Stahl
steering wheel das Lenkrad(¨er)
stepfather der Stiefvater(¨)
stepmother die Stiefmutter(¨)
to **stick** kleben
stick der Stock(¨e)
sticker der Aufkleber(-)
sticky tape das Klebeband
still noch
to **stink** stinken
stomach ache die Magenschmerzen **(pl)**
stop (bus/tram) die Station(en)
to **stop** halten
storey der Stock
storm das Gewitter(-)
stormy stürmisch
story die Geschichte(n)
straight gerade
straight on geradeaus
straw hat der Strohhut(¨e)
strawberry die Erdbeere(n)
street die Straße(n)
street plan der Stadtplan(¨e)
to **stretch out** aus/streichen
strict streng
strictly (forbidden) strengstens (verboten)
striped gestreift
stroll around town der Stadtbummel
to **stroll** bummeln; spazieren
strong stark
stubborn eigensinnig
student der/die Student/in
stupid blöd, doof, dumm
style der Stil(e)
subject das Fach(¨er)
such solch(er/e/es)
suddenly plötzlich
to **suffer** leiden
to **suffice** reichen
sugar der Zucker
suggestion der Vorschlag(¨e)
suit der Anzug(¨e)
to **suit** passen
suitable geeignet; passend
suitcase der Koffer(-)
summer der Sommer
  summer holidays die Sommerferien **(pl)**
summit die Spitze(n)
sun die Sonne
sun tan lotion das Sonnenöl
Sunday der Sonntag
sunny sonnig
supermarket der Supermarkt(¨e)
to **surf** surfen
surrounding area die Umgebung(en)
survey die Umfrage(n)
sweatshirt das Sweatshirt(s)
sweet der Bonbon(s), die Süßigkeit(en)
to **swim** schwimmen
swimming pool das Schwimmbad(¨er)
Switzerland die Schweiz
symbol das Symbol(e)
sympathetic mitfühlend

T

t-shirt das T-Shirt(s)
table der Tisch(e); die Tabelle(n)
table tennis das Tischtennis
  table tennis bat der Tischtennisschläger(-)
  table tennis table die Tischtennisplatte(n)
to **take** nehmen
to **take over** übernehmen
to **take with one** mit/nehmen
tall groß
to **taste** schmecken
Taurus Stier
tea der Tee
teacher der/die Lehrer/in
to **tear** zerreißen
technology die Technik
teenager der Teenager(-)
telephone das Telefon, der Apparat(e)
  by telephone telefonisch
  telephone box die Telefonzelle(n)
to **telephone** an/rufen, telefonieren
television das Fernsehen
to **tell** erzählen
temperature die Temperatur(en)
terrible furchtbar, schrecklich
text der Text(e)
than als
to **thank** danken(+Dat)
that dass
theater das Theater(s)
then dann
there da, dort; **(to there)** dorthin
therefore daher, darum
thick dick
thin dünn
thing das Ding(e); die Sache(n)
to **think** denken; glauben
third das Drittel; dritt(er/e/es)
this dies(er/e/es)
thought der Gedanke(n)
one **thousand** tausend
to **threaten** bedrohen
through durch **(+ Acc)**
to **throw** werfen
thrown away weggeworfen
it's **thundering** es donnert
Thursday der Donnerstag

ticket die Fahrkarte(n); die Eintrittskarte(n)
tidy ordentlich
tie der Schlips(e)
tight eng
time die Zeit(en); die Uhrzeit; **(pace)** das Tempo
each time jeweils
tip der Tip(s)
to zu **(+ Dat)**; nach **(+ Dat)**; an **(+ Acc/Dat)**
today heute
together gemeinsam, zusammen
toilet die Toilette(n)
toilet attendant die Klofrau
toilet paper das Klopapier
tomato die Tomate(n)
tomato juice der Tomatensaft
tomorrow morgen
too much zu viel
tooth der Zahn(¨e)
toothbrush die Zahnbürste(n)
torch die Taschenlampe(n)
to get in touch sich melden
total die Endsumme(n)
totally total
tourist der Tourist(en)
  tourist office das (Fremden)verkehrsamt(¨er), das Verkehrsbüro(s)
town die Stadt(¨e)
  town centre das Stadtzentrum(-zentren)
  town council die Stadtverwaltung
toy das Spielzeug(e)
track die Bahn(en)
traffic der Verkehr
  traffic jam der Verkehrsstau(s)
  traffic lights die Ampel(n)
train der Zug(¨e)
  by train mit der Bahn
training shoe der Turnschuh(e)
tram die Straßenbahn(en)
to translate übersetzen
to travel reisen; an/reisen; fahren
to travel there hin/fahren
to travel with mit/reisen
traveller's cheque der Reisescheck(s)
travel bag die Reisetasche(n)
to treat behandeln
tree der Baum(¨e)
trendy flippig
trick der Trick(s); **(cards)** der Stich(e)
trip die Reise(n)
trophy das Pokal(e)
tropical tropisch
trousers die Hose(n)
trump (cards) der Trumpf(¨e)
to trust vertrauen
Tuesday der Dienstag
Turk(ish) Türke/Türkin
to turn drehen
it's my turn ich bin dran
twice zweimal
twin der Zwilling(e)
twin-bedded room das Zweibettzimmer(-)
type die Art(en); das Schriftbild(er)
  type of animal die Tierart(en)
  type of sport die Sportart(en)
typical typisch
tyre der Reifen(-)

U

umbrella der Regenschirm(e)
unannounced unangemeldet
uncle der Onkel(-)
under unter **(+Acc/Dat)**
underneath unten
to understand verstehen
understanding verständnisvoll
to undertake unternehmen
unfortunately leider
unhappy unglücklich
unheard of unerhört
universe das Weltall
university die Universität(en)
unknown unbekannt
untidy unordentlich
until bis
upstairs oben
USA die Vereinigten Staaten
to use benutzen
used bottles das Altglas
usually normalerweise

V

to vacate räumen
valid gültig, geltend
to be valid gelten
valley der Tal(¨er)
valuable wertvoll
value der Wert
vanilla Vanille
VAT MwSt (Mehrwertsteuer)
vegetarian der Vegetarier(-)
vending machine der Automat(en)
versatile vielseitig
very sehr; **(good)** echt (gut)
video camera die Kamera(s)
video film der Videofilm(e)
village das Dorf(¨er)
Virgo Jungfrau
visit der Besuch(e)
to visit besuchen
visitor der Besucher(-)
vivid grell
vocabulary section die Wörterliste(n)

W

waistcoat die Weste(n)
to wait warten
waiter/waitress der/die Kellner/in, der/die Servierer/in
to wake up auf/wachen
to walk (zu Fuß) gehen
  to take the dog for a walk den Hund aus/führen
to want wollen
wanted gesucht
warm warm
to wash waschen
to wash up ab/waschen, spülen
washing line die Leine(n)
washing machine die Waschmaschine(n)
waste disposal die Müllabfuhr
waste paper das Altpapier
to watch television fern/sehen
water das Wasser
water sport der Wassersport
waterfall der Wasserfall(¨e)
way der Weg(e)
  on the way unterwegs
  by the way übrigens
weather das Wetter
weaving das Weben
Wednesday der Mittwoch
week die Woche(n)
weekend das Wochenende
to welcome begrüßen
welcome willkommen
well! na!
wellington boot der Gummistiefel(-)
Welshman/woman Waliser/in
wet nass
the wet die Nässe
whale der Walfisch(e)
what was
  What's on? Was läuft?
  What's the time? Wie viel Uhr ist es?
with wheelchair access rollstuhlgängig
when wann; als; **(whenever)** wenn
where wo
where from woher
where to wohin
whether ob
which welch(er/e/es)
whistling das Pfeifen
white weiß
who wer
whole ganz(er/e/es)
why warum
wife die Frau(en)
wilderness die Wildnis
to win gewinnen
wind der Wind(e)
windmill die Windmühle(n)
window das Fenster(-)
windscreen die Windschutzscheibe(n)
  windscreen wiper der Scheibenwischer(-)
windy windig
wine der Wein(e)
winter der Winter
to wipe wischen; ab/wischen
to wish for sich wünschen
with mit **(+ Dat)**
with one another miteinander
within innerhalb **(+ Gen)**
without ohne **(+ Acc)**
witty witzig
wolf der Wolf(¨e)
woman die Frau(en)
wood das Holz
word das Wort(¨er)
work die Arbeit(en)
to work arbeiten; funktionieren
work clothes die Arbeitskleidung
to work out aus/arbeiten
world die Welt
  world population die Weltbevölkerung
  world record die Weltrekorde(n)
  world war der Weltkrieg(e)
worry die Sorge(n)
to be worthwhile sich lohnen
to write schreiben
to write out auf/schreiben
in writing schriftlich
writing paper das Schreibpapier
wrong falsch

Y

year das Jahr(e)
yellow gelb
yesterday gestern
young jung
young people, youth die Jugend
young person der/die Jugendliche(n)
youth centre das Jugendzentrum(-zentren)
youth group die Jugendgruppe(n)
youth hostel die Jugendherberge(n)
youth hostel association das Jugendherbergswerk (DJH)
youth hostel pass der Herbergsausweis(e)
youth magazine das Jugendmagazin(e)

Z

zany ausgeflippt
zoo der Zoo(s), der Tierpark(s)
zoo-keeper der Tierpfleger(-)

Beantworte (die) Fragen.	*Answer (the) questions.*
Beantworte diesen Brief oder schreib einen ähnlichen Brief.	*Answer this letter or write a similar letter.*
Beginn deinen Brief folgenderweise.	*Begin your letter like this.*
Benutze die Sätze unten, wenn du willst.	*Use the sentences below if you want.*
Benutze die Wörter …	*Use the words …*
Benutze folgende Angaben, um folgende Fragen zu beantworten.	*Use the following details to answer the following questions.*
Beschreib die Ferien/Reisen/Unterschiede.	*Describe the holidays/journeys/differences.*
Beschreib die Unterschiede.	*Describe the differences.*
Beschreib, was du gekauft hast.	*Describe what you have bought.*
Beschrifte die Situationen so.	*Label the situations like this.*
Bilde Dialoge.	*Make up conversations.*
Bring die Satzhälften zusammen.	*Put the halves of the sentences together.*
Denkt euch Dialoge aus.	*Work out/Make up dialogues.*
Die richtigen Endungen sind unten zu finden.	*The correct endings are below.*
Diktiere einen Brief an ein Verkehrsamt.	*Dictate a letter to a tourist office.*
Erfinde dein eigenes Wörterpuzzle!	*Make up your own word puzzle.*
Erfinde ein Schild für deine Zimmertür.	*Design a notice for the door of your bedroom.*
Ersetz die Bilder durch die passenden Wörter.	*Replace the pictures with the right words.*
Ersetz die blau gedruckten Wörter.	*Replace the words printed in blue.*
Finde das richtige Ende für jede Frage/jeden Satz.	*Find the correct ending for each question/each sentence.*
Finde den Text für dein Sternzeichen.	*Find the text for your star sign.*
Finde die passenden Paare.	*Find the matching pairs.*
Finde die passenden Satzteile heraus.	*Find the matching parts of the sentences.*
Finde die zutreffenden Endungen für die Sätze.	*Find the appropriate endings for the sentences.*
Finde heraus, wo die Bombe ist/wohin die Tiere gehören.	*Find out where the bomb is/where the animals belong.*
Füll die Lücken/die Sprechblasen aus.	*Fill in the gaps/the speech bubbles.*
Füll ihn/den Dialog mit den richtigen Wörtern aus.	*Complete it/the dialogue with the right words.*
Hier sind fünf Sorgenbriefe und fünf Titel, die durcheinander sind. Welcher Titel passt zu welchem Brief?	*Here are five problem letters and five jumbled headlines. Which headline matches each letter?*
Hier sind Ratschläge für die Sorgenbriefe.	*Here are pieces of advice for the problem letters.*
Hör (nochmal) gut zu.	*Listen carefully (again).*
Ist das richtig oder falsch/positiv oder negativ?	*Is it true or false/positive or negative?*
Jetzt bist du dran!	*Now it's your turn!*
Kannst du andere Sätze in diesem Stil schreiben?	*Can you write other sentences in this style?*
Kannst du die Geschichte richtig ordnen?	*Can you put the story in the right order?*
Kannst du ein Problem für jeden Buchstaben im Alphabet finden?	*Can you find a problem for every letter of the alphabet?*
Kannst du einen Brief über deinen Alltag schreiben?	*Can you write a letter about your daily routine?*
Kannst du noch weitere Definitionen schreiben?	*Can you write some other definitions?*
Kannst du raten, welches Adjektiv unten in jede Lücke passt?	*Can you work out which adjective below fits into each gap?*
Kannst du Umgangssprache? Mach diesen kleinen Test.	*Do you know slang? Do this little test.*
Kannst du Wörter bauen?	*Can you make words?*
Lies den Brief/Dialog/Text/die Ausschnitte/Sätze.	*Read the letter/conversation/text/extracts/sentences.*
Lies die Antworten und füll die Lücken mit den Wörtern unten aus. Hör dann zu. Hattest du Recht?	*Read the replies and fill the gaps with the words below. Then listen. Were you correct?*
Lies die Ausschnitte. Worum handelt es sich jeweils?	*Read the extracts. What is each one about?*
Lies die Bemerkungen oben. Ist das positiv oder negativ?	*Read the comments above. Are they positive or negative?*
Mach ein Interview/eine Umfrage über …	*Make up an interview/a survey about …*
Mach die Übungen unten.	*Do the exercises below.*
Mach eine Kurzfassung.	*Do a summary.*
Mach eine Liste (in alphabetischer Reihenfolge).	*Make a list (in alphabetical order).*
Mach jetzt eine Aufnahme von deiner Antwort!	*Now do a recording of your answer.*
Mach Notizen/ein Werbeposter/eine Kopie.	*Make notes/an advertising poster/a copy.*
Mach Vorschläge.	*Make suggestions.*
Macht denselben Dialog zu zweit.	*Do the same dialogue in pairs.*
Macht jetzt eure eigenen Interviews.	*Now do your own interviews.*

Richtig oder falsch?	*True or false?*
Sag deinem Partner/deiner Partnerin, wie viel du ausgegeben hast. Er/Sie muss raten, was du gekauft hast.	*Tell your partner how much you have spent. He or she must work out what you bought.*
Sag, wann es Krach gibt.	*Say when there's a row.*
Schau in der Grammatik nach.	*Look in the grammar section.*
Schlag die unbekannten Wörter in der Wörterliste nach.	*Look up the words you don't know in the vocabulary list.*
Schlag in der Wörterliste/im Wörterbuch nach.	*Look in the vocabulary list/dictionary.*
Schreib ‚richtig' oder ‚falsch'/‚ja' oder ‚nein' auf.	*Write 'true' or 'false'/'yes' or 'no'.*
Schreib alles in dein Heft auf.	*Write everything out in your exercise book.*
Schreib das auf, dann kannst du es auf Kassette aufnehmen oder es der Klasse erzählen.	*Write it out, then you can record it or tell it to the class.*
Schreib das Hotelrätsel anders.	*Write the hotel puzzle differently.*
Schreib das richtig/die richtige Reihenfolge auf.	*Write it correctly/the correct order.*
Schreib Definitionen für die anderen Geschäfte.	*Write the definitions for the other shops.*
Schreib deine Meinung auf.	*Write down your opinion.*
Schreib deinen eigenen Faxbrief.	*Write your own fax.*
Schreib den ganzen Text in dein Heft auf.	*Write the whole text in your exercise book.*
Schreib den Text auf und wähl jeweils das richtige Verb.	*Write out the text and choose the correct verb each time.*
Schreib die (passenden) Namen/Buchstaben/Zahlen auf.	*Write out the (appropriate) names/letters/numbers.*
Schreib die Bemerkungen in die passenden Spalten.	*Write the comments in the matching columns.*
Schreib die fehlenden Informationen auf.	*Write the missing information.*
Schreib die fehlenden Wörter auf.	*Write out the missing words.*
Schreib die Namen auf und kreuz die Tabelle in deinem Heft an.	*Write the names and tick the chart in your book.*
Schreib die Preise auf.	*Write the prices.*
Schreib die Sätze/Geschichte in der richtigen Reihenfolge auf.	*Write out the sentences/story in the correct order.*
Schreib die Vorschläge/die Frage und die Antwort auf.	*Write out the suggestions/the question and answer.*
Schreib die Vorwahl und die Telefonnummer auf.	*Write the local code and the telephone number.*
Schreib dieses Gedicht weiter – und erfinde ein passendes Ende dazu!	*Finish this poem and invent a suitable ending.*
Schreib eine Antwort auf diesen Brief!	*Write a reply to this letter.*
Schreib eine Postkarte aus dem Urlaub.	*Write a postcard from your holiday.*
Schreib einen kurzen Artikel/einen Brief (an deinen Freund).	*Write a short article/a letter (to your friend).*
Schreib noch eine Kleinanzeige für die Zeitung.	*Write another advert for the newspaper.*
Schreibt alles auf.	*Write everything out.*
Seht euch den Stadtplan an.	*Look at the town map.*
Seht euch diese Adjektive an und macht zwei Listen:	*Look at these adjectives and write two lists.*
Setz die Hälften zusammen.	*Put the halves together.*
Sieh dir die Artikel/die Flaggen/das Formular/die Namen/die Resultate/den Wegweiser/die Werbung an.	*Look at the articles/the flags/the form/the names/the results/the store guide/the advert.*
Sieh dir die Bilder oben an und schreib jeweils die entsprechenden Buchstaben auf.	*Look at the pictures above and write the matching letter for each.*
Sieh dir die elf Kleinanzeigen unten an. In welche Spalten in der Zeitung kommen sie?	*Look at the eleven small ads below. In which column of the newspaper do they belong?*
Sieh dir die Fotos an und schreib die Schulfächer auf.	*Look at the photos and write the subjects.*
Sieh dir die Fotos/Bilder/Texte/Tabelle/das Diagramm an.	*Look at the photos/pictures/texts/chart/diagram.*
Sieh dir die Lückentexte an und rate, welche Wörter fehlen.	*Look at the gapped texts and work out which words are missing.*
Sieh dir die Lückentexte/Sprechblasen/Kategorien/den Kreis an.	*Look at the gapped texts/speech bubbles/categories/circle.*
Sieh dir die zwei Listen an und wähl die passenden Bemerkungen.	*Look at the two lists and choose the matching comments.*
Sind sie dafür oder dagegen?	*Are they for or against?*
Sing mit.	*Sing along.*
Sortiere die Texte in vier Gruppen und schreib sie ab.	*Sort the texts into four groups and copy them out.*
Stell (deinem Partner/deiner Partnerin) Fragen.	*Ask (your partner) questions.*
Stell dir vor, …	*Imagine …*
Stell dir vor, du bist Arbeitgeber oder du suchst einen Job.	*Imagine that you are an employer or that you are looking for a job.*
Stell dir vor, du bist eine von diesen Personen. Dein(e) Partner(in) muss Fragen stellen, um herauszufinden, wer du bist.	*Imagine that you are one of these people. Your partner has to ask questions to find out who you are.*
Stell dir vor, du hast diesen Brief an deine Gastfamilie geschrieben.	*Imagine that you have written this letter to your host family.*
Stell dir vor, wie das Essen in hundert oder hundertfünfzig Jahren sein wird. Schreib eine Einkaufsliste!	*Imagine what food will be like in a hundred or a hundred and fifty years time. Write a shopping list.*
Stellt einander Fragen und findet die passende Person heraus.	*Ask each other questions and find the matching person.*
Stimmt das oder nicht?	*Is that right or not?*

Trag das Formular in dein Heft ein und füll es für jede Person aus.	*Copy the chart into into your books and fill out the details for each person.*
Trag die Informationen in die Tabelle ein.	*Enter the information into the grid.*
Übersetz ihm die Texte.	*Translate the texts for him.*
Übersetze ins Englische, was jede Person sagt.	*Translate what each person says into English.*
Vervollständige den Text/die Sätze.	*Complete the text/the sentences.*
Wähl auf jeder Liste das Wort, das nicht passt.	*Choose the odd one out.*
Wähl den passenden Kommentar.	*Choose the matching comment.*
Wähl den richtigen Satz/eine Person/eine Situation/ein Bild.	*Choose the correct sentence/a person/a situation/a picture.*
Wähl die passende Kategorie.	*Choose the appropriate category.*
Wähl drei Fächer und schreib deine Meinung dazu.	*Choose three subjects and write your opinion about each.*
Wähl einige Berufe und schreib, was man da machen kann oder muss.	*Choose some jobs and write down what people can or have to do in them.*
Wähl jetzt eine von diesen Personen und beschreib sein/ihr Leben in einigen Sätzen.	*Now choose one of these people and describe his or her life in a few sentences.*
Wähl vier Adjektive.	*Choose four adjectives.*
Was bedeuten die Symbole?	*What do the symbols mean?*
Was bestellen die Leute?	*What are the people ordering?*
Was gehört zusammen?	*What belongs together?*
Was hältst du vom Fernsehen?	*What do you think of television?*
Was ist das/der beste Kompromiss?	*What is that/the best compromise?*
Was passt wozu/zu wem?	*What goes with what/with whom?*
Was sagen die Leute?	*What do the people say/are the people saying?*
Was sagt man, wenn man Geld wechseln will?	*What do you say when you want to change some money?*
Was sind die richtigen Antworten?	*What are the correct answers?*
Was wird hier diskutiert?	*What's being discussed here?*
Was wollen die Leute?	*What do the people want?*
Welche Adjektive passen zu Haustieren?	*Which adjectives can you use to describe pets?*
Welche Antwort geben sie auf folgende Fragen?	*How do they answer the following questions?*
Welche Antwort passt zu welcher Frage?	*Which answer matches each question?*
Welche Definition passt jeweils?	*Which definition is correct in each case?*
Welche Freizeitsaktivitäten kannst du hier sehen?	*Which leisure activities can you see here?*
Welche Länder sind das?	*What countries are these?*
Welche Nationalitäten haben sie?	*What are their nationalities?*
Welche Nebenjobs haben sie?	*What spare-time jobs do they have?*
Welche Situation stört dich am meisten?	*Which situation disturbs you most?*
Welcher Satz/Text passt zu welchem Bild/Foto?	*Which sentence/text goes with which picture/photo?*
Welcher Text beschreibt welches Bild/Foto?	*Which text describes which picture/photo?*
Welches Bild ist das/passt am besten?	*Which picture is it/is best suited?*
Welches Wort passt nicht zu den anderen?	*Which word doesn't match the others?*
Wer bestellt was?	*Who orders what?*
Wer sagt was (über sie)?	*Who says what (about her)?*
Wer spart auf was?	*Who is saving for what?*
Wer spricht?	*Who is speaking?*
Werft abwechselnd einen Würfel.	*Take it in turns to throw the dice.*
Wie antworten diese Jugendlichen?	*How do these young people reply?*
Wie bist du wirklich?	*Who are you really?*
Wie findest du ihn?	*What do you think of him?*
Wie ist der Dialog richtig?	*Put the dialogue into the correct order.*
Wie ist die richtige Reihenfolge?	*What is the correct order?*
Wie ist er/sie?	*What is he/she like?*
Wie waren die Fragen?	*What were the questions?*
Wiederhol die Sätze.	*Repeat the sentences.*
Wie viel verstehst du?	*How much do you understand?*
Wo finden die Dialoge statt?	*Where do these dialogues take place?*
Wo kann man Informationen über Folgendes bekommen?	*Where can you get information about the following?*
Wo sind diese Gegenstände?	*Where are these items?*
Wo sitzt jede Person?	*Where is each person sitting?*
Zu welcher Reise passen die Dialoge?	*Which journey do the conversations match?*